HISTOIRE D'UNE ÂME

Manuscrits autobiographiques

SAINTE THÉRÈSE
DE L'ENFANT-JÉSUS
ET DE LA SAINTE-FACE
Docteur de l'Église

HISTOIRE D'UNE ÂME

Manuscrits autobiographiques

Texte révisé d'après l'édition critique de 1992

CERF/DDB

MIXTE
Papier issu de
sources responsables
FSC® C003309
FSC
www.fsc.org

Pocket, une marque d'Univers Poche,
est un éditeur qui s'engage pour la
préservation de son environnement et
qui utilise du papier fabriqué à partir
de bois provenant de forêts gérées de
manière responsable.

ISBN 978-2-266-24972-0

AVERTISSEMENT

On trouvera des éclaircissements sur cette
nouvelle édition de l'*Histoire d'une âme*
à la fin de ce volume, pp. 369 sq.

Les indications chiffrées entre crochets [5 r°] [30 v°] sont celles des pages, recto ou verso, des Manuscrits de sainte Thérèse.

Les notes, numérotées par chapitres, ont été regroupées en fin de volume, pp. 345 à 363.

PROLOGUE

« Rien n'est mystérieux comme ces sourdes préparations qui attendent l'homme au seuil de toute vie. Tout est joué avant que nous ayons douze ans. »

En ce qui concerne sainte Thérèse de l'Enfant-Jésus et de la Sainte-Face, tout n'a vraiment été joué que le 30 septembre 1897 lorsqu'elle expira à l'infirmerie du Carmel de Lisieux, minée par la tuberculose, âgée de vingt-quatre ans et neuf mois.

Et cependant son contemporain Péguy parlait aussi pour elle, tant il est vrai qu'un destin s'enracine dans un sol, une époque, une famille, qu'il est tributaire d'une hérédité, d'une histoire. Nul n'est une île. Thérèse n'est pas descendue du ciel tel un ange ; elle est née en terre normande, dépendante de ses ancêtres et de son pays.

Avant que le monde entier célébrât sainte Thérèse de Lisieux et sa voie d'enfance, une enfant a existé : Thérèse Martin d'Alençon.

Elle est bien le fruit mystérieux de ces sourdes préparations. Si chacun de ses parents avait suivi le poids de son cœur, « la plus grande sainte des temps modernes » n'eût point vu le jour.

⁂

Issu d'une famille de militaires, enfant de troupe en des garnisons successives (Avignon, Strasbourg), Louis Martin, *né à Bordeaux le 22 août 1823, connut la vie des camps et fut élevé dans le souvenir de la légende napoléonienne, bien que son père ait rallié l'armée royaliste lors des Cent-Jours. Capitaine sous la Restauration, le futur grand-père de Thérèse prit sa retraite à Alençon en 1830*[1].

Ordonné, méthodique, de tempérament solitaire et méditatif, son fils Louis apprit l'horlogerie, métier de patience et de précision. À vingt-deux ans, il rêve d'une vie plus solitaire encore et se présente comme postulant au monastère du Grand-Saint-Bernard. Mais, ignorant le latin, il est refusé. Après un séjour à Paris, il s'installe comme horloger à Alençon et vit avec ses parents rue du Pont-Neuf, menant pendant huit ans une vie quasi monastique remplie par le travail, la prière, la lecture, la pêche – son passe-temps favori – et la fréquentation d'amis au cercle catholique.

Chef-lieu de l'Orne, Alençon compte alors 13 600 habitants. Petite ville calme, elle convient parfaitement à cet homme tranquille et ne doit sa renommée qu'à l'art de ses dentellières qui exportent le fameux point d'Alençon dans toute la France et surtout à Paris où un luxe tapageur cache la fragilité de l'Empire.

Zélie Guérin, *née le 23 décembre 1831 dans une famille d'origine paysanne, fut aussi bercée par des souvenirs guerriers, son père, présent à Wagram, ayant terminé sa carrière dans la gendarmerie. En 1844, il se retire aussi à Alençon, au 36 de la rue Saint-Blaise, face à la Préfecture.*

1. Voir la généalogie de la famille Martin, p. 17.

Élevée par ce père autoritaire et par une mère qui ne lui témoigna guère son affection, Zélie écrira un jour à son frère : « Mon enfance, ma jeunesse ont été tristes comme un linceul, car, si ma mère te gâtait, pour moi, tu le sais, elle était trop sévère ; elle, pourtant si bonne, ne savait pas me prendre ; aussi j'ai beaucoup souffert du cœur. » (Correspondance familiale, 7/11/1865.) Elle reportera son affection sur ce frère Isidore, étudiant en pharmacie, et sur sa sœur Élise, sa confidente, qui entrera plus tard à la Visitation du Mans sous le nom de sœur Marie-Dosithée. Avec eux, elle entretiendra jusqu'à sa mort une correspondance où elle livrera son tempérament inquiet, souvent triste, mais aussi sa nature vive, ardente au travail, sa foi à toute épreuve, son bon sens, voire son humour.

Comme Louis Martin, elle songe à la vie religieuse. Comme lui, elle essuie un refus catégorique lorsqu'elle demande son admission chez les sœurs de l'Hôtel-Dieu d'Alençon. Alors elle se lance dans la fabrication du point d'Alençon et ouvre un « bureau » à son compte, aidée par sa sœur ; habile ouvrière, elle réussira pleinement.

⁂

Les deux exclus de la vie religieuse, l'horloger de trente-cinq ans et la dentellière de vingt-sept, se rencontrèrent et après de brèves fiançailles se marièrent en l'église Notre-Dame le 13 juillet 1858.

Installés rue du Pont-Neuf, ils vécurent d'abord pendant dix mois – sur la suggestion de Louis, mais d'un commun accord – comme frère et sœur. L'intervention d'un confesseur les fit changer d'avis, à tel point que neuf enfants naîtront dans ce foyer de 1860 à 1873.

« Moi, j'aime les enfants à la folie, j'étais née pour en avoir, mais il sera bientôt temps que cela finisse. J'aurai quarante et un ans le vingt-trois de ce mois, c'est l'âge où l'on est grand-mère ! » écrira-t-elle avant la naissance de son dernier enfant : Thérèse. (15/12/1872.)

Cinq filles seulement vécurent : à cette époque la mortalité infantile n'était pas vaincue. De santé précaire, Mme Martin, minée par un cancer du sein qui ne se déclara incurable qu'en 1876, se résigne, non sans hésitation, à confier son cinquième enfant et les suivants à des nourrices plus ou moins consciencieuses. Et pendant quinze ans, c'est l'alternance des naissances et des deuils : il faut voir partir deux petits garçons et deux petites filles, dont la ravissante Hélène de cinq ans. « Depuis que j'ai perdu cette enfant, j'éprouve un ardent désir de la revoir, écrit la maman ; cependant, ceux qui restent ont besoin de moi et, à cause d'eux, je prie le bon Dieu de me laisser encore quelques années sur la terre. J'ai bien regretté mes deux petits garçons, mais j'ai plus de chagrin encore de la perte de celle-là ; je commençais à en jouir, elle était si mignonne, si caressante, si avancée pour son âge ! Il n'est pas une minute du jour où je ne pense à elle. » (27/3/1870.)

La guerre de 1870 et ses séquelles – il faut héberger neuf soldats allemands – n'interrompent pas l'accroissement de la famille et son accession à la petite bourgeoisie aisée par le travail incessant de la mère levée tôt, couchée tard, aidée maintenant par son mari qui a vendu son horlogerie-bijouterie. Les Martin déménagent et viennent s'installer rue Saint-Blaise dans cette maison que l'on peut encore visiter aujourd'hui.

La vie familiale tient une place privilégiée. On n'est heureux qu'ensemble. Marie, *l'aînée, la préférée du père,* Pauline, *vive et espiègle, confidente de la mère, s'exilent régulièrement à la Visitation du Mans. Les deux pensionnaires y vivent pourtant heureuses sous l'œil vigilant de tante Dosithée qui raconte à leur mère leurs progrès scolaires, leur conduite, et apprécie leurs tempéraments très différents. Mais chaque retour en vacances provoque des explosions de joie, chaque rentrée des torrents de larmes.*

Seule la « pauvre Léonie », *la moins douée, souvent malade, reste le souci constant de sa mère, tandis que* Céline *« l'intrépide » sera bientôt l'inséparable de Thérèse, la petite dernière.*

Promenades au « Pavillon » ou dans la campagne normande, expéditions à Semallé, rencontres avec la famille de l'oncle Guérin, établi pharmacien à Lisieux, voyages en chemin de fer pour visiter la tante religieuse au Mans, marqueront les enfants Martin qui, toute leur vie, se souviendront de ces joies simples. Les sept décès qui endeuillent la famille de 1859 à 1870 – trois grands-parents en plus des enfants – n'éteignent pas cette ardeur affective qui unit ses membres, bien au contraire.

Ce que pourrait avoir d'austère et de rigide la personnalité du père est compensé par une bonté indulgente pour ce gynécée bruyant qui bouscule son goût pour le silence et la paix. Il ne dédaigne d'ailleurs pas d'animer les veillées familiales en récitant les poèmes des auteurs en vogue – les romantiques –, en chantant d'une belle voix des airs d'autrefois, en confectionnant de minuscules jouets pour l'émerveillement de ses filles.

La maman, souvent inquiète de l'avenir (elle sent ses forces décliner), mène la maison avec « un courage vraiment incroyable et prodigieux, quelle femme forte ! L'adversité ne l'abat pas, la prospérité ne l'élève pas ! » écrit sa sœur. (25/10/1868.) Son réalisme, la vivacité de son franc-parler, sa finesse affectueuse en font l'âme du foyer.

Il règne chez les Martin une foi solide qui voit Dieu en tout événement et lui rend un culte permanent : prières en famille, messes matinales, communions fréquentes – rares en cette époque où le jansénisme continue ses ravages –, vêpres dominicales, retraites. Toute la vie est rythmée par le cycle liturgique, les pèlerinages, le respect scrupuleux des jeûnes et des abstinences… Pourtant rien de guindé ou de bigot dans ce foyer qui ignore le formalisme : on sait passer aux actes et recueillir, nourrir des enfants abandonnés, des clochards, des vieillards. Zélie Martin prend sur ses courtes nuits pour soigner sa bonne. M. Martin paye de sa personne pour faire une démarche en faveur de déshérités, pour aider un épileptique ou un mourant. On apprend aux enfants à respecter le pauvre dans sa dignité.

La maman aime voir ses filles joliment habillées et, lorsque sœur Marie-Dosithée s'inquiète de savoir que Marie – seize ans – s'amuse en compagnie de jeunes filles de son âge, Zélie réagit : « Il faut donc s'enfermer dans un cloître ? On ne peut pas, dans le monde, vivre comme des loups ! Dans tout ce que "la sainte fille" nous dit, il y a à prendre et à laisser. » (12/11/1876.)

⁂

Enceinte de quatre mois, elle annonce aux Guérin « un événement qui arrivera probablement à la fin de l'année » 1872 et qui, pour l'instant, ne concerne qu'elle : « J'espère que cette enfant viendra bien. » Telle est la première mention de l'existence de celle qu'on appelle déjà « la petite Thérèse » en souvenir d'une Thérèse morte à quelques mois.

Et voici la bonne nouvelle : « Ma petite fille est née, hier, jeudi, à 11 heures et demie du soir. Elle est très forte et bien portante, on me dit qu'elle pèse huit livres, mettons cela à six, ce n'est déjà pas mal ; elle paraît bien gentille. Je n'ai guère souffert qu'une demi-heure, ce que j'ai ressenti avant n'est pas à compter. Elle sera baptisée demain samedi, il ne manquera que vous tous pour rendre la fête complète. C'est Marie qui sera marraine avec, comme parrain, un petit garçon à peu près de son âge. » (3/1/1873.)

Tout se déroulera comme l'annonce Mme Martin. Seul imprévu : ce billet apporté rue Saint-Blaise par un enfant, sur lequel son père avait écrit ce bref poème :

« Souris et grandis vite.
Au bonheur, tout t'invite,
Tendres soins, tendre Amour.
Oui, souris à l'Aurore,
Bouton qui viens d'éclore
Tu seras Rose un jour. »

Mais à peine née, Marie-Françoise-Thérèse Martin connaît la souffrance : à quinze jours, elle manque d'être emportée par une entérite aiguë. À trois mois, alerte plus sérieuse encore : « Elle est très mal et je n'ai pas du tout d'espoir de la sauver. Cette pauvre petite souffre horriblement, depuis hier, cela fend le cœur de la voir. » (1/3/1873.)

Crise surmontée, mais qui contraint la mère, sur avis du médecin, à se séparer de Thérèse pour la confier à une nourrice amie. Pendant un an, allaitée par la robuste et vivante Rose Taillé, la petite va mener une vie de paysanne. À Semallé, « gros bébé bruni par le soleil », elle puise le goût de vivre dans la nature parmi les fleurs et les animaux ; « sa nourrice la brouette dans les champs, montée sur des faix d'herbe ; elle ne crie presque jamais. La "petite Rose" dit qu'on ne peut voir une enfant plus mignonne. » (20/7/1873.)

Blonde aux yeux bleus, très jolie, souriante, précocement intelligente, vive et très sensible, capable de violentes colères, volontaire et fine, Thérèse devient vite la préférée, « dévorée de baisers » par toute la famille, d'autant plus choyée qu'on en est privé. « Toute ma vie le bon Dieu s'est plu à m'entourer d'*amour*, mes premiers souvenirs sont empreints des sourires et des caresses les plus tendres !… »

Univers alençonnais, non pas idyllique, mais assez épanoui pour que sœur Thérèse, à vingt-trois ans, rédigeant par obéissance les souvenirs d'enfance qu'on va lire, puisse affirmer : « Ah ! comme elles ont passé rapidement les années ensoleillées de ma petite enfance, mais quelle douce empreinte elles ont laissée en mon âme ! (…) Tout me souriait sur la terre : je trouvais des fleurs sous chacun de mes pas et mon heureux caractère contribuait aussi à rendre ma vie agréable. » *(Ms A, 11 v°/12 r°.)*

La mort de sa mère devait brutalement briser ce bonheur et provoquer le départ vers Lisieux. Mais c'est Thérèse elle-même qui va nous le raconter…

GÉNÉALOGIE DE THÉRÈSE

BRANCHE PATERNELLE

Grand-père : Capitaine Pierre-François MARTIN, né le 16/4/1777, mort le 26/6/1865. Mariage le 4/4/1818.

Grand-mère : Marie-Anne-Fanie BOUREAU, née le 12/1/1800, morte le 8/4/1883.

Oncle et tantes : Pierre MARTIN, né le 29/7/1819, disparu dans un naufrage, à une date inconnue. – Marie, épouse BURIN, née le 18/9/1820, morte le 19/2/1846. – Anne-Françoise (Fanny), épouse LERICHE, puis épouse BURIN (remariage avec son beau-frère veuf), née le 10/3/1826, morte le 9/10/1853. – Sophie MARTIN, née le 7/11/1833, morte le 23/9/1842.

Père : LOUIS MARTIN, né le 22/8/1823, mort le 29/7/1894. (Il est donc le troisième enfant de Pierre-François et Marie-Anne-Fanie Martin.)

BRANCHE MATERNELLE

Grand-père : Isidore GUÉRIN, né le 6/7/1789, mort le 3/9/1868. Mariage le 5/9/1828.

Grand-mère : Louise-Jeanne MACÉ, née le 11/7/1804, morte le 9/9/1859.

Oncle et tante : Marie-Louise GUÉRIN, visitandine au Mans, née le 31/5/1829, morte le 24/2/1877. – Isidore GUÉRIN, né le 2/1/1841, mort le 28/9/1909 ; époux de Céline FOURNET.

Mère : AZÉLIE-MARIE (ZÉLIE), née le 23/12/1831, morte le 28/8/1877. (Elle est donc le deuxième enfant d'Isidore et Louise-Jeanne Guérin.)

FAMILLE DE THÉRÈSE

Louis MARTIN et Zélie GUÉRIN se marient le 13 juillet 1858. Ils ont pour enfants :

– *Marie*, née le 22/2/1860, morte le 19/1/1940, carmélite le 15/10/1886 *(sœur Marie du Sacré-Cœur).*

– *Pauline*, née le 7/9/1861, morte le 28/7/1951, carmélite le 2/10/1882 *(Mère Agnès de Jésus).*

– *Léonie*, née le 3/6/1863, morte le 16/6/1941, visitandine à Caen le 28/1/1899 *(sœur Françoise-Thérèse).*

– *Hélène*, née le 13/10/1864, morte le 22/2/1870.

– *Joseph-Louis*, né le 20/9/1866, mort le 14/2/1867.

– *Joseph-Jean-Baptiste*, né le 19/12/1867, mort le 24/8/1868.

– *Céline*, née le 28/4/1869, morte le 25/2/1959, carmélite le 14/9/1894 *(sœur Geneviève de la Sainte-Face).*

– *Mélanie-Thérèse*, née le 16/8/1870, morte le 8/10/1870.

– THÉRÈSE, née le 2/1/1873, morte le 30/9/1897, carmélite le 9/4/1888 *(sœur Thérèse de l'Enfant-Jésus et de la Sainte-Face).*

N.B. – Tous les enfants Martin ont pour premier prénom *Marie.*

COUSINS DE THÉRÈSE

Fanny MARTIN, tante de Thérèse, épouse le 11/4/1842 François-Adolphe LERICHE (né en 1818, mort le 25/5/1843). Ils ont pour enfant :

– Adolphe LERICHE, né le 7/1/1844, mort le 7/12/1894.

Isidore GUÉRIN, oncle de Thérèse, épouse le 11/9/1866 Céline FOURNET (née le 15/3/1847, morte le 13/2/1900). Ils ont pour enfants :

– Jeanne, née le 24/2/1868, morte le 25/4/1938, qui épouse le 1/10/1890 Francis LA NÉELE, médecin. Sans enfant.

– Marie, née le 22/8/1870, morte le 14/4/1905, carmélite à Lisieux le 15/8/1895 *(sœur Marie de l'Eucharistie).*

– Un fils mort-né le 16/10/1871.

MANUSCRIT DÉDIÉ
À LA
RÉVÉRENDE MÈRE AGNÈS DE JÉSUS

Manuscrit « A »

Chapitre I

ALENÇON
(1873-1877)

Le chant des Miséricordes du Seigneur

Entourée d'amour

Voyage au Mans

Mon caractère

Je choisis tout

[2 r°] J.M.J.T. Janvier 1895

Jésus +

Histoire printanière d'une petite Fleur blanche écrite par elle-même et dédiée à la Révérende Mère Agnès de Jésus.

C'est à vous, ma Mère chérie, à vous qui êtes deux fois ma Mère, que je viens confier l'histoire de mon âme… Le jour où vous m'avez demandé de le faire, il me semblait que cela dissiperait mon cœur en l'occupant de lui-même, mais depuis Jésus m'a fait sentir qu'en obéissant simplement je lui serais agréable ; d'ailleurs je ne vais faire qu'une seule chose : Commencer à chanter ce que je dois redire éternellement – « Les Miséricordes du Seigneur[1] !!! »…

Avant de prendre la plume, je me suis agenouillée devant la statue de Marie[2] (celle qui nous a donné tant de preuves des maternelles préférences de la Reine du Ciel pour notre famille), je l'ai suppliée de guider ma main afin que je ne trace pas une seule ligne qui ne lui soit agréable. Ensuite ouvrant le Saint Évangile, mes yeux sont tombés sur ces mots : – « Jésus étant monté sur une montagne, il appela à Lui ceux qu'il *lui plut* ; et ils vinrent à Lui. » (St Marc, chap. III, v. 13). Voilà bien le mystère de ma vocation, de ma vie tout entière et surtout le mystère des privilèges de Jésus sur mon âme… Il n'appelle pas ceux qui en sont dignes, mais ceux qu'il lui *plaît* ou comme le dit St Paul – : « Dieu a pitié de qui Il veut et Il fait miséricorde à qui Il veut faire miséricorde. Ce n'est donc pas l'ouvrage de celui qui veut ni de celui qui court, mais de Dieu qui fait miséricorde. » (Ép. aux Rom. chap. IX, v. 15 et 16). Longtemps je me suis demandé pourquoi le bon Dieu avait des préférences, pourquoi toutes les âmes ne recevaient pas un égal degré de grâces, je m'étonnais en Le voyant prodiguer des faveurs extraordinaires aux Saints qui l'avaient [2 v°] offensé, comme St Paul, St Augustin et qu'Il forçait pour ainsi dire à recevoir ses grâces ou bien en lisant la vie de Saints que Notre Seigneur s'est plu à caresser du berceau à la tombe, sans laisser sur leur passage aucun obstacle qui les empêchât de s'élever vers Lui et prévenant ces âmes de telles faveurs qu'elles ne pouvaient ternir l'éclat immaculé de leur robe baptismale, je me demandais pourquoi les pauvres sauvages par exemple mouraient en grand nombre avant d'avoir même entendu prononcer le nom de Dieu… Jésus a daigné m'instruire de ce mystère, Il a mis devant mes yeux le livre de la nature et j'ai compris que toutes les fleurs qu'Il a créées sont belles, que l'éclat de la rose et la blancheur du lys n'enlèvent pas le parfum de la petite violette ou la simplicité ravissante de la pâquerette… J'ai compris que si toutes les petites fleurs voulaient être des roses, la nature perdrait sa parure printanière, les champs ne seraient plus émaillés de fleurettes…

Ainsi en est-il dans le monde des âmes qui est le jardin de Jésus. Il a voulu créer les grands Saints qui peuvent être comparés au Lys et aux roses mais il en a créé aussi de plus petits et ceux-ci doivent se contenter d'être des pâquerettes ou des violettes destinées à réjouir les regards du bon Dieu lorsqu'Il les abaisse à ses pieds, la perfection consiste à faire sa volonté, à être ce qu'Il veut que nous soyons…

J'ai compris encore que l'amour de Notre Seigneur se révèle aussi bien dans l'âme la plus simple qui ne résiste en rien à sa grâce que dans l'âme la plus sublime, en effet le propre de l'amour étant de s'abaisser, si toutes les âmes ressemblaient à celles des Saints docteurs qui ont illuminé l'Église [3 r°] par la clarté de leur doctrine, il semble que le bon Dieu ne descendrait pas assez bas en venant jusqu'à leur cœur, mais Il a créé l'enfant qui ne sait rien et ne fait entendre que de faibles cris, Il a créé le pauvre sauvage n'ayant pour se conduire que la loi naturelle et c'est jusqu'à leur cœur qu'Il daigne s'abaisser, ce sont là ses fleurs des champs dont la simplicité Le ravit… En descendant ainsi le bon Dieu montre sa grandeur infinie. De même que le soleil éclaire en même temps les cèdres et chaque petite fleur comme si elle était seule sur la terre, de même Notre Seigneur s'occupe aussi particulièrement de chaque âme que si elle n'avait pas de semblables et comme dans la nature toutes les saisons sont arrangées de manière à faire éclore au jour marqué la plus humble pâquerette, de même tout correspond au bien de chaque âme.

Sans doute, ma Mère chérie, vous vous demandez avec étonnement où je veux en venir, car jusqu'ici je n'ai rien dit encore qui ressemble à l'histoire de ma vie, mais vous m'avez demandé d'écrire sans contrainte ce qui me viendrait à la *pensée*, ce n'est donc pas ma vie proprement dite que je vais écrire, ce sont mes *pensées* sur les grâces que le bon Dieu a daigné m'accorder. Je me trouve à une époque de mon existence où je puis jeter un regard sur le passé, mon âme s'est mûrie dans le creuset des épreuves extérieures et intérieures, maintenant comme la fleur fortifiée par l'orage je relève la tête et je vois qu'en moi se réalisent les paroles du psaume XXII. (Le Seigneur est mon Pasteur, je ne manquerai de rien, Il me fait reposer dans des pâturages agréables et fertiles : Il me conduit doucement le long des eaux. Il conduit mon âme sans la fatiguer... Mais lors même que je descendrai dans la vallée de [3 v°] l'ombre de la mort je ne craindrai aucun mal, parce que vous serez avec moi, Seigneur[3] !...) Toujours le Seigneur a été pour moi compatissant et rempli de douceur... Lent à punir et abondant en miséricordes !... (Ps. CII, v. 8.) Aussi, ma Mère, c'est avec bonheur que je viens chanter près de vous les miséricordes du Seigneur... C'est pour *vous seule* que je vais écrire l'histoire de la *petite fleur* cueillie par Jésus, aussi je vais parler avec abandon, sans m'inquiéter ni du style ni des nombreuses digressions que je vais faire. Un cœur de mère comprend toujours son enfant alors même qu'il ne sait que bégayer, ainsi je suis sûre d'être comprise et devinée par vous qui avez formé mon cœur et l'avez offert à Jésus !...

Il me semble que si une petite fleur pouvait parler, elle dirait simplement ce que le bon Dieu a fait pour elle sans essayer de cacher ses bienfaits, sous le prétexte d'une fausse humilité elle ne dirait pas qu'elle est disgracieuse et sans parfum, que le soleil lui a ravi son éclat et que les orages ont brisé sa tige alors qu'elle reconnaîtrait en elle-même tout le contraire. La fleur qui va raconter son histoire se réjouit d'avoir à publier les prévenances tout à fait gratuites de Jésus, elle reconnaît que rien n'était capable en elle d'attirer ses regards divins et [que][4] sa miséricorde seule a fait tout ce qu'il y a de bien en elle… C'est Lui qui l'a fait naître en une terre sainte et comme tout imprégnée d'un *parfum virginal.* C'est Lui qui l'a fait précéder de huit Lys éclatants de blancheur. Dans Son amour, Il a voulu préserver sa petite fleur du souffle empoisonné du monde, à peine sa corolle commençait-elle à s'entr'ouvrir que ce divin Sauveur l'a transplantée sur la montagne du Carmel où déjà les deux Lys qui l'avaient entourée et doucement bercée au printemps de sa vie répandaient [4 r°] leur suave parfum… Sept années se sont écoulées depuis que la petite fleur a pris racine dans le jardin de l'Époux des vierges et maintenant *trois* Lys balancent auprès d'elle leurs corolles embaumées ; un peu plus loin un autre lys s'épanouit sous les regards de Jésus et les deux tiges bénies qui ont produit ces fleurs sont maintenant réunies pour l'éternité dans la Céleste Patrie… Là elles ont retrouvé les quatre Lys que la terre n'avait pas vus s'épanouir… Oh ! que Jésus daigne ne pas laisser longtemps sur la rive étrangère les fleurs restées dans l'exil ; que bientôt la branche de Lys soit complète au Ciel[5] !

Je viens, ma Mère, de résumer en peu de mots ce que le bon Dieu a fait pour moi, maintenant je vais entrer dans le détail de ma vie d'enfant, je sais que là où tout autre ne verrait qu'un récit ennuyeux votre *cœur maternel* trouvera des charmes… Et puis les souvenirs que je vais évoquer sont aussi les vôtres puisque c'est près de vous que s'est écoulée mon enfance et que j'ai le bonheur d'appartenir aux Parents sans égaux qui nous ont entourées des mêmes soins et des mêmes tendresses.

Oh ! qu'ils daignent bénir la plus petite de leurs enfants et lui aider à chanter les miséricordes divines !…

Dans l'histoire de mon âme jusqu'à mon entrée au Carmel je distingue trois périodes bien distinctes, la première malgré sa courte durée n'est pas la moins féconde en souvenirs ; elle s'étend depuis le réveil de ma raison jusqu'au départ de notre Mère chérie pour la patrie des Cieux.

[4 v°] Le bon Dieu m'a fait la grâce d'ouvrir mon intelligence de très bonne heure et de graver si profondément en ma mémoire les souvenirs de mon enfance qu'il me semble que les choses que je vais raconter se passaient hier. Sans doute, Jésus voulait, dans son amour, me faire connaître la Mère incomparable qu'Il m'avait donnée, mais que sa main Divine avait hâte de couronner au Ciel !...

Toute ma vie le bon Dieu s'est plu à m'entourer d'*amour*, mes premiers souvenirs sont empreints de sourires et des caresses les plus tendres !... mais s'Il avait placé près de moi beaucoup d'*amour*, Il en avait mis aussi dans mon petit cœur, le créant aimant et sensible, aussi j'aimais beaucoup Papa et Maman et leur témoignais ma tendresse de mille manières, car j'étais très expansive. Seulement les moyens que j'employais étaient parfois étranges, comme le prouve ce passage d'une lettre de Maman – « Le bébé est un lutin sans pareil, elle vient me caresser en me souhaitant la mort : – "Oh ! que je voudrais bien que tu mourrais, ma pauvre petite Mère !..." on la gronde, elle dit : – "C'est pourtant pour que tu ailles au Ciel puisque tu dis qu'il faut mourir pour y aller." Elle souhaite de même la mort à son père quand elle est dans ses excès d'amour[6] ! »

[5 r°] Le 25 juin 1874 alors que j'avais à peine 18 mois, voici ce que maman disait de moi : « Votre père vient d'installer une balançoire, Céline est d'une joie sans pareille, mais il faut voir la petite se balancer ; c'est risible, elle se tient comme une grande fille, il n'y a pas de danger qu'elle lâche la corde, puis quand ça ne va pas assez fort, elle crie. On l'attache par devant avec une autre corde et malgré cela je ne suis pas tranquille quand je la vois perchée là-dessus. »

« Il m'est arrivé une drôle d'aventure dernièrement avec la petite. J'ai l'habitude d'aller à la messe de 5 h 1/2, dans les premiers jours je n'osais pas la laisser, mais voyant qu'elle ne se réveillait jamais j'ai fini par me décider à la quitter. Je la couche dans mon lit et j'approche le berceau si près qu'il est impossible qu'elle tombe, un jour j'ai oublié de mettre le berceau. J'arrive et la petite n'était plus dans mon lit, au même moment j'entends un cri, je regarde et je la vois assise sur une chaise qui se trouvait en face [de] la tête de mon lit, sa petite tête était couchée sur le traversin et là elle dormait d'un mauvais sommeil car elle était gênée. Je n'ai pas pu me rendre compte comment elle était tombée assise sur cette chaise, puisqu'elle était couchée. J'ai remercié le bon Dieu de ce qu'il ne lui est rien arrivé, c'est vraiment providentiel, elle devait rouler par terre, son bon Ange y a veillé et les âmes du purgatoire auxquelles je fais tous les jours une prière pour la petite l'ont protégée, voilà comment j'arrange cela… arrangez-le comme vous voudrez !… »

À la fin de la lettre maman ajoutait : « Voilà le petit bébé qui vient me passer sa petite main sur la figure et m'embrasser. Cette pauvre petite ne veut point me quitter, elle est continuellement avec moi, elle aime beaucoup à aller au jardin, [5 v°] mais si je n'y suis pas elle ne veut pas y rester et pleure jusqu'[à ce qu]'on me la ramène[7]… » (Voici un passage d'une autre lettre) : « La petite Thérèse me demandait l'autre jour si elle irait au Ciel ? Je lui ai dit que oui, si elle était bien sage, elle me répond : "Oui, mais si je n'étais pas mignonne, j'irais dans l'enfer… mais moi je sais bien ce que je ferais, je m'envolerais avec toi qui serais au Ciel, comment que le bon Dieu ferait pour me prendre ?... tu me tiendrais bien fort dans tes bras ?" J'ai vu dans ses yeux qu'elle croyait positivement que le bon Dieu ne lui pouvait rien si elle était dans les bras de sa mère[8]... »

« Marie aime beaucoup sa petite sœur, elle la trouve bien mignonne, elle serait bien difficile car cette pauvre petite a grand peur de lui faire de la peine. Hier j'ai voulu lui donner une rose sachant que cela la rend heureuse, mais elle s'est mise à me supplier de ne pas la couper, Marie l'avait défendu, elle était rouge d'émotion, malgré cela je lui en ai donné deux, elle n'osait plus paraître à la maison. J'avais beau lui dire que les roses étaient à moi, "mais non, disait-elle, c'est à Marie..." C'est une enfant qui s'émotionne bien facilement. Dès qu'elle a fait un petit malheur, il faut que tout le monde le sache. Hier ayant fait tomber sans le vouloir un petit coin de la tapisserie, elle était dans un état à faire pitié, puis il fallait bien vite le dire à son Père, il est arrivé quatre heures après, on [n']y pensait plus, mais elle est bien vite venue dire à Marie : "Dis vite à Papa que j'ai déchiré le papier." Elle est là comme un criminel qui attend sa condamnation, mais elle a dans sa petite idée qu'on va lui pardonner plus facilement si elle s'accuse[9]. »

[4 v°, suite] J'aimais beaucoup ma chère *marraine*[10]. Sans en avoir l'air, je faisais une grande attention à tout ce qui se faisait et se disait autour [de moi], il me semble que je jugeais des choses comme maintenant. J'écoutais bien attentivement ce que Marie apprenait à Céline afin de faire comme elle ; [6 r°] après sa sortie de la Visitation, pour obtenir la faveur d'être admise dans sa chambre pendant les leçons qu'elle donnait à Céline, j'étais bien sage et je faisais tout ce qu'elle voulait, aussi me comblait-on de cadeaux qui, malgré leur peu de valeur, me faisaient beaucoup de plaisir.

J'étais bien fière de mes deux grandes sœurs, mais celle qui était mon *idéal* d'enfant, c'était Pauline… Lorsque je commençais à parler et que Maman me demandait – « À quoi penses-tu ? » la réponse était invariable – « À Pauline !… » Une autre fois je faisais aller mon petit doigt sur les carreaux et je disais – « J'écris : Pauline !… » Souvent j'entendais dire que bien sûr Pauline serait *religieuse*, alors sans trop savoir ce que c'était, je pensais : *Moi* aussi *je serai religieuse.* C'est là un de [mes] premiers souvenirs et depuis, jamais je n'ai changé de résolution !… Ce fut vous, ma Mère chérie, que Jésus choisit pour me fiancer à Lui, vous n'étiez pas alors auprès de moi, mais déjà un lien s'était formé entre nos âmes… vous étiez mon *idéal*, je voulais être semblable à vous et c'est votre exemple qui dès l'âge de deux ans m'entraîna vers l'Époux des vierges… Oh ! que de douces réflexions je voudrais vous confier ! – Mais je dois poursuivre l'histoire de la petite fleur, son histoire complète et générale, car si [je] voulais parler du détail de ses rapports avec « Pauline », il me faudrait laisser tout le reste !…

Ma chère petite Léonie tenait aussi une grande place dans mon cœur. Elle m'aimait beaucoup, le soir c'était elle qui me gardait quand toute la famille allait se promener… Il me semble entendre encore les gentils refrains qu'elle chantait afin de m'endormir… en toute chose elle cherchait le moyen de me faire plaisir aussi j'aurais eu bien du chagrin de lui causer de la peine. [6 v°] Je me rappelle très bien de sa première communion[11], surtout du moment où elle me prit sur son bras pour me faire entrer avec elle au presbytère, cela me paraissait si beau d'être portée par une grande sœur tout en blanc comme moi !... Le soir on me coucha de bonne heure car j'étais trop petite pour rester au grand dîner mais je vois encore Papa qui vint au dessert, apportant à sa petite reine des morceaux de la pièce montée... Le lendemain ou peu de jours après, nous sommes allées avec maman chez la petite compagne de Léonie[12], je crois que c'est ce jour-là que cette bonne petite Mère nous a emmenées derrière un mur pour nous faire boire du vin après le dîner (que nous avait servi la pauvre dame Dagorau) car elle ne voulait pas faire de peine à la bonne femme, mais aussi voulait que nous ne manquions de rien... Ah ! comme le cœur d'une Mère est délicat, comme il traduit sa tendresse en mille soins prévoyants auxquels personne ne penserait !...

Maintenant il me reste à parler de ma chère Céline, la petite compagne de mon enfance, mais les souvenirs sont en telle abondance que je ne sais lesquels choisir. Je vais extraire quelques passages des lettres que maman vous écrivait à la Visitation, mais je ne vais pas tout copier, ce serait trop long... Le 10 Juillet 1873[13] (l'année de ma naissance), voici ce qu'elle vous disait – « La nourrice[14] a amené la petite Thérèse Jeudi, elle n'a fait que rire, c'était surtout la petite Céline qui lui plaisait, elle riait aux éclats avec elle, on dirait qu'elle a déjà envie de jouer, cela viendra bientôt, elle se tient sur ses petites jambes raide comme un petit piquet. Je crois qu'elle marchera de bonne heure et qu'elle aura bon caractère, elle paraît très intelligente et a une bonne figure de prédestinée... »

[7 r°] Mais ce fut surtout après ma sortie de nourrice que je montrai mon affection pour ma chère petite Céline. Nous nous entendions très bien, seulement j'étais bien plus vive et bien moins naïve qu'elle ; quoique de trois ans et demi plus jeune, il me semblait que nous étions du même âge.

Voici un passage d'une lettre de Maman qui vous montrera combien Céline était douce et moi méchante – « Ma petite Céline est tout à fait portée à la vertu, c'est le sentiment intime de son être, elle a une âme candide et a horreur du mal. Pour le petit furet on ne sait pas trop comment ça fera, c'est si petit, si étourdi, elle est d'une intelligence supérieure à Céline, mais bien moins douce et surtout d'un entêtement presque invincible, quand elle dit "non" rien ne peut la faire céder, on la mettrait une journée dans la cave qu'elle y coucherait plutôt que de dire "oui"...

« Elle a cependant un cœur d'or, elle est bien caressante et bien franche, c'est curieux de la voir courir après moi, pour me faire sa confession – Maman, j'ai poussé Céline qu'une fois, je l'ai battue une fois, mais je ne recommencerai plus. – (C'est comme cela pour tout ce qu'elle fait). Jeudi soir nous avons été nous promener du côté de la gare, elle a absolument voulu entrer dans la salle d'attente pour aller chercher Pauline, elle courait devant avec une joie qui faisait plaisir, mais quand elle a vu qu'il fallait s'en retourner sans monter en chemin de fer pour aller chercher Pauline elle a pleuré tout le long du chemin[15]. »

Cette dernière partie de la lettre me rappelle le bonheur que j'éprouvais en vous voyant revenir de la Visitation, vous, ma mère, me preniez sur votre bras et Marie prenait Céline, alors je vous faisais mille caresses et je me penchais [7 v°] en arrière afin d'admirer votre grande natte... puis vous me donniez une tablette de chocolat que vous aviez gardée trois mois, vous pensez quelle relique c'était pour moi !... Je me rappelle aussi du voyage que j'ai fait au Mans[16], c'était la première fois que j'allais en chemin de fer. Quelle joie de me voir en voyage seule avec Maman !… Cependant je ne sais plus pourquoi je me suis mise à pleurer et cette pauvre petite Mère n'a pu présenter à ma tante du Mans[17] qu'un vilain petit *laideron* tout rouge des larmes qu'il avait répandues en chemin… Je n'ai gardé aucun souvenir du parloir mais seulement du moment où ma tante m'a passé une petite souris blanche et un petit panier en papier bristol rempli de bonbons sur lesquels *trônaient* deux jolies bagues en sucre juste de la grosseur de mon doigt, aussitôt je m'écriai – « Quel bonheur ! il y aura une bague pour Céline. » Mais ô douleur ! je prends mon panier par l'anse, je donne l'autre main à Maman et nous partons, au bout de quelques pas je regarde mon panier et je vois que mes bonbons étaient presque tous semés dans la rue, comme les pierres du petit poucet… Je regarde encore de plus près et je vois qu'une des précieuses bagues avait suivi le sort fatal des bonbons… Je n'avais plus rien à donner à Céline !… alors ma douleur éclate, je demande à retourner sur mes pas, maman ne semble pas faire attention à moi. C'en était trop, à mes *larmes* succèdent mes *cris*… Je ne pouvais comprendre qu'elle ne partage pas ma peine et cela augmentait de beaucoup ma douleur…

Maintenant je reviens aux lettres où maman vous parle de Céline et de moi, c'est le meilleur moyen que je puisse employer pour vous faire bien connaître mon caractère, voici un passage où mes défauts brillent d'un vif éclat – « Voilà [8 r°] Céline qui s'amuse avec la petite au jeu de cube, elles se disputent de temps en temps, Céline cède pour avoir une perle à sa couronne. Je suis obligée de corriger ce pauvre bébé qui se met dans des furies épouvantables quand les choses ne vont pas à son idée, elle se roule par terre comme une désespérée croyant que tout est perdu, il y a des moments où c'est plus fort qu'elle, elle en est suffoquée. C'est une enfant bien nerveuse, elle est cependant bien mignonne et très intelligente, elle se rappelle tout[18]. » Vous voyez, ma Mère, combien j'étais loin d'être une petite fille sans défauts ! On ne pouvait même pas dire de moi « Que j'étais sage quand je dormais », car la nuit j'étais encore plus remuante que le jour, j'envoyais promener toutes les couvertures et puis (tout en dormant) je me donnais des coups contre le bois de mon petit lit ; la douleur me réveillait, alors je disais : – « Maman, je *suis toquée* !… » Cette pauvre petite Mère était obligée de se lever et constatait qu'en effet j'avais des bosses au front, que j'étais *toquée* ; elle me couvrait bien, puis allait se recoucher mais au bout d'un moment je recommençais à *être toquée*, si bien qu'on fut obligé de m'*attacher* dans mon lit. Tous les soirs la petite Céline venait nouer les nombreux cordons destinés à empêcher le petit lutin de se *toquer* et de réveiller sa maman, ce moyen ayant bien réussi, je fus désormais *sage* en *dormant*… Il est un autre défaut que j'avais (étant éveillée) et dont Maman ne parle pas dans ses lettres, c'était un grand amour-propre. Je ne vais vous en donner que deux exemples afin de ne pas rendre mon récit trop long. – Un jour Maman me dit – « Ma petite Thérèse, si tu veux baiser la terre, je vais te donner un sou. » Un sou, c'était pour moi toute une richesse, pour le gagner je n'avais pas besoin d'abaisser ma *grandeur* car ma *petite* taille ne mettait pas une grande distance entre moi et la terre, cependant ma fierté se révolta à [8 v°] la pensée de *baiser la terre*, me tenant bien droite je dis à Maman – Oh ! non ma petite Mère, j'aime mieux ne pas avoir de sou !…

Une autre fois nous devions aller à Grogny chez Mme Monnier. Maman dit à Marie de me mettre ma jolie robe bleu Ciel garnie de dentelles mais de ne pas me laisser les bras nus afin que le Soleil ne les brunisse pas. Je me laissai habiller avec l'indifférence que devaient avoir les enfants de mon âge, mais intérieurement je pensais que j'aurais été bien plus gentille avec mes petits bras nus.

Avec une nature comme la mienne, si j'avais [été] élevée par des Parents sans vertu ou même si comme Céline j'avais été gâtée par Louise[19], je serais devenue bien méchante et peut-être me serais perdue... Mais Jésus veillait sur sa petite fiancée, Il a voulu que tout tourne à son bien même ses défauts qui, réprimés de bonne heure, lui ont servi à grandir dans la perfection... Comme j'avais de l'*amour-propre* et aussi l'*amour* du *bien* aussitôt que j'ai commencé à penser sérieusement (ce que j'ai fait bien petite) il suffisait qu'on me dise qu'une chose n'était pas *bien*, pour que je n'aie pas envie de me le faire répéter deux fois... Je vois avec plaisir dans [les] lettres de Maman qu'en grandissant je lui donnais plus de consolation. N'ayant que de bons exemples autour de moi je voulais naturellement les suivre. Voici ce qu'elle écrivait en 1876 – « Jusqu'à Thérèse qui veut parfois se mêler de faire des pratiques[20]... C'est une charmante enfant, elle est fine comme l'ombre, très vive, mais son cœur est sensible. Céline et elle s'aiment beaucoup, elles se suffisent à elles deux pour se désennuyer, tous les jours aussitôt qu'elles ont dîné Céline va prendre son petit coq, elle attrape tout d'un coup la poule à Thérèse, moi je ne puis en venir à bout, mais elle est si vive que du premier bond elle la tient puis elles arrivent toutes les deux avec leurs bêtes s'asseoir au coin du [9 r°] feu et s'amusent ainsi fort longtemps. (C'était la petite Rose qui m'avait fait cadeau de la poule et du coq, j'avais donné le coq à Céline). L'autre jour Céline avait couché avec moi, Thérèse avait couché au second dans le lit à Céline, elle avait supplié Louise de la descendre en bas pour qu'on l'habille, Louise monte pour la chercher, elle trouve le lit vide. Thérèse avait entendu Céline et était descendue avec elle. Louise lui dit : "– Tu ne veux donc pas venir en bas t'habiller ?" – "Oh non ! ma pauvre Louise, on est comme les deux petites poules, on ne peut pas se séparer !" Et en disant cela elles s'embrassaient et se serraient toutes les deux... Puis le soir Louise, Céline et Léonie sont parties au cercle catholique et ont laissé cette pauvre Thérèse qui comprenait bien qu'elle était trop petite pour y aller, elle disait : – "Si seulement on veut me coucher dans le lit à Céline !..." Mais non, on n'a pas voulu... elle n'a rien dit et est restée seule avec sa petite lampe, elle dormait un quart d'heure après d'un profond sommeil[21]... »

Un autre jour Maman écrivait encore : « Céline et Thérèse sont inséparables, on ne peut voir deux enfants s'aimer mieux, quand Marie vient chercher Céline pour faire sa classe cette pauvre Thérèse est tout en larmes. Hélas que va-t-elle devenir, sa petite amie s'en va !... Marie en a pitié elle la prend aussi et cette pauvre petite s'assied sur une chaise pendant deux ou trois heures ; on lui donne des perles à enfiler ou une chiffe à coudre, elle n'ose bouger et pousse souvent de gros soupirs. Quand son aiguille se désenfile elle essaie de la renfiler c'est curieux de la voir, ne pouvant y parvenir et n'osant déranger Marie ; puis on voit deux grosses larmes qui coulent sur ses joues... Marie [9 v°] la console bien vite, renfile l'aiguille et le pauvre petit ange sourit au travers de ses larmes[22]... »

Je me rappelle qu'en effet je ne pouvais pas rester sans Céline, j'aimais mieux sortir de table avant d'avoir fini mon dessert que de ne pas la suivre, aussitôt qu'elle se levait, je me tournais dans ma grande chaise, demandant qu'on me descende et puis nous allions jouer ensemble ; quelquefois nous allions avec la petite préfète, ce qui me plaisait bien à cause du parc et de tous les beaux jouets qu'elle nous montrait, mais c'était plutôt afin de faire plaisir à Céline que j'y allais, aimant mieux rester dans notre petit jardin *à gratter les murs*, car nous enlevions toutes les petites paillettes brillantes qui s'y trouvaient et puis nous allions les *vendre* à Papa qui nous les achetait très sérieusement.

Le dimanche, comme j'étais trop petite pour aller aux offices, maman restait à me garder, j'étais bien sage et ne marchais que sur le bout du pied pendant la messe, mais aussitôt que je voyais la porte s'ouvrir, c'était une explosion de joie sans pareille, je me précipitais au-devant de ma *jolie* petite Sœur qui était alors *parée comme une chapelle*[23]... et je lui disais : « Oh ! ma petite Céline, donne-moi bien vite du pain bénit ! » Parfois elle n'en avait pas, étant arrivée trop tard... Comment faire alors ? Il était impossible que je m'en passe, c'était là « *ma messe* »... Le moyen fut bien vite trouvé. – « Tu n'as pas de pain bénit, eh bien, fais-en ! » Aussitôt dit aussitôt fait, Céline prend une chaise, ouvre le placard, attrape le pain, en coupe une bouchée et très *sérieusement* récite un *Ave Maria* dessus puis elle me le présente et moi après [avoir] fait le signe de la Croix avec, je le mange avec une *grande dévotion*, lui trouvant tout à fait le *goût* [10 r°] du *pain bénit*... Souvent nous faisions ensemble des *conférences spirituelles*, voici un exemple que j'emprunte aux lettres de maman – « Nos deux chères petites Céline et Thérèse sont des anges de bénédiction, des petites natures angéliques. Thérèse fait la joie, le bonheur de Marie et sa gloire, c'est incroyable comme elle en est fière. C'est vrai qu'elle a des reparties bien rares à son âge, elle en remontre à Céline qui est le double plus âgée. Céline disait l'autre jour : – "Comment que cela se fait que le bon Dieu peut être dans une si petite hostie ?" La petite a dit : "Ce n'est pas si étonnant puisque le bon Dieu est tout-puissant." – "Qu'est-ce que veut dire Tout-puissant ?" – "Mais c'est de faire tout ce qu'Il veut[24] !..." »

Un jour, Léonie pensant qu'elle était trop grande pour jouer à la poupée vint nous trouver toutes les deux avec une corbeille remplie de robes et de jolis morceaux destinés à en faire d'autres, sur le dessus était couchée sa poupée. – « Tenez mes petites sœurs, nous dit-elle, *choisissez*, je vous donne tout cela. » Céline avança la main et prit un petit paquet de ganses qui lui plaisait. Après un moment de réflexion j'avançai la main à mon tour en disant : – *« Je choisis tout ! »* et je pris la corbeille sans autre cérémonie, les témoins de la scène trouvèrent la chose très juste, Céline elle-même ne songea pas à s'en plaindre (d'ailleurs elle ne manquait pas de jouets, son parrain la comblait de cadeaux et Louise trouvait moyen de lui procurer tout ce qu'elle désirait).

Ce petit trait de mon enfance est le résumé de toute ma vie, plus tard lorsque la perfection m'est apparue, j'ai compris que pour devenir *une sainte* il fallait beaucoup souffrir, rechercher toujours le plus parfait et s'oublier soi-même, j'ai compris qu'il y avait bien [des] degrés dans la perfection et que chaque âme [10 v°] était libre de répondre aux avances de Notre Seigneur, de faire peu ou beaucoup pour Lui, en un mot de *choisir* entre les sacrifices qu'Il demande. Alors comme aux jours de ma petite enfance je me suis écriée : « Mon Dieu, *je choisis tout*. Je ne veux pas être une *sainte à moitié*, cela ne me fait pas peur de souffrir pour vous, je ne crains qu'une chose c'est de garder ma *volonté*, prenez-la, car "Je *choisis tout*" ce que vous voulez !... »

Il faut que je m'arrête, je ne dois pas encore vous parler de ma jeunesse, mais du petit Lutin de quatre ans. Je me souviens d'un rêve que j'ai dû faire vers cet âge et qui s'est profondément gravé dans mon imagination. Une nuit, j'ai rêvé que je sortais pour aller me promener seule au jardin, arrivée au bas des marches qu'il fallait monter pour y arriver, je m'arrêtai saisie d'effroi. Devant moi, auprès de la tonnelle, se trouvait un baril de chaux et sur ce baril deux *affreux* petits *diablotins* dansaient avec une agilité surprenante malgré des fers à repasser qu'ils avaient aux pieds ; tout à coup ils jetèrent sur moi leurs yeux flamboyants, puis au même moment, paraissant bien plus effrayés que moi, ils se précipitèrent au bas du baril et allèrent se cacher dans la lingerie qui se trouvait en face. Les voyant si peu braves je voulus savoir ce qu'ils allaient faire et je m'approchai de la fenêtre. Les pauvres diablotins étaient là courant sur les tables et ne sachant comment faire pour fuir mon regard, quelquefois ils s'approchaient de la fenêtre, regardant d'un air inquiet si j'étais encore là et me voyant toujours ils recommençaient à courir comme des désespérés. – Sans doute ce rêve n'a rien d'extraordinaire, cependant je crois que le bon Dieu a permis que je m'en rappelle afin de me prouver qu'une âme en état de grâce n'a rien à craindre des démons qui sont des lâches, capables de fuir devant le regard d'un enfant...

[11 r°] Voici encore un passage que je trouve dans les lettres de maman. Déjà cette pauvre petite Mère pressentait la fin de son exil[25] : « Les deux petites ne m'inquiètent pas, elles sont si bien toutes les deux, ce sont des natures choisies, certainement elles seront bonnes, Marie et toi vous pourrez parfaitement les élever. Céline ne fait jamais la plus petite faute volontaire. La petite sera bonne aussi, elle ne mentirait pas pour tout l'or du monde, elle a de l'esprit comme je n'en ai jamais vu à aucune de vous[26].

« L'autre jour elle était chez l'épicier avec Céline et Louise, elle parlait de ses pratiques et discutait fort avec Céline, la dame a dit à Louise : Qu'est-ce qu'elle veut donc dire, quand elle joue dans le jardin on [n']entend parler que de pratiques. Mme Gaucherin avance la tête par sa fenêtre pour tâcher de comprendre ce que veut dire ce débat de pratiques ?... Cette pauvre petite fait notre bonheur, elle sera bonne, on voit déjà le germe, elle ne parle que du bon Dieu, elle ne manquerait pas pour tout à faire ses prières. Je voudrais que tu la verrais réciter de petites fables, jamais je n'ai rien vu de si gentil, elle trouve toute seule l'expression qu'il faut donner et le ton, mais c'est surtout quand elle dit : – Petit enfant à tête blonde, où crois-tu [donc] qu'est le bon Dieu ? Quand elle en est à : – Il est là-haut dans le Ciel bleu, elle tourne son regard en haut avec une expression angélique, on ne se lasse pas de [le] lui faire dire tant c'est beau, il y a quelque chose de si céleste dans son regard qu'on en est ravi[27] !... »

Ô ma Mère ! Que j'étais heureuse à cet âge, déjà je commençais à jouir de la vie, la vertu avait pour moi des charmes et j'étais, il me semble, dans les mêmes dispositions où je me trouve maintenant, ayant déjà un grand [11 v°] empire sur mes actions. – Ah ! comme elles ont passé rapidement les années ensoleillées de ma petite enfance, mais quelle douce empreinte elles ont laissée en mon âme ! Je me rappelle avec bonheur les jours où papa nous emmenait au *pavillon*[28], les plus petits détails se sont gravés dans mon cœur... Je me rappelle surtout les promenades du Dimanche où toujours maman nous accompagnait... Je sens encore les impressions profondes et *poétiques* qui naissaient en mon âme à la vue des champs de blé émaillés de *bluets* et de fleurs champêtres. Déjà j'aimais les *lointains*... L'espace et les sapins gigantesques dont les branches touchaient la terre laissaient en mon cœur une impression semblable à celle que je ressens encore aujourd'hui à la vue de la nature... Souvent pendant ces longues promenades nous rencontrions des pauvres et c'était toujours la petite Thérèse qui était chargée de leur porter l'aumône, ce dont elle était bien heureuse, mais souvent aussi, Papa trouvant que la route était trop longue pour sa petite reine, la ramenait plus tôt que les autres au logis (à son grand déplaisir), alors pour la consoler Céline remplissait de pâquerettes son joli petit panier et le lui donnait au retour, mais hélas ! la pauvre bonne maman[29] trouvait que sa petite fille en avait trop, aussi en prenait-elle une bonne partie pour sa sainte Vierge... Ceci ne plaisait pas à la petite Thérèse mais elle se gardait bien d'en rien dire, ayant pris la bonne habitude de ne se plaindre jamais, même quand on lui enlevait ce qui était à elle, ou bien lorsqu'elle était accusée injustement elle préférait se taire et ne pas s'excuser, ceci n'était point mérite de sa part, mais vertu naturelle... Quel dommage que cette bonne disposition se soit évanouie !... [12 r°] Oh ! véritablement tout me souriait sur la terre, je trouvais des fleurs sous chacun de mes pas et mon heureux caractère contribuait aussi à rendre ma vie agréable, mais une nouvelle période allait commencer pour mon âme, je devais passer par le creuset de l'épreuve et souffrir dès mon enfance afin de pouvoir être plus tôt offerte à Jésus. De même que les fleurs du printemps commencent à germer sous la neige et s'épanouissent aux premiers rayons du Soleil, ainsi la petite fleur dont j'écris les souvenirs a-t-elle dû passer par l'hiver de l'épreuve...

Chapitre II

AUX BUISSONNETS (1877-1881)

Mort de Maman

Lisieux

Tendresses de Papa

Première confession

Fêtes et Dimanches en famille

Vision prophétique

Trouville

Tous les détails de la maladie de notre mère chérie sont encore présents à mon cœur, je me souviens surtout des dernières semaines qu'elle a passées sur la terre, nous étions, Céline et moi, comme de pauvres petites exilées, tous les matins, Mme Leriche[1] venait nous chercher et nous passions la journée chez elle. Un jour nous n'avions pas eu le temps de faire notre prière avant de partir et pendant le trajet Céline m'a dit tout bas : « Faut-il le dire que nous n'avons pas fait notre prière ?... » – « Oh ! oui » lui ai-je répondu, alors bien timidement elle l'a dit à Mme Leriche, celle-ci nous a répondu : « – Eh bien, mes petites filles, vous allez la faire » et puis nous mettant toutes les deux dans une grande chambre elle est partie... Alors Céline m'a regardée et nous avons dit : « Ah ! ce n'est pas comme Maman... toujours elle nous faisait faire notre prière !... » En jouant avec les enfants, toujours la pensée de notre Mère chérie nous poursuivait, une fois Céline ayant reçu un bel abricot se pencha et me dit tout bas : « Nous n'allons pas le manger, je vais le donner à Maman. » Hélas ! cette pauvre petite Mère était déjà trop malade pour manger les fruits de la terre, elle ne devait plus se *rassasier* qu'au Ciel de la *gloire* de Dieu et *boire* avec Jésus le *vin mystérieux* dont [Il] parla dans sa dernière Cène, disant qu'Il le partagerait avec nous dans le royaume de son Père.

La cérémonie touchante de l'extrême-onction s'est aussi imprimée en mon âme, je vois encore la place où j'étais à côté de Céline, toutes [les cinq] nous étions par [12 v°] rang d'âge et ce pauvre petit Père était là aussi qui sanglotait…

Le jour ou le lendemain du départ de Maman[2], il me prit dans ses bras en me disant : « – Viens embrasser une dernière fois ta pauvre petite Mère. » Et moi sans rien dire, j'approchai mes lèvres du front de ma Mère chérie… Je ne me souviens pas d'avoir beaucoup pleuré, je ne parlais à personne des sentiments profonds que je ressentais… Je regardais et j'écoutais en silence… personne n'avait le temps de s'occuper de moi aussi je voyais bien des choses qu'on aurait voulu me cacher, une fois je me trouvai en face du couvercle du cercueil… je m'arrêtai longtemps à le considérer, jamais je n'en avais vu, cependant je comprenais… j'étais si petite que malgré la taille peu élevée de Maman j'étais obligée de *lever* la tête pour voir le haut et il me paraissait bien *grand*… bien *triste*… Quinze ans plus tard, je me trouvai devant un autre cercueil, celui de Mère Geneviève[3], il était de la même grandeur que celui de maman et je me crus encore aux jours de mon enfance !… Tous mes souvenirs revinrent en foule, c'était bien la même petite Thérèse qui regardait, mais elle avait *grandi* et le cercueil lui paraissait *petit*, elle n'avait plus besoin de *lever* la tête pour le voir, elle ne la *levait* plus que pour contempler le *Ciel* qui lui paraissait bien *joyeux*, car toutes ses épreuves avaient pris fin et l'hiver de son âme était passé pour toujours…

Le jour où l'Église bénit la dépouille mortelle de notre petite Mère du Ciel, le bon Dieu voulut m'en donner une autre sur la terre et il voulut que je la choisisse librement. Nous étions ensemble toutes les cinq, nous regardant avec tristesse, Louise était là aussi et voyant Céline et moi, elle dit : « Pauvres petites, vous n'avez plus de Mère !… » Alors Céline se jeta dans les bras de Marie disant : « – Eh bien ! c'est toi qui seras Maman. » Moi, j'étais habituée à faire [13 r°] comme elle, cependant, je me tournai vers vous, ma Mère, et comme si déjà l'avenir avait déchiré son voile, je me jetai dans vos bras en m'écriant : « Eh bien ! moi, c'est Pauline qui sera Maman ! » ....

Comme je l'ai dit plus haut, c'est à partir de cette époque de ma vie qu'il me fallut entrer dans la seconde période de mon existence, la plus douloureuse des trois, surtout depuis l'entrée au Carmel de celle que j'avais choisie pour ma seconde « Maman ». Cette période s'étend depuis l'âge de 4 ans et demi jusqu'à celui de ma quatorzième année, époque où je retrouvai mon caractère *d'enfant* tout en entrant dans le sérieux de la vie.

Il faut vous dire, ma Mère, qu'à partir de la mort de Maman, mon heureux caractère changea complètement, moi si vive, si expansive, je devins timide et douce, sensible à l'excès. Un regard suffisait pour me faire fondre en larmes, il fallait que personne ne s'occupe de moi pour que je sois contente, je ne pouvais pas souffrir la compagnie de personnes étrangères et ne retrouvais ma gaieté que dans l'intimité de la famille… Cependant je continuais à être entourée de la *tendresse* la plus délicate. Le cœur si *tendre* de Papa avait joint à l'amour qu'il possédait déjà un amour vraiment maternel !… Vous, ma Mère, et Marie n'étiez-vous pas pour moi les mères les plus *tendres*, les plus désintéressées ?… Ah ! si le bon Dieu n'avait pas prodigué ses bienfaisants *rayons* à sa petite fleur, jamais elle n'aurait pu s'acclimater à la terre, elle était encore trop faible pour supporter les pluies et les orages, il lui fallait de la chaleur, une douce rosée et des brises printanières, jamais elle ne manqua de [13 v°] tous ces bienfaits, Jésus les lui fit trouver, même sous la neige de l'épreuve !

....

Je ne ressentis aucun chagrin en quittant Alençon, les enfants aiment le changement et ce fut avec plaisir que je vins à Lisieux[4]. Je me souviens du voyage, de l'arrivée le soir chez ma tante, je vois encore Jeanne et Marie nous attendant à la porte... J'étais bien heureuse d'avoir des petites cousines si gentilles, je les aimais beaucoup ainsi que ma tante et surtout mon oncle, seulement il me faisait peur et je n'étais pas à mon aise chez lui comme aux Buissonnets[5], c'est là que ma vie était véritablement heureuse... Dès le matin vous veniez auprès de moi, me demandant si j'avais donné mon cœur au bon Dieu, ensuite vous m'habilliez en me parlant de Lui et puis à vos côtés je faisais ma prière. Après venait la leçon de lecture, le premier mot que [je] pus lire seule fut celui-ci : « Cieux ». Ma chère marraine se chargea des leçons d'écriture et vous, ma Mère, de toutes les autres ; je n'avais pas une très grande facilité pour apprendre mais j'avais beaucoup de mémoire. Le catéchisme et surtout l'histoire sainte avaient mes préférences, je les étudiais avec joie, mais la grammaire a fait souvent couler mes larmes... Rappelez-vous le masculin et le féminin !

Aussitôt que ma classe était finie je montais au belvédère portant ma rosette et ma note à papa. Que j'étais heureuse quand je pouvais lui dire : « J'ai 5 sans *exception*, c'est *Pauline* qui l'a dit la *première* !... » Car lorsque je vous demandais si j'avais 5 sans exception et que vous me disiez oui, c'était à mes yeux un degré de moins. Vous me donniez aussi des bons points, quand j'en avais amassé un certain nombre, j'avais une récompense et un jour de congé. Je me rappelle que ces jours [14 r°]-là me semblaient bien plus longs que les autres, ce qui vous faisait plaisir puisque cela montrait que je n'aimais pas à rester sans rien faire. Toutes les après-midi, j'allais faire une petite promenade avec papa ; nous faisions ensemble notre visite au Saint Sacrement, visitant chaque jour une nouvelle église, c'est ainsi que j'entrai pour la première fois dans la chapelle du Carmel, papa me montra la grille du chœur, me disant que derrière étaient des religieuses. J'étais bien loin de me douter que neuf ans plus tard je serais parmi elles !...

Après la promenade (pendant laquelle papa m'achetait toujours un petit cadeau d'un ou deux sous) je rentrais à la maison, alors je faisais mes devoirs, puis tout le reste du temps, je restais à sautiller dans le jardin autour de papa, car je ne *savais pas* jouer à la poupée. C'était une grande joie pour moi de préparer des tisanes avec des petites graines et des écorces d'arbres que je trouvais par terre, je les portais ensuite à papa dans une jolie petite tasse, ce pauvre petit père quittait son ouvrage et puis en riant il faisait semblant de boire, avant de me rendre la tasse il me demandait (comme à la dérobée) s'il fallait en jeter le contenu, quelquefois je disais oui, mais plus souvent je remportais ma précieuse tisane, voulant la faire servir plusieurs fois... J'aimais à cultiver mes petites fleurs dans le jardin que Papa m'avait donné ; je m'amusais à dresser de petits autels dans l'enfoncement qui se trouvait au milieu dans le mur, quand j'avais fini, je courais vers Papa et l'entraînant je lui disais de bien fermer les yeux et de ne les ouvrir qu'au moment où je lui dirais de le faire, il faisait tout ce que je voulais et se laissait conduire devant mon petit jardin, alors je criais : « Papa, ouvre les yeux ! » Il les ouvrait [14 v°]

et s'extasiait pour me faire plaisir, admirant ce que je croyais être un chef-d'œuvre !... Je ne finirais pas si je voulais raconter mille petits traits de ce genre qui se pressent en foule dans ma mémoire... Ah ! comment pourrai-je redire toutes les tendresses que « *Papa* » prodiguait à sa petite reine ? Il est des choses que le cœur sent, mais que la parole et même la pensée ne peuvent arriver à rendre...

Ils étaient pour moi de beaux jours, ceux où mon roi chéri m'emmenait à la pêche avec lui, j'aimais tant la campagne, les fleurs et les oiseaux ! Quelquefois j'essayais de pêcher avec ma petite ligne, mais je préférais aller m'asseoir *seule* sur l'herbe fleurie, alors mes pensées étaient bien profondes et sans savoir ce que c'était [que] de méditer, mon âme se plongeait dans une réelle oraison... J'écoutais les bruits lointains... Le murmure du vent et même la musique indécise des soldats dont le son arrivait jusqu'à moi mélancolisaient doucement mon cœur... La terre me semblait un lieu d'exil et je rêvais le Ciel... L'après-midi passait vite, bientôt il fallait rentrer aux Buissonnets, mais avant de partir je prenais la collation que j'avais apportée dans mon petit panier, la *belle* tartine de confitures que vous m'aviez préparée avait changé d'aspect : au lieu de sa vive couleur je ne voyais plus qu'une légère teinte rose, toute vieillie et rentrée... alors la terre me semblait encore plus triste et je comprenais qu'au Ciel seulement la joie serait sans nuages... À propos de nuages, je me souviens qu'un jour le beau Ciel bleu de la campagne s'en couvrit et que bientôt l'orage se mit à gronder, les éclairs sillonnaient les nuages sombres et je vis à quelque distance tomber le tonnerre, loin d'en être effrayée, j'étais ravie, il me semblait que le bon Dieu [15 r°] était si près de moi !... Papa n'était pas tout à fait aussi content que sa petite reine, non que l'orage lui fît peur, mais l'herbe et les grandes pâquerettes (qui étaient plus hautes que moi) étincelaient de pierres précieuses, il nous fallait traverser plusieurs prairies avant de trouver une route et mon petit père chéri, craignant que les diamants mouillent sa petite fille, la prit malgré son bagage de lignes et l'emporta sur son dos.

Pendant les promenades que je faisais avec papa il aimait à me faire porter l'aumône aux pauvres que nous rencontrions, un jour nous en vîmes un qui se traînait péniblement sur des béquilles, je m'approchai pour lui donner un sou, mais ne se trouvant pas assez pauvre pour recevoir l'aumône, il me regarda en souriant tristement et refusa de prendre ce que je lui offrais. Je ne puis dire ce qui se passa dans mon cœur, j'aurais voulu le consoler, le soulager, au lieu de cela je pensais lui avoir fait de la peine, sans doute le pauvre malade devina ma pensée, car je le vis se détourner et me sourire, papa venait de m'acheter un gâteau, j'avais bien envie de le lui donner mais je n'osai pas, cependant je voulais lui donner quelque chose qu'il ne puisse me refuser, car je sentais pour lui une sympathie très grande, alors je me rappelai avoir entendu dire que le jour de la première communion on obtenait tout ce qu'on demandait, cette pensée me consola et bien que je n'eusse encore que six ans, je me dis : « Je prierai pour *mon pauvre* le jour de ma première communion. » Je tins ma promesse cinq ans plus tard et j'espère que le bon Dieu exauça la prière qu'Il m'avait inspiré de Lui adresser pour un de ses membres souffrants…

[15 v°] J'aimais beaucoup le bon Dieu et je lui donnais bien souvent mon cœur en me servant de la petite formule que maman m'avait apprise, cependant un jour ou plutôt un soir du beau mois de Mai je fis une faute qui vaut bien la peine d'être rapportée, elle me donna un grand sujet de m'humilier et je crois en avoir eu la contrition parfaite. – Étant trop petite pour aller au mois de Marie je restais avec Victoire[6] et faisais avec elle mes dévotions devant *mon petit mois de Marie* que j'arrangeais à ma façon, tout était si petit, chandeliers et pots de fleurs, que deux *allumettes*-bougies l'éclairaient parfaitement ; quelquefois Victoire me faisait la surprise de me donner deux petits bouts de rat-de-cave mais c'était rare. Un soir tout était prêt pour nous mettre en prière, je lui dis : « Victoire, voulez-vous commencer le souvenez-vous, je vais allumer. » Elle fit semblant de commencer, mais elle ne dit rien et me regarda en riant, moi qui voyais mes *précieuses allumettes* se consumer rapidement, je la suppliai de faire la prière, elle continua de se taire, alors me levant, je me mis à lui dire bien haut qu'elle était méchante, et sortant de ma douceur habituelle, je frappai du pied de toutes mes forces… Cette pauvre Victoire n'avait plus envie de rire, elle me regarda avec étonnement et me montra du rat-de-cave qu'elle m'avait apporté… après avoir répandu des larmes de colère, je versai des larmes d'un sincère repentir ayant le ferme propos de ne plus jamais recommencer !…

Une autre fois il m'arriva une autre aventure avec Victoire mais de celle-ci je n'eus aucun repentir, car je gardai parfaitement mon calme. – Je voulais avoir un encrier qui se trouvait sur la cheminée de la cuisine, étant trop petite pour le prendre, je demandai bien *gentiment* à Victoire de [16 r°] me le donner, mais elle refusa me disant de monter sur une chaise. Je pris une chaise sans rien dire, mais en pensant qu'elle n'était pas aimable, voulant le lui faire sentir, je cherchai dans ma petite tête ce qui m'offensait le plus, elle m'appelait souvent quand elle était ennuyée de moi : « petite mioche », ce qui m'humiliait beaucoup. Alors *avant* de *sauter au bas* de ma *chaise*, je me détournai avec *dignité* et je lui dis: «Victoire, vous êtes une *mioche*!» Puis je me sauvai, la laissant méditer la profonde parole que je venais de lui adresser... Le résultat ne se fit pas attendre, bientôt je l'entendis qui criait: «*M'amz'elle Mâri... Thèrasse* vient d'me dire que j'suis une *mioche*!» Marie vint et me fit demander pardon, mais je le fis sans contrition, trouvant que puisque Victoire n'avait pas voulu allonger son *grand bras* pour me rendre un *petit service*, elle méritait le titre de *mioche*... Cependant elle m'aimait beaucoup et je l'aimais bien aussi, un jour elle me tira d'un *grand péril* où j'étais tombée par ma faute. Victoire repassait ayant à côté d'elle un seau avec de l'eau dedans, moi je la regardais en me balançant (comme à mon habitude) sur une chaise, tout à coup la chaise me manque et je tombe, non pas par terre, mais dans le *fond* du *seau*!!!... mes pieds touchaient ma tête et je remplissais le *seau* comme un petit poulet remplit son œuf!... Cette pauvre Victoire me regardait avec une surprise extrême, n'ayant jamais vu pareille chose. J'avais bien envie de sortir au plus tôt de mon *seau*, mais impossible, ma prison était si juste que je ne pouvais pas faire un mouvement. Avec un peu de peine elle me sauva de mon *grand péril*, mais non pas ma robe et tout le reste qu'elle fut obligée de me changer, car j'étais trempée comme une soupe.

Une autre fois je tombai dans la cheminée, heureusement le feu n'était [16 v°] pas allumé, Victoire n'eut que le mal de me relever et de secouer la cendre dont j'étais remplie. C'était le mercredi alors que vous étiez au chant avec Marie que toutes ces aventures m'arrivaient. Ce fut aussi un mercredi que Mr Ducellier[7] vint pour faire une visite. Victoire lui ayant dit qu'il n'y avait personne à la maison que la petite Thérèse, il entra dans la *cuisine* pour me voir et regarda mes devoirs, j'étais bien fière de recevoir *mon confesseur* car peu de temps avant je m'étais confessée pour la première fois. Quel doux souvenir pour moi !... Ô ma Mère chérie ! avec quel soin ne m'aviez-vous pas préparée, me disant que ce n'était pas à un homme, mais au bon Dieu que j'allais dire mes péchés, j'en étais vraiment bien convaincue aussi je fis ma confession avec un grand esprit de foi et même je vous demandai s'il ne fallait pas dire à Mr Ducellier que je l'aimais de tout mon cœur puisque c'était au bon Dieu que j'allais parler en sa personne...

Bien instruite de tout ce que je devais dire et faire, j'entrai dans le confessionnal et me mis à genoux, mais en ouvrant le guichet Mr Ducellier ne vit personne, j'étais si petite que ma tête se trouvait sous la banquette où l'on s'appuie les mains, alors il me dit de rester debout, obéissant aussitôt je me levai et me tournant juste en face de lui pour bien le voir, je fis ma confession comme une *grande fille* et je reçus sa bénédiction avec une *grande dévotion*, car vous m'aviez dit qu'à ce moment les *larmes* du *petit Jésus* allaient purifier mon âme. Je me souviens que la première exhortation qui me fut adressée m'invita surtout à la dévotion envers la Sainte Vierge et je me promis de redoubler de tendresse pour elle[8]. En sortant du confessionnal, j'étais si contente et si légère que jamais je n'avais senti autant de joie dans mon [17 r°] âme. Depuis je retournai me confesser à toutes les grandes fêtes et c'était une vraie *fête* pour moi à chaque fois que j'y allais.

Les *fêtes* !... ah ! que ce mot rappelle de souvenirs... Les *fêtes*, je les aimais tant !... Vous saviez si bien m'expliquer, ma Mère chérie, tous les mystères cachés sous chacune d'elles que c'étaient vraiment pour moi des jours du Ciel. J'aimais surtout les processions du Saint Sacrement, quelle joie de semer des fleurs sous les pas du bon Dieu !… mais avant de les y laisser tomber je les lançais le plus haut que je pouvais et je n'étais jamais aussi heureuse qu'en voyant mes roses effeuillées *toucher* l'Ostensoir sacré…

Les fêtes ! ah ! si les grandes étaient rares, chaque semaine en ramenait une bien chère à mon cœur : « Le Dimanche ». Quelle journée que celle du Dimanche !… C'était la fête du bon Dieu, la fête du *repos*. D'abord je restais dans le *dodo* plus longtemps que les autres jours et puis maman Pauline gâtait sa petite fille, lui apportant son chocolat dans son *dodo*, ensuite elle l'habillait comme une petite reine… Marraine venait friser *filleule* qui n'était pas toujours gentille quand on lui tirait les cheveux, mais ensuite elle était bien contente d'aller prendre la main de son *Roi* qui ce jour-là l'embrassait encore plus tendrement qu'à l'ordinaire, puis toute la famille partait à la Messe. Tout le long du chemin et même dans l'église, la petite Reine à Papa lui donnait la main, sa place était à côté de lui et quand nous étions obligés de descendre pour le sermon il fallait trouver encore deux chaises l'une auprès de l'autre. Ce n'était pas bien difficile, tout le monde avait l'air de trouver cela si gentil de voir un si *beau* Vieillard avec une si *petite fille* que les personnes se dérangeaient pour donner leurs places. Mon oncle qui se trouvait dans les bancs des marguilliers se réjouissait de nous voir arriver, il disait que j'étais son petit [17 v°] rayon de Soleil… Moi je ne m'inquiétais guère d'être regardée, écoutant bien attentivement les sermons auxquels cependant je ne comprenais pas grand'chose, le premier que je *compris* et qui me *toucha profondément* fut un sermon sur la Passion prêché par Mr Ducellier et depuis je compris tous les autres sermons. Quand le prédicateur parlait de Ste Thérèse, papa se penchait et me disait tout bas : « – Écoute bien, ma petite reine, on parle de ta Ste Patronne. » J'écoutais bien en effet, mais je regardais papa plus souvent que le prédicateur, sa belle figure me disait tant de choses !... Parfois ses yeux se remplissaient de *larmes* qu'il s'efforçait en vain de retenir, il semblait déjà ne plus tenir à la terre, tant son âme aimait à se plonger dans les vérités éternelles... Cependant sa course était bien loin d'être achevée, de longues années devaient s'écouler avant que le beau Ciel s'ouvre à ses yeux ravis et que le Seigneur essuie les *larmes* de son bon et fidèle serviteur !...

Mais je reviens à ma journée du Dimanche. Cette *joyeuse* journée qui passait si rapidement avait bien sa teinte de *mélancolie*. Je me souviens que mon bonheur était sans mélange jusqu'à complies, pendant cet office, je pensais que le jour du *repos* allait finir... que le lendemain il faudrait recommencer la vie, travailler, apprendre des leçons, et mon cœur sentait l'*exil* de la terre... je soupirais après le repos éternel du Ciel, le *Dimanche* sans couchant de la *Patrie* !... Il n'est pas jusqu'aux promenades que nous faisions avant de rentrer aux Buissonnets qui ne laissaient un sentiment de tristesse dans mon âme, alors la famille n'était plus au complet puisque pour faire plaisir à mon Oncle, Papa lui laissait le soir de chaque Dimanche Marie ou *Pauline*, [18 r°] seulement j'étais bien contente quand je restais aussi. J'aimais mieux cela que d'être invitée toute seule parce qu'on faisait moins attention à moi. Mon plus grand plaisir était d'écouter tout ce que mon Oncle disait, mais je n'aimais pas qu'il m'interroge et j'avais bien peur quand il me mettait sur *un seul* de ses genoux en chantant Barbe-bleue d'une voix formidable... C'était avec plaisir que je voyais Papa venir nous chercher, en revenant je regardais les *étoiles* qui scintillaient doucement et cette vue me ravissait… Il y avait surtout un groupe de *perles d'or* que je remarquais avec joie trouvant qu'il avait la forme d'un *T* (voici à peu près sa forme ***) je le faisais voir à Papa en lui disant que mon nom était écrit dans le Ciel et puis ne voulant rien voir de la vilaine terre, je lui demandais de me conduire, alors sans regarder où je posais les pieds, je mettais ma petite tête bien en l'air ne me lassant pas de contempler l'azur étoilé !…

Que pourrai-je dire des veillées d'hiver, surtout de celles du Dimanche ? Ah ! qu'il m'était doux après la *partie* de *damier* de m'asseoir avec Céline sur les genoux de Papa[9]… De sa belle voix, il chantait des airs remplissant l'âme de pensées profondes… ou bien nous berçant doucement il récitait des poésies empreintes des vérités éternelles… Ensuite nous montions pour faire la prière en commun et la petite reine était toute seule auprès de son Roi, n'ayant qu'à le regarder pour savoir comment prient les Saints… À la fin nous venions toutes par rang d'âge dire bonsoir à papa et recevoir un baiser, la *reine* venait naturellement la dernière, le *roi* pour l'embrasser la [18 v°] prenait par les *coudes* et celle-ci s'écriait bien haut : « Bonsoir Papa, bonne nuit, dors bien », c'était tous les soirs la même répétition… Ensuite ma petite maman me prenait entre ses bras et m'emportait dans le lit de Céline, alors je disais : « Pauline, est-ce que j'ai été bien mignonne aujourd'hui ?… Est-ce que les *petits anges vont voler autour de moi* ? » Toujours la réponse était *oui*, autrement j'aurais passé la nuit tout entière à pleurer… Après m'avoir embrassée ainsi que ma chère marraine, *Pauline* redescendait et la pauvre petite Thérèse restait toute seule dans l'obscurité, elle avait beau se représenter les *petits anges volant autour d'elle*, la frayeur la gagnait bientôt, les ténèbres lui faisaient peur, car elle ne voyait pas de son lit les étoiles qui scintillaient doucement…

Je regarde comme une vraie grâce d'avoir été habituée par vous, ma Mère chérie, à surmonter mes frayeurs, parfois vous m'envoyiez seule le soir chercher un objet dans une chambre éloignée, si je n'avais pas été si bien dirigée je serais devenue très peureuse, au lieu que maintenant je suis vraiment difficile à effrayer… Je me demande parfois comment vous avez pu m'élever avec tant d'*amour* et de délicatesse sans me gâter, car il est vrai que vous ne me passiez pas une seule imperfection, jamais vous ne me faisiez de reproche sans sujet, mais *jamais* vous ne reveniez sur une chose que vous aviez décidée, je le savais si bien que je n'aurais pas pu ni voulu faire un pas si vous me l'aviez défendu, papa lui-même était obligé de se conformer à votre volonté, sans le consentement de *Pauline* je n'allais pas me promener et quand Papa me disait de venir je répondais : « Pauline ne veut pas » ; [19 r°] alors il venait demander ma grâce, quelquefois pour lui faire plaisir *Pauline* disait oui, mais la petite Thérèse voyait bien à son air que ce n'était pas de bon cœur, elle se mettait à pleurer sans accepter de consolations jusqu'à ce que *Pauline* dise *oui* et l'*embrasse* de *bon cœur* !

Lorsque la petite Thérèse était malade, ce qui lui arrivait tous les hivers[10], il n'est pas possible de dire avec quelle tendresse maternelle elle était soignée. Pauline la faisait coucher dans son lit (faveur incomparable) et puis elle lui donnait tout ce dont elle avait envie. Un jour Pauline tira de dessous le traversin un *joli* petit *couteau* à *elle* et le donnant à sa petite fille la laissa plongée dans un ravissement qui ne peut se décrire. « – Ah ! Pauline, s'écria-t-elle, tu m'aimes donc bien que tu te prives pour moi de ton joli petit couteau qui a une *étoile* en *nacre* ?… Mais puisque tu m'aimes tant, ferais-tu bien le sacrifice de ta *montre* pour m'empêcher de *mourir* ?… » – « Non seulement pour t'empêcher de mourir, je donnerais ma montre, mais seulement pour te voir bientôt guérie j'en ferais tout de suite le sacrifice. » En écoutant ces paroles de *Pauline* mon étonnement et ma reconnaissance étaient si grands que je ne puis les exprimer… En été j'avais quelquefois mal au cœur, Pauline me soignait encore avec tendresse, pour m'amuser, ce qui était le meilleur des remèdes, elle me *promenait* en *brouette* tout autour du jardin et puis me faisant descendre elle mettait à ma place un joli petit pied de pâquerettes qu'elle *promenait* avec bien de la *précaution* jusqu'à mon jardin où il prenait place en grande pompe…

C'était Pauline qui recevait toutes mes confidences intimes, qui éclaircissait tous mes doutes… Une fois je m'étonnais de ce que le bon Dieu ne [19 v°] donne pas une gloire égale dans le Ciel à tous les élus, et j'avais peur que tous ne soient pas heureux, alors Pauline me dit d'aller chercher le grand verre à Papa et de le mettre à côté de mon tout petit dé, puis de les remplir d'eau, ensuite elle me demanda lequel était le plus plein. Je lui dis qu'ils étaient aussi pleins l'un que l'autre et qu'il était impossible de mettre plus d'eau qu'ils n'en pouvaient contenir. Ma Mère chérie me fit alors comprendre qu'au Ciel le bon Dieu donnerait à ses élus autant de gloire qu'ils en pourraient contenir et qu'ainsi le dernier n'aurait rien à envier au premier. C'est ainsi que mettant à ma portée les plus sublimes secrets, vous saviez, ma Mère, donner à mon âme la nourriture qui lui était nécessaire…

Avec quelle joie je voyais chaque année arriver la distribution des prix !… Là comme toujours, la *justice* était gardée et je n'avais que les récompenses méritées, *toute seule* debout au milieu de la *noble assemblée*, j'écoutais ma sentence, lue par le Roi de France et [de] Navarre, le cœur me battait bien fort en recevant les prix et la couronne… c'était pour moi comme une image du jugement !… Aussitôt après la distribution, la petite Reine quittait sa robe blanche, puis on se dépêchait de la déguiser afin qu'elle prenne part à la *grande représentation* !…

Ah ! comme elles étaient joyeuses ces fêtes de famille… Comme j'étais loin alors en voyant mon Roi chéri si radieux, de prévoir les épreuves qui devaient le visiter !…

Un jour cependant, le bon Dieu me montra dans une *vision* vraiment extraordinaire, l'image *vivante* de l'épreuve qu'Il se plaisait à nous préparer d'avance, son calice se remplissant déjà[11].

Papa était en voyage depuis plusieurs jours, il devait encore s'en écouler deux [20 r°] avant son retour. Il pouvait être deux ou trois heures de l'après-midi, le soleil brillait d'un vif éclat et toute la nature semblait en fête. Je me trouvais seule à la fenêtre d'une mansarde donnant sur le grand jardin, je regardais devant moi, l'esprit occupé de pensées riantes, quand je vis devant la buanderie qui se trouvait juste en face, un homme vêtu absolument comme Papa, ayant la même taille et la même démarche, seulement il était *beaucoup plus courbé*… Sa *tête* était couverte d'une espèce de tablier de couleur indécise en sorte que je ne pus voir son visage. Il portait un chapeau semblable à ceux de Papa. Je le vis s'avancer d'un pas régulier, longeant mon petit jardin… Aussitôt un sentiment de frayeur surnaturelle envahit mon âme, mais en un instant je réfléchis que sans doute Papa était de retour et qu'il se cachait afin de me surprendre, alors j'appelai bien haut d'une voix tremblante d'émotion : – « Papa, Papa !... » Mais le mystérieux personnage ne paraissant pas m'entendre, continua sa marche régulière sans même se détourner, le suivant des yeux je le vis se diriger vers le bosquet qui coupait la grande allée en deux, je m'attendais à le voir reparaître de l'autre côté des grands arbres, mais la vision prophétique s'était évanouie !... Tout ceci ne dura qu'un instant, mais se grava si profondément en mon cœur qu'aujourd'hui après 15 ans... le souvenir m'en est aussi présent que si la vision était encore devant mes yeux...

Marie était avec vous, ma Mère, dans une chambre communiquant avec celle où je me trouvais, m'entendant appeler Papa, elle ressentit une impression de frayeur, sentant, m'a-t-elle dit depuis, qu'il devait se passer quelque chose d'extraordinaire, sans me laisser voir son émotion elle accourut auprès de moi, me demandant ce qui me prenait d'appeler Papa qui était à Alençon, je [20 v°] racontai alors ce que je venais de voir. Pour me rassurer Marie me dit que c'était sans doute Victoire qui pour me faire peur s'était caché la tête avec son tablier, mais interrogée Victoire assura n'avoir pas quitté sa cuisine, d'ailleurs, j'étais bien sûre d'avoir vu un homme et que cet homme avait la tournure de Papa, alors nous allâmes toutes les trois derrière le massif d'arbres, mais n'ayant trouvé aucune marque indiquant le passage de quelqu'un, vous m'avez dit de ne plus penser à cela...

Ne plus y penser n'était pas en mon pouvoir, bien souvent mon imagination me représenta la scène mystérieuse que j'avais vue... bien souvent j'ai cherché à lever le voile qui m'en dérobait le sens, car j'en gardai au fond du cœur la conviction intime, cette vision avait un *sens* qui devait m'être révélé un jour... Ce jour s'est fait longtemps attendre mais après 14 ans le bon Dieu a lui-même déchiré le voile mystérieux. Étant en licence avec Sr Marie du Sacré Cœur[12], nous parlions comme toujours des choses de l'autre vie et de nos souvenirs d'enfance, quand je lui rappelai la vision que j'avais eue à l'âge de 6 à 7 ans, tout à coup en rapportant les détails de cette scène étrange, nous comprîmes en même temps ce qu'elle signifiait… C'était bien *Papa* que j'avais vu, s'avançant courbé par l'âge… C'était bien lui portant sur son visage vénérable, sur sa tête blanchie, le signe de sa *glorieuse* épreuve[13]… Comme la Face Adorable de Jésus qui fut voilée pendant sa Passion, ainsi la face de son fidèle serviteur devait être voilée aux jours de ses douleurs, afin de pouvoir rayonner dans la Céleste Patrie auprès de son Seigneur, le Verbe Éternel !… C'est du sein de cette gloire ineffable, alors qu'il régnait dans le Ciel, que notre Père chéri nous a obtenu la grâce de comprendre la vision [21 r°] que sa petite reine avait eue à un âge où l'illusion n'est pas à craindre ! C'est du sein de la gloire qu'il nous a obtenu cette douce consolation de comprendre que 10 ans avant notre grande épreuve le bon Dieu nous la montrait déjà, comme un Père fait entrevoir à ses enfants l'avenir glorieux qu'il leur prépare et se complaît à considérer d'avance les richesses sans prix qui doivent être leur partage…

Ah ! pourquoi est-ce à moi que le bon Dieu a donné cette lumière ? pourquoi a-t-il montré à une enfant si petite une chose qu'elle ne pouvait comprendre, une chose qui, si elle l'avait comprise, l'aurait fait mourir de douleur, pourquoi ?… C'est là un de ces mystères que sans doute nous comprendrons dans le Ciel et qui fera notre éternelle admiration !…

Que le bon Dieu est bon !… comme il proportionne les épreuves aux forces qu'Il nous donne. Jamais comme je viens de le dire je n'aurais pu supporter même la pensée des peines amères que l'avenir me réservait… Je ne pouvais pas même penser sans frémir que Papa *pouvait mourir*… Une fois il était monté sur le haut d'une échelle et comme je restais juste dessous il me cria : « Éloigne-toi *paup'tit*, si je tombe je vais t'écraser. » En entendant cela je ressentis une révolte intérieure, au lieu de m'éloigner je me collai contre l'échelle en pensant : « Au moins si Papa tombe, je ne vais pas avoir la douleur de le voir mourir, puisque je vais mourir avec lui ! » Je ne puis dire ce que j'aimais Papa, tout en lui me causait de l'admiration ; quand il m'expliquait ses pensées (comme si j'avais été une grande fille) je lui disais naïvement que bien sûr s'il disait [21 v°] tout cela aux grands hommes du gouvernement, ils le prendraient pour le faire Roi et qu'alors la France serait heureuse comme elle ne l'avait jamais été… Mais dans le fond j'étais contente (et me le reprochais comme pensée d'égoïsme) qu'il n'y ait que moi à *bien connaître* Papa, car s'il était devenu *Roi* de *France* et de *Navarre* je savais qu'il aurait été malheureux puisque c'est le sort de tous les monarques et surtout il n'aurait plus été mon Roi à moi toute seule !…

J'avais six ou sept ans lorsque Papa nous conduisit à Trouville[14]. Jamais je n'oublierai l'impression que me fit la mer, je ne pouvais m'empêcher de la regarder sans cesse, sa majesté, le mugissement de ses flots, tout parlait à mon âme de la Grandeur et de la Puissance du bon Dieu. Je me rappelle que pendant la promenade que nous faisions sur la plage, un M^r^ et une Dame me regardèrent courant joyeusement autour de Papa et s'approchant, ils lui demandèrent si j'*étais* à *lui*, et dirent que j'étais une bien gentille petite fille. Papa leur répondit que oui, mais je m'aperçus qu'il leur fit signe de ne pas me faire de compliments… C'était la première fois que j'entendais dire que j'étais gentille, cela me fit bien plaisir, car je ne le croyais pas, vous faisiez une si grande attention, ma Mère chérie, à ne laisser auprès de moi aucune chose qui pût ternir mon innocence, à ne me laisser surtout entendre aucune parole capable de faire glisser la vanité dans mon cœur. Comme je ne faisais attention qu'à vos paroles et à celles de Marie, et jamais vous ne m'aviez adressé un seul compliment, je n'attachai pas beaucoup d'importance aux paroles et aux regards admiratifs de la dame. [22 r°] Le soir, à l'heure où le soleil semble se baigner dans l'immensité des flots laissant devant lui un *sillon lumineux*, j'allai m'asseoir toute seule sur un rocher avec *Pauline*… Alors je me rappelai la touchante histoire « Du sillon d'or[15] !… » Je le contemplai longtemps ce sillon lumineux, image de la grâce illuminant le chemin que doit parcourir le petit vaisseau à la gracieuse voile blanche… Près de Pauline, je pris la résolution de ne jamais éloigner mon âme du regard de Jésus, afin qu'elle vogue en paix vers la Patrie des Cieux !…

Ma vie s'écoulait tranquille et heureuse, l'affection dont j'étais entourée aux *Buissonnets* me faisait pour ainsi dire grandir, mais j'étais sans doute assez grande pour commencer à lutter, pour commencer à connaître le monde et les misères dont il est rempli…

Chapitre III

ANNÉES DOULOUREUSES (1881-1883)

Élève à l'Abbaye

Jours de congé

Première Communion de Céline

Pauline au Carmel

Étrange maladie

Le sourire de la Vierge

J'avais huit ans et demi lorsque Léonie sortit de pension et je la remplaçai à l'Abbaye[1]. J'ai souvent entendu dire que le temps passé au pensionnat est le meilleur et le plus doux de la vie, il n'en fut pas ainsi pour moi, les cinq années que j'y passai furent les plus tristes de ma vie, si je n'avais pas eu avec moi ma Céline chérie, je n'aurais pas pu y rester un seul mois sans tomber malade… La pauvre petite fleur avait été habituée à plonger ses fragiles racines dans une *terre choisie*, faite exprès pour elle, aussi lui sembla-t-il bien dur de se voir au milieu de fleurs de toute espèce aux racines souvent bien peu délicates et d'être obligée de trouver dans une *terre commune* le suc nécessaire à sa subsistance !…

Vous m'aviez si bien instruite, ma Mère chérie, qu'en arrivant en pension j'étais la plus avancée des enfants de mon âge, je fus placée dans [22 v°] une classe d'élèves toutes plus grandes que moi, l'une d'elles âgée de 13 à 14 ans était peu intelligente, mais savait cependant en imposer aux élèves et même aux maîtresses. Me voyant si jeune, presque toujours la première de ma classe et chérie de toutes les religieuses, elle en éprouva sans doute une jalousie bien pardonnable à une pensionnaire et me fit payer de mille manières mes petits succès…

Avec ma nature timide et délicate, je ne savais pas me défendre et me contentais de pleurer sans rien dire, ne me plaignant pas *même* à *vous* de ce que je souffrais, mais je n'avais pas assez de vertu pour m'élever au-dessus de ces misères de [la] vie et mon pauvre petit cœur souffrait beaucoup... Heureusement chaque soir je retrouvais le foyer paternel, alors mon cœur s'épanouissait, je sautais sur les genoux de mon Roi, lui disant les notes qui m'avaient été données et son baiser me faisait oublier toutes mes peines... Avec quelle joie j'annonçai le résultat de ma *1re composition* (une composition d'*H. Sainte*), un *seul point* me manquait pour avoir le maximum, n'ayant pas su le nom du père de Moïse. J'étais donc la première et j'apportais une belle décoration d'argent. Pour me récompenser Papa me donna une *jolie petite pièce* de quatre sous que je plaçai dans une boîte et qui fut destinée à recevoir presque chaque Jeudi une nouvelle pièce toujours de même *grandeur*... (c'était dans cette boîte que j'allais puiser quand à certaines grandes fêtes je voulais faire une aumône de ma bourse à la quête, soit pour la propagation de la Foi ou autres œuvres semblables). *Pauline*, ravie du succès de sa petite élève, lui fit cadeau d'un [23 r°] joli cerceau pour l'encourager à continuer d'être bien studieuse. La pauvre petite avait un réel besoin de ces joies de la famille, sans elles, la vie de pension lui aurait été trop dure.

L'après-midi de chaque Jeudi c'était congé, mais ce n'était pas comme les *congés* de *Pauline*, je n'étais pas dans le belvédère avec Papa... Il fallait jouer non pas avec ma *Céline*, ce qui me plaisait quand j'étais *toute seule avec elle*, mais avec mes petites cousines et les petites Maudelonde[2], c'était pour moi une vraie peine, ne sachant pas jouer comme les autres enfants, je n'étais pas une compagne agréable, cependant je faisais de mon mieux pour imiter les autres sans y réussir et je m'ennuyais beaucoup, surtout quand il fallait passer toute une après-midi à *danser* des *quadrilles*. La seule chose qui me plaisait c'était d'aller au *jardin* de *l'étoile*, alors j'étais la première partout, cueillant les fleurs à profusion et sachant trouver les plus jolies j'excitais l'envie de mes petites compagnes…

Ce qui me plaisait encore c'était lorsque par hasard j'étais seule avec la petite Marie, n'ayant plus Céline Maudelonde pour l'entraîner à des *jeux ordinaires*, elle me laissait libre de choisir et je choisissais un jeu tout à fait nouveau. Marie et Thérèse devenaient deux *solitaires* n'ayant qu'une pauvre cabane, un petit champ de blé et quelques légumes à cultiver. Leur vie se passait dans une contemplation continuelle, c'est-à-dire que l'un des *solitaires* remplaçait l'autre à l'oraison lorsqu'il fallait s'occuper de la vie active. Tout se faisait avec une entente, un silence et des manières si religieuses que c'était parfait. Lorsque ma Tante venait nous chercher pour la promenade notre jeu continuait même dans la rue. Les deux solitaires récitaient [23 v°] ensemble le chapelet, se servant de leurs doigts afin de ne pas montrer leur dévotion à l'indiscret public, cependant un jour le plus jeune solitaire s'oublia, ayant reçu un gâteau pour sa collation, il fit avant de le manger, un grand signe de croix, ce qui fit rire tous les profanes du siècle…

Marie et moi étions toujours du même avis, nous avions si bien les mêmes goûts qu'une fois notre *union* de *volontés* passa les bornes. Revenant un soir de l'Abbaye, je dis à Marie : « Conduis-moi, je vais fermer les yeux. » – « Je veux les fermer aussi, me répondit-elle. » Aussitôt dit, aussitôt fait, sans *discuter* chacune fit *sa volonté*… Nous étions sur un trottoir, il n'y avait pas à craindre les voitures, après une agréable promenade de quelques minutes, ayant savouré les délices de marcher sans y voir, les deux petites étourdies tombèrent *ensemble* sur des caisses posées à la porte d'un magasin, ou plutôt elles firent *tomber* ces *dernières*, le marchand sortit tout en colère pour relever sa marchandise, les deux aveugles volontaires s'étaient bien relevées toutes seules et marchaient à *grands pas*, les yeux *grands* ouverts, écoutant les justes reproches de Jeanne qui était aussi fâchée que le marchand !... Aussi pour nous punir elle résolut de nous séparer et depuis ce jour Marie et Céline allèrent ensemble pendant que je fis route avec Jeanne. Cela mit fin à notre trop grande *union* de *volonté* et ce ne fut pas un mal pour les aînées qui au contraire n'étaient jamais du même avis et se disputaient tout le long du chemin. La paix ainsi fut complète.

Je n'ai rien dit encore de mes rapports intimes avec Céline, ah ! [24 r°] s'il me fallait tout raconter, je ne pourrais finir...

À Lisieux les rôles avaient changé, c'était Céline qui était devenue un malin petit lutin et Thérèse n'était plus qu'une petite fille bien douce mais *pleureuse* à l'excès... Cela n'empêchait pas que Céline et Thérèse s'aimaient de plus en plus, parfois il y avait quelques petites discussions mais ce n'était pas grave et dans le fond elles étaient toujours du même avis. Je puis dire que *jamais* ma petite sœur chérie ne m'a fait de *peine*, mais qu'elle a été pour moi comme un rayon de soleil, me réjouissant et me consolant toujours... Qui pourra dire avec quelle intrépidité elle me défendait à l'Abbaye lorsque j'étais accusée ?... Elle prenait tant de soin de ma santé que cela m'ennuyait quelquefois. Ce qui ne m'ennuyait pas c'était de la *regarder s'amuser*, elle rangeait toute la troupe de nos petites poupées et leur faisait la classe comme une habile maîtresse, seulement elle avait le soin que ses filles soient toujours sages au lieu que les miennes étaient souvent mises à la porte à cause de leur mauvaise conduite... Elle me disait toutes les choses nouvelles qu'elle venait d'apprendre dans sa classe, ce qui m'amusait beaucoup, et je la regardais comme un puits de science. J'avais reçu le titre de : « petite fille à Céline », aussi quand elle était fâchée contre moi, sa plus grande marque de mécontentement était de me dire : « Tu n'es plus ma petite fille c'est fini, je m'en *rappellerai toujours* !... » Alors je n'avais plus qu'à pleurer comme une Madeleine, la suppliant de me regarder encore comme sa petite fille, bientôt elle m'embrassait et me promettait de [ne] plus se *rappeler* de *rien* !... Pour me consoler elle prenait une de ses poupées et lui [24 v°] disait : « Ma chérie, embrasse ta tante. » Une fois la poupée fut si empressée de m'embrasser tendrement qu'elle me passa ses deux petits bras dans *le nez*... Céline qui ne l'avait pas fait exprès me regardait stupéfaite, la poupée pendue au nez ; la *tante* ne fut pas longtemps à repousser les étreintes trop tendres de sa *nièce* et se mit à rire de tout son cœur d'une aussi singulière aventure.

Le plus amusant était de nous voir acheter nos étrennes, ensemble au bazar, nous nous cachions soigneusement l'une de l'autre. Ayant *10* sous à dépenser il nous fallait au moins *5* ou *6* objets différents, c'était à laquelle achèterait les plus *belles choses*. Ravies de nos emplettes nous attendions avec impatience le premier jour de l'an afin de pouvoir nous offrir nos *magnifiques cadeaux*. Celle qui se réveillait avant l'autre s'empressait de lui souhaiter la bonne année, ensuite on se donnait les *étrennes* et chacune s'extasiait sur les *trésors* donnés pour 10 sous !... Ces petits cadeaux nous faisaient presque autant de plaisir que les *belles étrennes* de mon *oncle*, d'ailleurs ce n'était que le commencement des joies. Ce jour-là nous étions vite habillées et chacune se tenait au guet pour sauter au cou de Papa, dès qu'il sortait de sa chambre, c'étaient des cris de joie dans toute la maison et ce pauvre petit Père paraissait heureux de nous voir si contentes... Les étrennes que Marie et Pauline donnaient à leurs petites filles n'avaient pas une grande valeur mais elles leur causaient aussi une *grande joie*... Ah ! c'est qu'à cet âge nous n'étions pas *blasées*, notre âme dans toute sa fraîcheur s'épanouissait comme une fleur heureuse de recevoir la rosée du matin... Le même souffle faisait balancer nos corolles et ce qui faisait de la joie ou de la peine à [25 r°] l'une en faisait en même temps à l'autre. Oui nos joies étaient communes, je l'ai bien senti au beau jour de la première Communion de ma Céline chérie. Je n'allais pas encore à l'Abbaye n'ayant que sept ans mais j'ai conservé en mon cœur le très doux souvenir de la préparation que vous, ma Mère chérie, avez fait faire à Céline, chaque soir vous la preniez sur vos genoux et lui parliez de la grande action qu'elle allait faire, moi j'écoutais avide de me préparer aussi, mais bien souvent vous me disiez de m'en aller parce que j'étais trop petite, alors mon cœur était bien gros et je pensais que ce n'était pas trop de quatre années pour se préparer à recevoir le bon Dieu...

Un soir je vous entendis qui disiez qu'à partir de la première Communion, il fallait commencer une nouvelle vie, aussitôt je résolus de ne pas attendre ce jour-là mais d'en commencer une en même temps que Céline... Jamais je n'avais autant senti que je l'aimais comme je le fis pendant sa retraite de trois jours ; pour la première fois de ma vie, j'étais loin d'elle, je ne couchais pas dans son lit... Le premier jour, ayant oublié qu'elle n'allait pas revenir, j'avais gardé un petit bouquet de cerises que Papa m'avait acheté pour le manger avec elle, ne la voyant pas arriver j'eus bien du chagrin. Papa me consola en me disant qu'il me conduirait à l'Abbaye le lendemain pour voir ma Céline et que je lui donnerais un autre bouquet de cerises !… Le jour de la 1re Communion de Céline me laissa une impression semblable à celle de la mienne, en me réveillant le matin toute seule dans le grand lit, je me sentis *inondée* de *joie*. « C'est aujourd'hui !… Le grand jour est arrivé… » je ne me lassais pas de [25 v°] répéter ces paroles. Il me semblait que c'était moi qui allais faire ma 1re Communion. Je crois que j'ai reçu de grandes grâces ce jour-là et je le considère comme un des plus *beaux* de ma vie…

Je suis retournée un peu en arrière pour rappeler ce délicieux et doux souvenir, maintenant je dois parler de la douloureuse épreuve qui vint briser le cœur de la petite Thérèse, lorsque Jésus lui ravit sa chère *maman*, sa *Pauline* si tendrement aimée !…

Un jour, j'avais dit à Pauline que je voudrais être solitaire, m'en aller avec elle dans un désert lointain, elle m'avait répondu que mon désir était le sien et qu'elle *attendrait* que je sois assez grande pour partir. Sans doute ceci n'était pas dit sérieusement, mais la petite Thérèse l'avait pris au sérieux, aussi quelle ne fut pas sa douleur d'entendre un jour sa chère Pauline parler avec Marie de son entrée prochaine au Carmel… Je ne savais pas ce qu'était le Carmel, mais je comprenais que Pauline allait me quitter pour entrer dans un couvent, je comprenais qu'elle ne m'*attendrait* pas et que j'allais perdre ma seconde *Mère*… Ah ! Comment pourrai-je dire l'angoisse de mon cœur ?… En un instant je compris ce qu'était la vie, jusqu'alors je ne l'avais pas vue si triste, mais elle m'apparut dans toute sa réalité, je vis qu'elle n'était qu'une souffrance et qu'une séparation continuelle. Je versai des larmes bien amères, car je ne comprenais pas encore la *joie* du sacrifice, j'étais *faible*, si *faible* que je regarde comme une grande grâce d'avoir pu supporter une épreuve qui semblait être bien au-dessus de mes forces !… Si j'avais appris tout doucement le départ de ma Pauline chérie, je n'aurais peut-être pas autant souffert mais [26 r°] l'ayant appris par surprise, ce fut comme si un glaive s'était enfoncé dans mon cœur.

Je me souviendrai toujours, ma Mère chérie, avec quelle tendresse vous m'avez consolée… Puis vous m'avez expliqué la vie du Carmel qui me sembla bien belle, en repassant dans mon esprit tout ce que vous m'aviez dit, je sentis que le Carmel était le *désert* où le bon Dieu voulait que j'aille aussi me cacher… Je le sentis avec tant de force qu'il n'y eut pas le moindre doute dans mon cœur, ce n'était pas un rêve d'enfant qui se laisse entraîner, mais la *certitude* d'un appel Divin ; je voulais aller au Carmel non pour *Pauline* mais pour *Jésus seul…* Je pensai *beaucoup* de choses que les paroles ne peuvent rendre, mais qui laissèrent une grande paix dans mon âme.

Le lendemain je confiai mon secret à Pauline qui regardant mes désirs comme la volonté du Ciel, me dit que bientôt j'irais avec elle voir la Mère Prieure du Carmel et qu'il faudrait lui dire ce que le bon Dieu me faisait sentir… Un Dimanche fut choisi pour cette solennelle visite, mon embarras fut grand quand j'appris que Marie G.[3] devait rester avec moi, étant encore assez petite pour voir les carmélites, il fallait cependant que je trouve le moyen de rester seule, voici ce qui me vint à la pensée, je dis à Marie qu'ayant le privilège de voir la Mère Prieure, il fallait être bien gentilles et très polies, pour cela nous devions lui confier nos *secrets*, donc chacune à notre tour il fallait sortir un moment et laisser une de nous toute seule. Marie me crut sur parole et malgré sa répugnance à confier des *secrets qu'elle n'avait pas*, nous restâmes seules, l'une après l'autre, auprès de M. M. de G. [26 v°] Ayant entendu mes *grandes confidences* cette bonne Mère crut à ma vocation, mais elle me dit qu'on ne recevait pas de postulantes de *9 ans* et qu'il faudrait attendre mes 16 ans… Je me résignai malgré mon vif désir d'entrer le plus tôt possible et de faire ma 1re Communion le jour de la prise d'Habit de Pauline… Ce fut ce jour-là que je reçus des compliments pour la seconde fois. Sr Th. de St Augustin étant venue me voir, ne se lassait pas de dire que j'étais gentille, je ne comptais pas venir au Carmel pour recevoir des louanges, aussi après le parloir, je ne cessai de répéter au bon Dieu que c'était pour *Lui tout seul* que je voulais être carmélite.

Je tâchai de bien profiter de ma Pauline chérie pendant les quelques semaines qu'elle resta encore dans le monde, chaque jour Céline et moi lui achetions un gâteau et des bonbons, pensant que bientôt elle n'en mangerait plus ; nous étions toujours à ses côtés ne lui laissant pas une minute de repos. Enfin le *2 Octobre* arriva, jour de larmes et de bénédictions où Jésus cueillit la première de ses fleurs, qui devait être la *mère* de celles qui viendraient la rejoindre peu d'années après.

Je vois encore la place où je reçus le dernier baiser de *Pauline*, ensuite ma Tante nous emmena toutes à la messe pendant que Papa allait sur la montagne du Carmel offrir son *premier sacrifice*… Toute la famille était en larmes en sorte que nous voyant entrer dans l'église les personnes nous regardaient avec étonnement, mais cela m'était bien égal et ne m'empêchait pas de pleurer, je crois que si tout avait croulé autour de moi je n'y aurais fait aucune attention, je regardais le beau Ciel bleu et je m'étonnais que le Soleil puisse luire avec

[27 r°] autant d'éclat, alors que mon âme était inondée de tristesse !...

Peut-être, ma Mère chérie, trouvez-vous que j'exagère la peine que j'ai ressentie ?... Je me rends bien compte qu'elle n'aurait pas dû être aussi grande puisque j'avais l'espoir de vous retrouver au Carmel, mais mon âme était LOIN d'être *mûrie*, je devais passer par bien des creusets avant d'atteindre le terme tant désiré...

Le 2 Octobre était le jour fixé pour la rentrée de l'Abbaye, il me fallut donc y aller malgré ma tristesse... L'après-midi ma Tante vint nous chercher pour aller au Carmel et je vis ma *Pauline chérie* derrière les *grilles...* Ah ! que j'ai souffert à ce *parloir* du Carmel ! Puisque j'écris l'histoire de mon âme je dois tout dire à ma Mère chérie, et j'avoue que les souffrances qui avaient précédé son entrée ne furent rien en comparaison de celles qui suivirent... Tous les Jeudis nous allions en *famille* au Carmel et moi habituée à m'entretenir cœur à cœur avec *Pauline* j'obtenais à grand'peine deux ou trois minutes à la fin du parloir, bien entendu je les passais à pleurer et m'en allais le cœur déchiré... Je ne comprenais pas que c'était par délicatesse pour ma Tante que vous adressiez de préférence la parole à Jeanne et à Marie au lieu de parler à vos petites filles... je ne comprenais pas et je disais au fond de mon cœur : « Pauline est perdue pour moi ! ! ! » Il est surprenant de voir combien mon esprit se développa au sein de la souffrance, il se développa à tel point que je ne tardai pas à tomber malade.

La maladie dont je fus atteinte venait certainement du démon, furieux de votre entrée au Carmel il voulut se venger sur moi du tort que notre famille devait lui faire dans l'avenir, mais il ne savait pas que la [27 v°] douce Reine du Ciel veillait sur sa fragile petite fleur, qu'elle lui *souriait* du haut de son trône et s'apprêtait à faire cesser la tempête au moment où sa fleur devait se briser sans retour…

Vers la fin de l'année je fus prise d'un mal de tête continuel mais qui ne me faisait presque pas souffrir, je pouvais poursuivre mes études et personne ne s'inquiétait de moi, ceci dura jusqu'à la fête de Pâques de 1883. Papa étant allé à Paris avec Marie et Léonie, ma Tante me prit chez elle avec Céline. Un soir mon Oncle m'ayant emmenée avec lui, il me parla de Maman, des souvenirs passés, avec une bonté qui me toucha profondément et me fit pleurer, alors il dit que j'avais trop de cœur, qu'il me fallait beaucoup de distraction et résolut avec ma tante de nous procurer du plaisir pendant les vacances de Pâques ; ce soir-là nous devions aller au cercle catholique, mais trouvant que j'étais trop fatiguée ma Tante me fit coucher, en me déshabillant, je fus prise d'un tremblement étrange, croyant que j'avais froid ma Tante m'entoura de couvertures et de bouteilles chaudes, mais rien ne put diminuer mon agitation qui dura presque toute la nuit. Mon Oncle, en revenant du cercle catholique avec mes cousines et Céline, fut bien surpris de me trouver en cet état qu'il jugea très grave, mais il ne voulut pas le dire afin de ne pas effrayer ma Tante. Le lendemain il alla trouver le docteur Notta qui jugea comme mon Oncle que j'avais une maladie très grave et dont jamais une enfant si jeune n'avait été atteinte. Tout le monde était consterné, ma Tante fut obligée de me garder chez elle et me soigna avec une sollicitude vraiment *maternelle*. Lorsque Papa revint de Paris avec mes grandes sœurs, Aimée[4] les reçut avec une figure si triste que Marie [28 r°] crut que j'étais morte… Mais cette maladie n'était pas pour que je meure, elle était plutôt comme celle de Lazare afin que Dieu soit glorifié… Il le fut en effet, par la résignation admirable de mon pauvre petit *Père* qui crut que « sa petite fille allait devenir folle ou bien qu'elle allait mourir ». Il le fut aussi par celle de *Marie* !... Ah ! qu'elle a souffert à cause de moi... combien je lui suis reconnaissante des soins qu'elle m'a prodigués avec tant de désintéressement... son cœur lui dictait ce qui m'était nécessaire et vraiment un *cœur* de *Mère* est bien plus *savant* que celui d'un médecin, il sait *deviner* ce qui convient à la maladie de son enfant...

Cette pauvre Marie fut obligée de venir s'installer chez mon Oncle car il était impossible de me transporter alors aux Buissonnets. Cependant la prise d'habit de Pauline approchait[5], on évitait d'en parler devant moi sachant la peine que je ressentais de n'y pouvoir aller, mais moi j'en parlais souvent disant que je serais assez bien pour aller voir ma Pauline chérie. – En effet le bon Dieu ne voulut pas me refuser cette consolation ou plutôt Il voulut consoler sa *Fiancée* chérie qui avait tant souffert de la maladie de sa petite fille... J'ai remarqué que Jésus ne veut pas éprouver ses enfants le jour de leurs fiançailles, cette fête doit être sans nuages, un avant-goût des joies du Paradis, ne l'a-t-Il pas montré déjà 5 fois[6] ?... Je pus donc *embrasser* ma Mère chérie, m'*asseoir* sur ses *genoux* et la combler de caresses... Je pus la contempler si ravissante, sous la blanche parure de Fiancée... Ah ! ce fut un *beau jour*, au milieu de ma sombre épreuve, mais ce jour passa vite... Bientôt il me fallut monter dans la voiture qui m'emporta bien loin de Pauline... bien loin de mon Carmel chéri[7]. En arrivant aux Buissonnets, on me fit coucher, malgré moi car j'assurais [28 v°] être parfaitement guérie et n'avoir plus besoin de soins. Hélas, je n'étais encore qu'au début de mon épreuve !... Le lendemain je fus reprise comme je l'avais été et la maladie devint si grave que je ne devais pas en guérir suivant les calculs humains... Je ne sais comment décrire une si étrange maladie, je suis persuadée maintenant qu'elle était l'œuvre du démon, mais longtemps après ma guérison j'ai cru que j'avais fait exprès d'être malade et ce fut là un *vrai martyre* pour mon âme.

Je le dis à Marie qui me rassura de son mieux avec sa *bonté* ordinaire, je le dis à confesse et là encore mon confesseur essaya de me tranquilliser disant que ce n'était pas possible d'avoir fait semblant d'être malade au point où je l'avais été. Le bon Dieu qui voulait sans doute me purifier et surtout m'*humilier* me laissa ce *martyre intime* jusqu'à mon entrée au Carmel où le *Père* de nos âmes[8] m'enleva tous mes doutes comme avec la main et depuis je suis parfaitement tranquille.

Il n'est pas surprenant que j'aie craint d'avoir paru malade sans l'être en effet, car je disais et je faisais des choses que je ne pensais pas, presque toujours je paraissais en délire disant des paroles qui n'avaient pas de sens et cependant je suis *sûre* de n'avoir pas été *privée* un *seul instant* de l'*usage* de *ma raison*... Je paraissais souvent évanouie, ne faisant pas le plus léger mouvement, alors je me serais laissé faire tout ce qu'on aurait voulu, même tuer, pourtant j'entendais tout ce qui se disait autour de moi et je me rappelle encore de tout. Il m'est arrivé une fois d'être longtemps sans pouvoir ouvrir les yeux et de les ouvrir un instant pendant que je me trouvai seule...

Je crois que le démon avait reçu un pouvoir *extérieur* sur moi mais [29 r°] qu'il ne pouvait approcher de mon âme ni de mon esprit, si ce n'est pour m'inspirer des *frayeurs* très grandes de certaines choses[9], par exemple pour des remèdes très simples qu'on essayait en vain de me faire accepter. Mais si le bon Dieu permettait au démon de s'approcher de moi il m'envoyait aussi des anges visibles… Marie était toujours auprès de mon lit me soignant et me consolant avec la tendresse d'une Mère, jamais elle ne témoigna le plus petit ennui et cependant je lui donnais beaucoup de mal, ne souffrant pas qu'elle s'éloigne de moi. Il fallait bien cependant qu'elle aille au repas avec Papa, mais je ne cessais de l'appeler tout le temps qu'elle était partie, Victoire qui me gardait était parfois obligée d'aller chercher ma chère « Mama » comme je l'appelais… Lorsque Marie voulait sortir il fallait que ce soit pour aller à la messe ou bien [pour] voir *Pauline*, alors je ne disais rien…

Mon Oncle et ma Tante étaient aussi bien bons pour moi ; ma chère petite Tante venait *tous* les *jours* me voir et m'apportait mille gâteries. D'autres personnes amies de la famille vinrent aussi me visiter, mais je suppliai Marie de leur dire que je ne voulais pas recevoir de visites, cela me déplaisait de « voir des personnes assises autour de mon lit en *rang d'oignons* et me regardant comme une bête curieuse ». La seule visite que j'aimais était celle de mon Oncle et ma Tante.

Depuis cette maladie je ne saurais dire combien mon affection pour eux augmenta, je compris mieux que jamais qu'ils n'étaient pas pour nous des parents ordinaires. Ah ! ce pauvre petit Père avait bien raison quand il nous répétait souvent les paroles que je viens d'écrire. Plus tard il expérimenta qu'il ne s'était pas trompé et maintenant il doit protéger et bénir ceux qui lui prodiguèrent des soins si dévoués… Moi je suis encore exilée et ne sachant pas montrer ma reconnaissance, je n'ai qu'un seul moyen pour soulager mon cœur : Prier pour les parents que j'aime, qui furent et [qui] sont encore si bons pour moi !

Léonie était aussi bien bonne pour moi, essayant de m'amuser de son mieux, moi je lui faisais quelquefois de la peine car elle voyait bien que Marie ne pouvait être remplacée auprès de moi…

Et ma Céline chérie, que n'a-t-elle pas fait pour sa Thérèse ?… Le Dimanche au lieu d'aller se promener elle venait s'enfermer des heures entières avec une pauvre petite fille qui ressemblait à une idiote ; vraiment [29 v°] il fallait de l'amour pour ne pas me fuir… Ah ! mes chères petites Sœurs, que je vous ai fait souffrir !… personne ne vous avait fait autant de *peine* que moi et personne n'avait reçu autant d'*amour* que vous m'en avez prodigué… Heureusement, j'aurai le Ciel pour me venger, mon Époux est très riche et je puiserai dans ses trésors d'*amour* afin de vous rendre au centuple tout ce que vous avez souffert à cause de moi…

Ma plus grande consolation pendant que j'étais malade, c'était de recevoir une lettre de *Pauline*… Je la lisais, la relisais jusqu'à la savoir par cœur… Une fois, ma Mère chérie, vous m'avez envoyé un sablier et une de mes poupées habillée en carmélite, dire ma joie est chose impossible… Mon Oncle n'était pas content, il disait qu'au lieu de me faire penser au Carmel il faudrait l'éloigner de mon esprit, mais je sentais au contraire que c'était l'espérance d'être un jour carmélite qui me faisait vivre… Mon plaisir était de travailler pour Pauline, je lui faisais des petits ouvrages en papier bristol et ma plus grande occupation était de faire des couronnes de pâquerettes et de myosotis pour la Sainte Vierge, nous étions au beau mois de mai, toute la nature se parait de fleurs et respirait la gaîté, seule la « petite fleur » languissait et semblait à jamais flétrie… Cependant elle avait un Soleil auprès d'elle, ce Soleil était la *Statue miraculeuse* de la Ste Vierge qui avait parlé deux fois à Maman[10], et souvent, bien souvent, la petite fleur tournait sa corolle vers cet Astre béni… Un jour je vis Papa entrer dans la chambre de Marie où j'étais couchée; et lui donnant plusieurs pièces d'or avec une expression de grande tristesse il lui dit d'écrire à Paris et de faire dire des messes à Notre Dame des Victoires pour qu'elle guérisse sa pauvre petite fille. Ah ! que je fus touchée en voyant la Foi et l'Amour de mon Roi chéri [30 r°], j'aurais voulu pouvoir lui dire que j'étais guérie, mais je lui avais déjà fait assez de fausses joies, ce n'était pas mes désirs qui pouvaient faire un *miracle*, car il en fallait un pour me guérir... Il fallait un *miracle* et ce fut Notre Dame des Victoires qui le fit. Un Dimanche[11] (pendant la neuvaine de messes) Marie sortit dans le jardin me laissant avec Léonie qui lisait auprès de la fenêtre, au bout de quelques minutes je me mis à appeler presque tout bas: «Mama... Mama». Léonie étant habituée à m'entendre toujours appeler ainsi, ne fit pas attention à moi. Ceci dura longtemps, alors j'appelai plus fort et enfin Marie revint, je la vis parfaitement entrer, mais je ne pouvais dire que je la reconnaissais et je continuais d'appeler toujours plus fort: «Mama...». Je *souffrais beaucoup* de cette lutte forcée et inexplicable et Marie en souffrait peut-être encore plus que moi; après de vains efforts pour me montrer qu'elle était auprès de moi[12], elle se mit à genoux auprès de mon lit avec Léonie et Céline puis se tournant vers la Sainte Vierge et la priant avec la ferveur d'une *Mère* qui demande la vie de son enfant, *Marie* obtint ce qu'elle désirait...

Ne trouvant aucun secours sur la terre, la pauvre petite Thérèse s'était aussi tournée vers sa Mère du Ciel, elle la priait de tout son cœur d'avoir enfin pitié d'elle... Tout à coup la Sainte Vierge me parut *belle*, si *belle* que jamais je n'avais vu rien de si beau, son visage respirait une bonté et une tendresse ineffable, mais ce qui me pénétra jusqu'au fond de l'âme ce fut le «ravissant sourire de la Ste Vierge». Alors toutes mes peines s'évanouirent, deux grosses larmes jaillirent de mes paupières et coulèrent silencieusement sur mes joues, mais c'était des larmes d'une joie sans mélange… Ah ! pensai-je, la Ste Vierge m'a souri, que je suis heureuse… oui [30 v°] mais jamais je ne le dirai à personne, car alors mon *bonheur disparaîtrait.* Sans aucun effort je baissai les yeux, et je [vis] Marie qui me regardait avec amour, elle semblait émue et paraissait se douter de la faveur que la Ste Vierge m'avait accordée… Ah ! c'était bien à elle, à ses prières touchantes que je devais la grâce du *sourire* de la Reine des Cieux. En voyant mon regard fixé sur la Sainte Vierge, elle s'était dit : « Thérèse est guérie ! » Oui la petite fleur allait renaître à la vie, le *Rayon* lumineux qui l'avait réchauffée ne devait pas arrêter ses bienfaits, il n'agit pas tout d'un coup, mais doucement, suavement, il releva sa fleur et la fortifia de telle sorte que cinq ans après elle s'épanouissait sur la montagne fertile du Carmel.

Comme je l'ai dit, Marie avait deviné que la Sainte Vierge m'avait accordé quelque grâce cachée, aussi lorsque je fus seule avec elle, me demandant ce que j'avais vu, je ne pus résister à ses questions si tendres et si pressantes, étonnée de voir mon secret découvert sans que je l'aie révélé, je le confiai tout entier à ma chère Marie… Hélas ! comme je l'avais senti, mon bonheur allait disparaître et se changer en amertume ; pendant quatre ans le souvenir de la grâce ineffable que j'avais reçue fut pour moi une vraie *peine d'âme*, je ne devais retrouver mon bonheur qu'aux pieds de Notre Dame des Victoires[13], mais alors il me fut rendu dans *toute* sa *plénitude…* je reparlerai plus tard de cette seconde grâce de la Ste Vierge. Maintenant il me faut vous dire, ma Mère chérie, comment ma joie se changea en tristesse.

Marie après avoir entendu le récit naïf et sincère de « ma grâce » me demanda la permission de la dire au Carmel, je ne pouvais dire non… À ma première visite à ce Carmel chéri, je fus remplie de joie en voyant ma *Pauline* avec l'habit de la Sainte Vierge, [31 r°] ce fut un moment bien doux pour nous deux… Il y avait tant de choses à se dire que je ne pouvais rien dire du tout, mon cœur était trop plein… La bonne Mère M. de Gonzague était là aussi, me donnant mille marques d'affection, je vis encore d'autres sœurs et devant elles, on me questionna sur la grâce que j'avais reçue, [Marie] me demandant si la Ste Vierge portait le petit Jésus, ou bien s'il y avait beaucoup de lumière, etc. Toutes ces questions me troublèrent et me firent de la peine, je ne pouvais dire qu'une chose : « La Sainte Vierge m'avait semblé *très belle…* et je l'avais vue *me sourire.* » C'était sa *figure seule* qui m'avait frappée, aussi voyant que les carmélites s'imaginaient tout autre chose (mes peines d'âme commençant déjà au sujet de ma maladie), je me figurai *avoir menti…* Sans doute, si j'avais gardé mon secret, j'aurais aussi gardé mon bonheur, mais la Sainte Vierge a permis ce tourment pour le bien de mon âme, peut-être aurais-je eu sans lui quelque pensée de vanité, au lieu que l'*humiliation* devenant mon partage, je ne pouvais me regarder sans un sentiment de *profonde horreur…* Ah ! ce que j'ai souffert je ne pourrai le dire qu'au Ciel !…

Chapitre IV

PREMIÈRE COMMUNION – EN PENSION (1883-1886)

Images et lectures

Première Communion

Confirmation

Maladie des scrupules

Madame Papinau

Enfant de Marie

Nouvelles séparations

En parlant de visite aux carmélites je me souviens de la première, qui eut lieu peu de temps après l'entrée de *Pauline*, j'ai oublié d'en parler plus haut mais il est un détail que je ne dois pas omettre. Le matin du jour où je devais aller au parloir, réfléchissant toute seule dans mon *lit* (car c'était là que je faisais mes plus profondes oraisons et contrairement à l'épouse des cantiques j'y trouvais toujours mon Bien-Aimé), je me demandai quel nom j'aurais au Carmel, je savais qu'il y avait une Sr Thérèse de Jésus, cependant mon beau nom de Thérèse ne pouvait pas m'être enlevé. Tout à coup je pensai [31 v°] au *Petit* Jésus que j'aimais tant et je me dis : « Oh ! que je serais heureuse de m'appeler Thérèse de l'Enfant Jésus ! » Je *ne dis rien* au parloir du *rêve* que j'avais fait tout éveillée, mais cette bonne Mère *M. de Gonzague* demandant aux Sœurs quel nom il faudrait me donner, il lui vint à la pensée de m'appeler du nom que j'avais *rêvé*… Ma joie fut grande et cette heureuse rencontre de pensées me sembla une délicatesse de mon Bien-Aimé Petit Jésus.

J'ai oublié encore quelques petits détails de mon enfance avant votre entrée au Carmel, je ne vous ai pas parlé de mon amour pour les images et la lecture… Et cependant, ma Mère chérie, je dois aux belles images que vous me montriez comme récompense, une des plus douces joies et des plus fortes impressions qui m'aient excitée à la pratique de la vertu… J'oubliais les heures en les regardant, par exemple : La *petite fleur* du Divin Prisonnier me disait tant de choses que j'en étais plongée[1]. Voyant que le nom de *Pauline* était écrit au bas de la petite fleur, j'aurais voulu que celui de Thérèse y fût aussi et je m'offrais à Jésus pour être sa *petite fleur…* Si je ne savais pas jouer, j'aimais beaucoup la lecture et j'y aurais passé ma vie, heureusement, j'avais pour me guider des *anges* de la terre qui me choisissaient des livres qui tout en m'amusant nourrissaient mon cœur et mon esprit, et puis je ne devais passer qu'un certain temps à lire, ce qui m'était le sujet de grands sacrifices interrompant souvent ma lecture au milieu du passage le plus attachant… Cet attrait pour la lecture a duré jusqu'à mon entrée au Carmel. Dire le nombre de livres qui m'ont passé dans les mains ne me serait pas possible, mais jamais le bon Dieu n'a permis que j'en lise un seul capable de me faire du mal. Il est vrai qu'en lisant certains récits chevaleresques, je ne sentais pas toujours au premier moment le *vrai* de la *vie* ; mais bientôt le bon Dieu me faisait [32 r°] sentir que la vraie gloire est celle qui durera éternellement et que pour y parvenir il n'était pas nécessaire de faire des œuvres éclatantes mais de se cacher et de pratiquer la vertu en sorte que la main gauche ignore ce que fait la droite… C'est ainsi qu'en lisant les récits des actions patriotiques des héroïnes Françaises, en particulier celles de la *Vénérable* JEANNE d'ARC, j'avais un grand désir de les imiter, il me semblait sentir en moi la même ardeur dont elles étaient animées, la même inspiration Céleste, alors je reçus une grâce que j'ai toujours regardée comme une des plus grandes de ma vie, car à cet âge je ne recevais pas de *lumières* comme maintenant où j'en suis inondée. Je pensai que j'étais née pour la *gloire*, et cherchant le moyen d'y parvenir, le bon Dieu m'inspira les sentiments que je viens d'écrire. Il me fit comprendre aussi que ma *gloire* à moi ne paraîtrait pas aux yeux mortels, qu'elle consisterait à devenir une grande *Sainte* !!!... Ce désir pourrait sembler téméraire si l'on considère combien j'étais faible et imparfaite et combien je le suis encore après sept années passées en religion, cependant je sens toujours la même confiance audacieuse de devenir une grande Sainte, car je ne compte pas sur mes mérites n'en ayant *aucun*, mais j'espère en Celui qui est la Vertu, la Sainteté Même, c'est Lui seul qui se contentant de mes faibles efforts m'élèvera jusqu'à Lui et, me couvrant de ses mérites infinis, me fera *Sainte*. Je ne pensais pas alors qu'il fallait beaucoup souffrir pour arriver à la sainteté, le bon Dieu ne tarda pas à me le montrer en m'envoyant les épreuves que j'ai racontées plus haut... Maintenant je dois reprendre mon récit au point où je l'avais laissé. – Trois mois après ma guérison Papa nous fit faire le voyage d'Alençon, c'était la première fois que j'y retournais et ma joie fut bien grande en revoyant les lieux où s'était écoulée mon enfance, [32 v°] surtout de pouvoir prier sur la tombe de Maman et de lui demander de me protéger toujours...

Le bon Dieu m'a fait la grâce de ne connaître le *monde* que juste assez pour le mépriser et m'en éloigner. Je pourrais dire que ce fut pendant mon séjour à Alençon que je fis ma *première entrée* dans le *monde*. Tout était joie, bonheur autour de moi, j'étais fêtée, choyée, admirée, en un mot ma vie pendant quinze jours ne fut semée que de fleurs... J'avoue que cette vie avait des charmes pour moi. La Sagesse a bien raison de dire : « Que l'ensorcellement des bagatelles du monde séduit l'esprit même éloigné du mal. » À dix ans le cœur se laisse facilement éblouir, aussi je regarde comme une grande grâce de n'être pas restée à Alençon ; les amis que nous y avions étaient trop mondains, ils savaient trop allier les joies de la terre avec le service du bon Dieu. Ils ne pensaient pas assez à la *mort* et cependant la *mort* est venue visiter un grand nombre de personnes que j'ai connues, jeunes, riches et heureuses ! ! ! J'aime à retourner par la pensée aux lieux *enchanteurs* où elles ont vécu, à me demander où elles sont, ce qui leur revient des châteaux et des parcs où je les ai vues jouir des commodités de la vie ?... Et je vois que tout est vanité et affliction d'esprit sous le Soleil... Que l'*unique bien*, c'est d'aimer Dieu de tout son cœur et d'être ici-bas *pauvre* d'esprit...

Peut-être Jésus a-t-il voulu me montrer le monde avant la *première visite* qu'Il devait me faire afin que je choisisse plus librement la voie que je devais lui promettre de suivre. L'époque de ma première Communion est restée gravée dans mon cœur, comme un souvenir sans nuages, il me semble que je ne pouvais pas être mieux disposée que je le fus et puis mes peines d'âme me quittèrent pendant près d'un an. Jésus voulait me faire goûter une joie aussi parfaite qu'il est possible en cette vallée de larmes...

[33 r°] Vous vous souvenez, ma Mère chérie, du ravissant petit livre que vous m'aviez fait trois mois avant ma première Communion ?... Ce fut lui qui m'aida à préparer mon cœur d'une façon suivie et rapide, car si depuis longtemps je le préparais déjà, il fallait bien lui donner un nouvel élan, le remplir de *fleurs nouvelles* afin que Jésus puisse s'y reposer avec plaisir... Chaque jour je faisais un grand nombre de pratiques qui formaient autant de *fleurs*, je faisais encore un plus grand nombre d'aspirations que vous aviez écrites sur mon petit livre pour chaque jour et ces actes d'amour formaient les *boutons* de fleurs...

Chaque semaine vous m'écriviez une jolie petite lettre, qui me remplissait l'âme de pensées profondes et m'aidait à pratiquer la vertu, c'était une consolation pour votre pauvre petite fille qui faisait un si *grand sacrifice* en acceptant de n'être pas chaque soir *préparée* sur vos genoux comme l'avait été sa chère Céline... C'était Marie qui remplaçait Pauline pour moi, je m'asseyais sur ses genoux et là j'écoutais *avidement* ce qu'elle me disait, il me semble que tout son cœur, si *grand*, si *généreux*, passait en moi, comme les illustres guerriers apprennent à leurs enfants le métier des armes, ainsi me parlait-elle des *combats* de la vie, de la palme donnée aux victorieux... Marie me parlait encore des richesses immortelles qu'il est facile d'amasser chaque jour, du malheur de passer sans vouloir se donner la peine de tendre la main pour les prendre, puis elle m'indiquait le moyen d'être *sainte* par la fidélité aux plus petites choses, elle me donna la petite feuille: «Du renoncement» que je méditais avec délices...

Ah! qu'elle était *éloquente* ma chère marraine! J'aurais voulu n'être pas seule à entendre ses profonds enseignements, je me sentais si *touchée* que dans ma naïveté je croyais que les plus grands pécheurs auraient été touchés comme moi et [que] laissant là leurs richesses périssables, ils n'auraient plus voulu gagner [33 v°] que celles du Ciel... À cette époque personne ne m'avait encore enseigné le moyen de faire oraison, j'en avais cependant bien envie, mais Marie me trouvant assez pieuse, ne me laissait faire que mes prières. Un jour une de mes maîtresses de l'Abbaye me demanda ce que je faisais les jours de congé lorsque j'étais seule. Je lui répondis que j'allais derrière mon lit dans un espace vide qui s'y trouvait et qu'il m'était facile de fermer avec le rideau et que là « je *pensais.* » – Mais à quoi pensez-vous ? me dit-elle. – Je pense au bon Dieu, à la vie, à l'ÉTERNITÉ, enfin je *pense* !... La bonne religieuse rit beaucoup de moi, plus tard elle aimait à me rappeler le temps où je *pensais*, me demandant si je *pensais* encore... Je comprends maintenant que je faisais oraison sans le savoir et que déjà le bon Dieu m'instruisait en secret.

Les trois mois de préparation passèrent vite, bientôt je dus entrer en retraite et pour cela devenir grande pensionnaire, couchant à l'Abbaye. Je ne puis dire le doux souvenir que m'a laissé cette retraite, vraiment si j'ai beaucoup souffert en pension, j'en ai été largement payée par le bonheur ineffable de ces quelques jours passés dans l'attente de Jésus... Je ne crois pas que l'on puisse goûter cette joie ailleurs que dans les communautés religieuses, le nombre des enfants étant petit, il est facile de s'occuper de chacune en particulier et vraiment nos maîtresses nous prodiguaient à ce moment des soins maternels. Elles s'occupaient encore plus de moi que des autres, chaque soir la première maîtresse venait avec sa petite lanterne m'embrasser dans mon lit en me montrant une grande affection, un soir touchée de sa bonté je lui dis que j'allais lui confier un *secret* et tirant mystérieusement mon *précieux petit livre* qui était sous mon oreiller, je le lui montrai avec des yeux brillants de joie... Le matin, je trouvais cela bien gentil de voir toutes les élèves se lever dès le réveil [34 r°] et de faire comme elles, mais je n'étais pas habituée à faire ma toilette toute seule, *Marie* n'était pas là pour me *friser* aussi j'étais obligée d'aller timidement présenter mon peigne à la maîtresse de la chambre de toilette, elle riait en voyant une grande fille de 11 ans ne sachant pas se servir, cependant elle me peignait, mais pas si *doucement* que Marie et pourtant je n'osais pas *crier*, ce qui m'arrivait tous les jours sous la *douce* main de *marraine*... Je fis l'expérience pendant ma retraite que j'étais une enfant choyée et entourée comme il y en a peu sur la terre, surtout parmi les enfants qui sont privées de leur mère... Tous les jours Marie et Léonie venaient me voir avec Papa qui me comblait de gâteries, aussi je n'ai pas souffert de la privation d'être loin de la famille et rien ne vint obscurcir le beau Ciel de ma retraite.

J'écoutais avec beaucoup d'attention les instructions que nous faisait Mr l'abbé Domin et j'en écrivais même le résumé ; pour mes *pensées*, je ne voulus en écrire aucune disant que je m'en rappellerais bien, ce qui fut vrai... C'était pour moi un grand bonheur d'aller avec les religieuses à tous les offices ; je me faisais remarquer au milieu de mes compagnes par un *grand Crucifix* que Léonie m'avait donné et que je passais dans ma ceinture à la façon des missionnaires, ce Crucifix faisait envie aux religieuses qui pensaient que je voulais, en le portant, imiter ma *sœur carmélite*... Ah ! c'était bien vers elle qu'allaient mes pensées, je savais que *ma Pauline* était en retraite comme moi, non pour que Jésus se donne à elle, mais pour se donner elle-même à Jésus[2], cette solitude passée dans l'attente m'était donc doublement chère...

Je me rappelle qu'un matin on m'avait fait aller dans l'infirmerie parce que je toussais beaucoup (depuis ma maladie mes maîtresses faisaient une grande attention à moi, pour un léger mal de tête, ou bien si elles me voyaient plus pâle qu'à [34 v°] l'ordinaire, elles m'envoyaient prendre l'air ou me reposer à l'infirmerie). Je vis entrer ma *Céline chérie*, elle avait obtenu la permission de venir me voir malgré la retraite pour m'offrir une image qui me fit bien plaisir, c'était « La petite fleur du Divin Prisonnier ». Oh ! qu'il m'a été doux de recevoir ce souvenir de la main de *Céline* !... Combien de pensées d'amour n'ai-je pas eues à cause d'elle !...

La veille du grand jour je reçus l'absolution pour la seconde fois, ma confession générale me laissa une grande paix dans l'âme et le bon Dieu ne permit pas que le plus léger nuage vînt la troubler. L'après-midi je demandai pardon à *toute* la *famille* qui vint me voir, mais je ne pus parler que par mes larmes, j'étais trop émue... Pauline n'était pas là, cependant je sentais qu'elle était près de moi par le cœur, elle m'avait envoyé une *belle image* par Marie, je ne me lassais pas de l'admirer et de la faire admirer par tout le monde !... J'avais écrit au bon Père Pichon pour me recommander à ses prières, lui disant aussi que bientôt je serais carmélite et qu'alors il serait mon directeur. (C'est en effet ce qui arriva quatre ans plus tard, puisque ce fut au Carmel que je lui ouvris mon âme...) Marie me donna une *lettre de lui*, vraiment j'étais trop heureuse !... Tous les bonheurs m'arrivaient ensemble. Ce qui me fit le plus de plaisir dans sa lettre fut cette phrase : « Demain, je monterai au Saint Autel pour vous et votre Pauline ! » Pauline et Thérèse devinrent le 8 Mai de plus en plus unies, puisque Jésus semblait les confondre en les inondant de ses grâces...

Le beau jour entre les jours arriva enfin, quels ineffables souvenirs ont laissés dans mon âme les *plus petits détails* de cette journée du Ciel !... Le joyeux réveil de l'aurore, les baisers *respectueux* et tendres des maîtresses et des [35 r°] grandes compagnes... La grande chambre remplie de *flocons neigeux* dont chaque enfant se voyait revêtir à son tour... Surtout l'entrée à la chapelle et le chant *matinal* du beau cantique : « Ô saint Autel qu'environnent les Anges ! »

Mais je ne veux pas entrer dans les détails, il est de ces choses qui perdent leur parfum dès qu'elles sont exposées à l'air, il est des *pensées* de l'*âme* qui ne peuvent se traduire en langage de la terre sans perdre leur sens intime et Céleste, elles sont comme cette « Pierre blanche qui sera donnée au vainqueur et sur laquelle est écrit un nom que nul ne *connaît* que *celui* qui la reçoit. » Ah ! qu'il fut doux le premier baiser de Jésus à mon âme !...

Ce fut un baiser d'*amour*, je me *sentais aimée*, et je disais aussi : « Je vous aime, je me donne à vous pour toujours. » Il n'y eut pas de demandes, pas de luttes, de sacrifices, depuis longtemps, Jésus et la pauvre petite Thérèse s'étaient *regardés* et s'étaient compris... Ce jour-là ce n'était plus un *regard*, mais une *fusion*, ils n'étaient plus *deux*, Thérèse avait disparu, comme la goutte d'eau qui se perd au sein de l'océan. Jésus restait seul, Il était le maître, le Roi. Thérèse ne lui avait-elle pas demandé de lui ôter sa *liberté*, car sa *liberté* lui faisait peur, elle se sentait si faible, si fragile que pour jamais elle voulait s'unir à la Force Divine !... Sa joie était trop grande, trop profonde pour qu'elle pût la contenir, des larmes délicieuses l'inondèrent bientôt au grand étonnement de ses compagnes, qui plus tard se disaient l'une à l'autre : « Pourquoi donc a-t-elle pleuré ? N'avait-elle pas quelque chose qui la gênait ?... – Non c'était plutôt de ne pas voir sa Mère auprès d'elle ou sa Sœur qu'elle aime tant qui est carmélite. » Elles ne comprenaient pas que toute la joie du Ciel venant dans un cœur, ce cœur *exilé* ne puisse la supporter sans répandre des larmes... Oh ! non, l'absence de Maman ne me faisait pas de peine le jour de ma première communion, le Ciel n'était-il pas [35 v°] dans mon âme, et Maman n'y avait-elle pas pris place depuis longtemps ? Ainsi en recevant la visite de Jésus je recevais aussi celle de ma Mère chérie qui me bénissait se réjouissant de mon bonheur... Je ne pleurais pas l'absence de Pauline, sans doute j'aurais été heureuse de la voir à mes côtés, mais depuis longtemps mon sacrifice était accepté ; en ce jour, la joie seule remplissait mon cœur, je m'unissais à elle qui se donnait irrévocablement à Celui qui se donnait si amoureusement à moi !...

L'après-midi ce fut moi qui prononçai l'acte de consécration à la Ste Vierge, il était bien juste que je *parle* au nom de mes compagnes à ma Mère du Ciel, moi qui avais été privée si jeune de ma Mère de la terre... Je mis tout mon cœur à lui *parler*, à me consacrer à elle, comme une enfant qui se jette entre les bras de sa Mère et lui demande de veiller sur elle. Il me semble que la Sainte Vierge dut regarder sa petite fleur et lui *sourire*, n'était-ce pas elle qui l'avait guérie par un *visible sourire* ?... N'avait-elle pas déposé dans le calice de sa petite fleur, son Jésus, la Fleur des Champs, le Lys de la vallée ?...

Au soir de ce beau jour, je retrouvai ma famille de la terre, déjà le matin après la messe, j'avais embrassé *Papa* et tous mes chers parents, mais alors c'était la vraie réunion, Papa prenant la main de sa petite reine se dirigea vers le *Carmel*... Alors je vis ma *Pauline* devenue l'épouse de Jésus, je la vis avec son voile blanc comme le mien et sa couronne de roses... Ah ! ma joie fut sans amertume, j'espérais la rejoindre bientôt et attendre avec elle le *Ciel* !

Je ne fus pas insensible à la fête de famille qui eut lieu le soir de ma première Communion, la belle montre que me donna mon Roi me fit un grand plaisir, mais ma joie était tranquille et rien ne vint troubler ma paix intime.

Marie me prit avec elle la nuit qui suivit ce beau jour, car les jours les plus radieux sont suivis de ténèbres, seul le jour de la première, de l'unique, [36 r°] de l'éternelle Communion du Ciel sera sans couchant !…

Le lendemain de ma première Communion fut encore un beau jour, mais il fut empreint de mélancolie, la belle toilette que Marie m'avait achetée, tous les cadeaux que j'avais reçus ne me remplissaient pas le cœur, il n'y avait que Jésus qui pût me contenter, j'aspirais après le moment où je pourrais le recevoir une seconde fois. Environ un mois après ma première communion j'allai me confesser pour l'Ascension et j'osai demander la permission de faire la Sainte communion. Contre toute espérance, M^r^ l'abbé me le permit et j'eus le bonheur d'aller m'agenouiller à la Sainte Table entre Papa et Marie, quel doux souvenir j'ai gardé de cette seconde visite de Jésus ! Mes larmes coulèrent encore avec une ineffable douceur, je me répétais sans cesse à moi-même ces paroles de St Paul : « Ce n'est plus moi qui vis, c'est Jésus qui vit en moi !… » Depuis cette communion, mon désir de recevoir le bon Dieu devint de plus en plus grand, j'obtins la permission de la faire à toutes les principales fêtes. La veille de ces heureux jours Marie me prenait le soir sur ses genoux et me préparait comme elle l'avait fait pour ma première communion, je me souviens qu'une fois elle me parla de la souffrance, me disant que je ne marcherais probablement pas par cette voie mais que le bon Dieu me porterait toujours comme une enfant…

Le lendemain après ma communion, les paroles de Marie me revinrent à la pensée ; je sentis naître en mon cœur un *grand désir* de la *souffrance* et en même temps l'intime assurance que Jésus me réservait un grand nombre de croix, je me sentis inondée de consolations si *grandes* que je les regarde comme une des grâces les plus *grandes* de ma vie. La souffrance devint mon attrait, elle avait des charmes qui me ravissaient sans les bien connaître. Jusqu'alors j'avais souffert sans *aimer* la souffrance, depuis ce jour je sentis pour elle [36 v°] un véritable amour. Je sentais aussi le désir de n'aimer que le bon Dieu, de ne trouver de joie qu'en Lui, souvent pendant mes communions, je répétais ces paroles de l'Imitation : « Ô Jésus ! *douceur* ineffable, changez pour moi en *amertume*, toutes les consolations de la terre[3] !... » Cette prière sortait de mes lèvres sans effort, sans contrainte, il me semblait que je la répétais, non par ma volonté, mais comme une enfant qui redit les paroles qu'une personne amie lui inspire... Plus tard je vous dirai, ma Mère chérie, comment Jésus s'est plu à réaliser mon désir, comment Il fut toujours Lui seul ma *douceur* ineffable, si je vous en parlais tout de suite je serais obligée d'anticiper sur le temps de ma vie de jeune fille, il me reste encore beaucoup de détails à vous donner sur ma vie d'enfant.

Peu de temps après ma première Communion, j'entrai de nouveau en retraite pour ma Confirmation[4]. Je m'étais préparée avec beaucoup de soin à recevoir la visite de l'Esprit Saint, je ne comprenais pas qu'on ne fasse pas une grande attention à la réception de ce sacrement d'*Amour*. Ordinairement on ne faisait qu'un jour de retraite pour la Confirmation, mais Monseigneur n'ayant pu venir au jour marqué, j'eus la consolation d'avoir deux jours de solitude. Pour nous distraire notre maîtresse nous conduisit au Mont Cassin[5] et là je cueillis à pleines mains des *grandes pâquerettes* pour la Fête Dieu. Ah ! que mon âme était joyeuse, comme les apôtres j'attendais avec bonheur la visite de l'Esprit Saint... Je me réjouissais à la pensée d'être bientôt parfaite chrétienne et surtout à celle d'avoir éternellement sur le front la croix mystérieuse que l'Évêque marque en imposant le sacrement… Enfin l'heureux moment arriva, je ne sentis pas un vent impétueux au moment de la descente du Saint Esprit, mais plutôt cette *brise légère* dont le prophète Élie entendit le murmure sur le mont Horeb… En ce jour je reçus la force de *souffrir*, car bientôt après le martyre de mon âme devait [37 r°] commencer… Ce fut ma chère petite Léonie qui me servit de Marraine, elle était si émue qu'elle ne put empêcher ses larmes de couler tout le temps de la cérémonie. Avec moi elle reçut la Sainte Communion, car j'eus encore le bonheur de m'unir à Jésus en ce beau jour.

Après ces délicieuses et inoubliables fêtes, ma vie rentra dans *l'ordinaire*, c'est-à-dire que je dus reprendre la vie de pensionnaire qui m'était si pénible. Au moment de ma première Communion j'aimais cette existence avec des enfants de mon âge, toutes remplies de bonne volonté, ayant pris comme moi la résolution de pratiquer sérieusement la vertu, mais il fallait me remettre en contact avec des élèves bien différentes, dissipées, ne voulant pas observer la règle, et cela me rendait bien malheureuse. J'étais d'un caractère gai, mais je ne savais pas me livrer aux jeux de mon âge, souvent pendant les récréations, je m'appuyais contre un arbre et là je contemplais le *coup d'œil*, me livrant à de sérieuses réflexions ! J'avais inventé un jeu qui me plaisait, c'était d'enterrer les pauvres petits oiseaux que nous trouvions morts sous les arbres, beaucoup d'élèves voulurent m'aider en sorte que notre cimetière devint très joli, planté d'arbres et de fleurs proportionnés à la grandeur de nos petits emplumés. J'aimais encore à raconter des histoires que j'inventais à mesure qu'elles me venaient à l'esprit, mes compagnes alors m'entouraient avec empressement et parfois de grandes élèves se mêlaient à la troupe des auditeurs. La même histoire durait plusieurs jours, car je me plaisais à la rendre de plus en plus intéressante à mesure que je voyais les impressions qu'elle produisait et qui se manifestaient sur les visages de mes compagnes, mais bientôt, la maîtresse me défendit de continuer mon métier d'orateur, voulant nous voir jouer et *courir* et non pas *discourir*...

Je retenais facilement le sens des choses que j'apprenais, mais j'avais de la peine à apprendre mot à mot, aussi pour le catéchisme, je demandai [37 v°] presque tous les jours l'année qui précéda ma première Communion, la permission de l'apprendre pendant les récréations, mes efforts furent couronnés de succès et je fus toujours la première. Si par hasard pour un *seul mot oublié*, je perdais ma place, ma douleur se manifestait par des larmes amères que Mr l'abbé Domin ne savait comment apaiser... Il était bien content de moi (non pas lorsque je pleurais) et m'appelait son *petit docteur*, à cause de mon nom de Thérèse. Une fois l'élève qui me suivait ne sut pas faire à sa compagne la question du catéchisme, Mr l'abbé ayant en vain fait le tour de toutes les élèves revint à moi et dit qu'il allait voir si je méritais ma place de première. Dans ma *profonde humilité*, je n'attendais que cela ; me levant avec assurance je dis ce qui m'était demandé sans faire une seule faute, au grand étonnement de tout le monde... Après ma première Communion, mon zèle pour le catéchisme continua jusqu'à ma sortie de pension. Je réussissais très bien dans mes études, presque toujours j'étais la première, mes plus grands succès étaient l'histoire et le style. Toutes mes maîtresses me regardaient comme une élève très intelligente, il n'en était pas de même chez mon

Oncle où je passais pour une petite ignorante, bonne et douce, ayant un jugement droit, mais incapable et maladroite... Je ne suis pas surprise de cette opinion que mon Oncle et ma Tante avaient et ont sans doute encore de moi, je ne parlais presque pas étant très timide, lorsque j'écrivais, mon *écriture* de *chat* et mon orthographe qui n'est rien moins que naturelle n'étaient pas faites pour *séduire*... Dans les petits travaux de couture, broderies et autres, je réussissais bien, il est vrai, au gré de mes maîtresses, mais la façon *gauche* et maladroite dont je *tenais* mon *ouvrage* justifiait l'opinion peu avantageuse qu'on avait de moi. Je regarde cela comme une grâce, le bon Dieu voulant mon cœur pour [38 r°] Lui seul, exauçait déjà ma prière « Changeant en amertume les consolations de la terre[6]. » J'en avais d'autant plus besoin que je n'aurais pas été insensible aux louanges. Souvent on vantait devant moi l'intelligence des autres, mais la mienne jamais, alors j'en conclus que je n'en avais pas et je me résignai à m'en voir privée...

Mon cœur sensible et aimant se serait facilement donné s'il avait trouvé un cœur capable de le comprendre... J'essayai de me lier avec des petites filles de mon âge, surtout avec deux d'entre elles, je les aimais et de leur côté elles m'aimaient autant qu'elles en étaient *capables* ; mais hélas ! qu'il est *étroit* et *volage* le cœur des créatures !!!... Bientôt je vis que mon amour était incompris, une de mes amies ayant été obligée de rentrer dans sa famille revint quelques mois après, pendant son absence j'avais *pensé* à *elle*, gardant précieusement une petite bague qu'elle m'avait donnée. En revoyant ma compagne ma joie fut grande, mais hélas ! je n'obtins qu'un regard indifférent... Mon amour n'était pas compris, je le sentis et je ne *mendiai* pas une affection qu'on me refusait, mais le bon Dieu m'a donné un cœur si fidèle que lorsqu'il a aimé purement il aime toujours, aussi je continuai de prier pour ma compagne et je l'aime encore… En voyant Céline *aimer* une de nos maîtresses, je voulus l'imiter, mais ne *sachant* pas gagner les bonnes grâces des créatures je ne pus y réussir. Ô heureuse ignorance ! qu'elle m'a évité de grands maux !… Combien je remercie Jésus de ne m'avoir fait trouver « qu'amertume dans les amitiés de la terre » avec un cœur comme le mien, je me serais laissée prendre et couper les ailes, alors comment aurais-je pu « voler et me reposer ? » Comment un cœur livré à l'affection des créatures peut-il s'unir intimement à Dieu ?… Je sens que cela n'est pas possible. Sans avoir bu à la coupe empoisonnée [38 v°] de l'amour trop ardent des créatures, *je sens* que je ne puis me tromper, j'ai vu tant d'âmes séduites par cette *fausse lumière*, voler comme de pauvres papillons et se brûler les ailes, puis revenir vers la vraie, la douce lumière de l'*amour* qui leur donnait de nouvelles ailes plus brillantes et plus légères afin qu'elles puissent voler vers Jésus, ce Feu Divin « qui brûle sans consumer[7] ». Ah ! je le sens, Jésus me savait trop faible pour m'exposer à la tentation, peut-être me serais-je laissée brûler tout entière par la *trompeuse lumière* si je l'avais vue briller à mes yeux… Il n'en a pas été ainsi, je n'ai rencontré qu'amertume là où des âmes plus fortes rencontrent la joie et s'en détachent par fidélité. Je n'ai donc aucun mérite à ne m'être pas livrée à l'amour des créatures, puisque je n'en fus préservée que par la grande miséricorde du bon Dieu !… Je reconnais que sans Lui, j'aurais pu tomber aussi bas que Sainte Madeleine et la profonde parole de Notre Seigneur à Simon retentit avec une grande douceur dans mon âme… Je le sais : « celui à qui on remet moins, aime moins » mais je sais aussi que Jésus m'a *plus remis* qu'à

Ste Madeleine, puisqu'il m'a remis *d'avance*, m'empêchant de tomber. Ah ! que je voudrais pouvoir expliquer ce que je sens !... Voici un exemple qui traduira un peu ma pensée. – Je suppose que le fils d'un habile docteur rencontre sur son chemin une pierre qui le fasse tomber et que dans cette chute il se casse un membre, aussitôt son père vient à lui, le relève avec amour, soigne ses blessures, employant à cela toutes les ressources de son art et bientôt son fils complètement guéri lui témoigne sa reconnaissance. Sans doute cet enfant a bien raison d'aimer son père ! Mais je vais encore faire une autre supposition. – Le père ayant su que sur la route de son fils se trouvait une pierre, s'empresse d'aller devant lui et la retire (sans être vu de personne). Certainement, ce fils, [39 r°] objet de sa prévoyante tendresse, ne SACHANT pas le malheur dont il est délivré par son père ne lui témoignera pas sa reconnaissance et l'*aimera moins* que s'il eût été guéri par lui... mais s'il vient à connaître le danger auquel il vient d'échapper, ne l'*aimera*-t-il *pas davantage* ? Eh bien, c'est moi qui suis cette enfant objet de l'amour prévoyant d'un *Père* qui n'a pas envoyé son Verbe pour racheter les *justes* mais les *pécheurs*. Il veut que je l'*aime* parce qu'il m'a *remis*, non pas beaucoup, mais *tout*. Il n'a pas attendu que je l'*aime beaucoup* comme Ste Madeleine, mais il a voulu que JE SACHE comment il m'avait aimée d'un amour d'ineffable prévoyance, afin que maintenant je l'aime à la *folie* !... J'ai entendu dire qu'il ne s'était pas rencontré une âme pure aimant davantage qu'une âme repentante, ah ! que je voudrais faire mentir cette parole !...

Je m'aperçois être bien loin de mon sujet aussi je me hâte d'y rentrer. – L'année qui suivit ma première Communion se passa presque tout entière sans épreuves intérieures pour mon âme, ce fut pendant ma retraite de seconde Communion[8] que je me vis assaillie par la terrible maladie des scrupules… Il faut avoir passé par ce martyre pour le bien comprendre, dire ce que j'ai souffert pendant *un an* et *demi* me serait impossible… Toutes mes pensées et mes actions les plus simples devenaient pour moi un sujet de trouble, je n'avais de repos qu'en les disant à Marie, ce qui me coûtait beaucoup, car je me croyais obligée de lui dire les pensées extravagantes que j'avais d'elle-même. Aussitôt que mon fardeau était déposé, je goûtais un instant de paix, mais cette paix passait comme un éclair et bientôt mon martyre recommençait. Quelle patience n'a-t-il pas fallu à ma chère Marie, pour m'écouter [39 v°] sans jamais témoigner d'ennui !… À peine étais-je revenue de l'abbaye qu'elle se mettait à me friser pour le lendemain (car tous les jours pour faire plaisir à Papa la petite reine avait les cheveux frisés, au grand étonnement de ses compagnes et surtout des maîtresses qui ne voyaient pas d'enfants si choyées de leurs parents), pendant la séance je ne cessais de pleurer en racontant tous mes scrupules. À la fin de l'année Céline ayant fini ses études revint à la maison et la pauvre Thérèse obligée de rentrer seule, ne tarda pas à tomber malade, le seul charme qui la retenait en pension, c'était de vivre avec son inséparable Céline, sans elle jamais « sa petite fille » ne put y rester… Je sortis donc de l'abbaye à l'âge de 13 ans[9], et continuai mon éducation en prenant plusieurs leçons par semaine chez « Mme Papinau ». C'était une bien bonne personne *très instruite*, mais ayant un peu des allures de vieille fille, elle vivait avec sa mère, et c'était charmant de voir le petit ménage qu'elles faisaient ensemble *à trois* (car la *chatte* était de la *famille* et je devais supporter qu'elle fasse son ronron sur mes cahiers et même admirer sa jolie tournure). J'avais l'avantage de vivre dans l'intime de la famille, les Buissonnets étant trop éloignés pour les jambes un peu vieilles de ma maîtresse, elle avait demandé que je vienne prendre mes leçons chez elle. Lorsque j'arrivais, je ne trouvais ordinairement que la vieille dame Cochain qui me regardait « avec ses grands yeux clairs » et puis elle appelait d'une voix calme et sentencieuse : « Mme *Pâpinau*... Ma... d'môizelle Thê... rèse est là !... » Sa fille lui répondait promptement d'une voix *enfantine* : « Me voilà, *maman*. » Et bientôt la leçon commençait. Ces leçons avaient encore l'avantage (en plus de l'instruction que j'y recevais) de me faire connaître le monde... Qui aurait pu le croire !... dans cette chambre meublée à l'antique, entourée de livres et de cahiers, j'assistais souvent [40 r°] à des visites de tous genres, Prêtres, dames, jeunes filles, etc. Mme Cochain faisait autant que possible les frais de la conversation afin de laisser sa fille me donner la leçon, mais ces jours-là je n'apprenais pas grand-chose ; le nez dans un livre, j'entendais tout ce qui se disait et même ce qu'il eût mieux valu pour moi ne point entendre, la vanité se glisse si facilement dans le cœur !... Une dame disait que j'avais de beaux cheveux... une autre en sortant, croyant ne pas être entendue, demandait quelle était cette jeune fille si jolie et ces paroles, d'autant plus flatteuses qu'elles n'étaient pas dites devant moi, laissaient dans mon âme une impression de plaisir qui me montrait clairement combien j'étais remplie d'amour-propre. Oh ! comme j'ai compassion des âmes qui se perdent !... Il est si facile de s'égarer dans les sentiers fleuris du monde... sans doute, pour une âme un peu élevée, la douceur qu'il offre est mélangée d'amertume et le vide *immense* des *désirs* ne saurait être rempli par des louanges d'un instant... mais si mon cœur n'avait pas été *élevé vers Dieu dès son éveil*, si le monde m'avait souri dès mon entrée dans la vie, que serais-je devenue ?... Ô ma Mère chérie, avec quelle reconnaissance je chante les miséricordes du Seigneur !... Ne m'a-[t-]il pas, suivant ces paroles de [la] Sagesse « Retirée du monde avant que mon esprit fût corrompu par sa malice et que ses apparences trompeuses n'aient séduit mon âme » ?... La Sainte Vierge aussi veillait sur sa petite fleur et ne voulant point qu'elle fût ternie au contact des choses de la terre, la retira sur *sa montagne* avant qu'elle soit épanouie... En attendant cet heureux moment la petite Thérèse grandissait en amour de sa Mère du Ciel, pour lui prouver cet amour elle fit *une action* qui lui *coûta beaucoup* et que je vais raconter en peu de mots, malgré sa *longueur...*

[40 v°] Presque aussitôt après mon entrée à l'abbaye, j'avais été reçue dans l'association des Sts Anges, j'aimais beaucoup les pratiques de dévotion qu'elle m'imposait, ayant un attrait tout particulier à prier les Bienheureux Esprits du Ciel et particulièrement celui que le bon Dieu m'a donné pour être le compagnon de mon exil. Quelque temps après ma Première Communion, le ruban d'aspirante aux enfants de Marie remplaça celui des Sts Anges, mais je quittai l'abbaye n'étant pas reçue dans l'association de la Ste Vierge. Étant sortie avant d'avoir achevé mes études, je n'avais pas la permission d'entrer comme ancienne élève ; j'avoue que ce privilège n'excitait pas mon envie, mais pensant que toutes mes sœurs avaient été « enfants de Marie », je craignis d'être moins qu'elles l'enfant de ma Mère des Cieux, aussi j'allai bien humblement (malgré ce qu'il m'en coûta) demander la permission d'être reçue dans l'association de la Ste Vierge à l'abbaye. La première maîtresse ne voulut pas me refuser, mais elle y mit pour condition que je rentrerais deux jours par semaine l'après-midi afin de montrer si j'étais digne d'être admise. Bien loin de me faire plaisir cette permission me coûta extrêmement, je n'avais pas, comme les autres anciennes élèves, de *maîtresse amie* avec laquelle je puisse aller passer plusieurs heures, aussi je me contentais d'aller saluer la maîtresse puis je travaillais en silence jusqu'à la fin de la leçon d'ouvrage. Personne ne faisait attention à moi, aussi je montais à la tribune de la chapelle et je restais devant le Saint Sacrement jusqu'au moment où Papa venait me chercher, c'était ma seule consolation, Jésus n'était-Il pas mon *unique ami* ?... Je ne savais parler qu'à lui, les conversations avec les créatures, même les conversations pieuses, me fatiguaient l'âme... Je sentais qu'il valait mieux parler à Dieu que de [41 r°] parler de Dieu, car il se mêle tant d'amour-propre dans les conversations spirituelles !... Ah ! c'était bien pour la Ste Vierge toute seule que je venais à l'abbaye... parfois je me sentais *seule*, bien seule, comme aux jours de ma vie de pensionnaire alors que je me promenais triste et malade dans la grande cour, je répétais ces paroles qui toujours faisaient renaître la paix et la force en mon cœur : « La vie est ton navire et non pas ta demeure[10] !... » Toute petite ces paroles me rendaient le courage, maintenant encore, malgré les années qui font disparaître tant d'impressions de piété enfantine, l'image du navire charme encore mon âme et lui aide à supporter l'exil... La Sagesse aussi ne dit-elle pas que « La vie est comme le vaisseau qui fend les flots agités et ne laisse après lui aucune trace de son passage rapide ?... » Quand je pense à ces choses, mon âme se plonge dans l'infini, il me semble déjà toucher le rivage éternel... Il me semble recevoir les embrassements de Jésus... Je crois voir Ma Mère du Ciel venant à ma rencontre avec Papa... Maman...

les quatre petits anges… Je crois jouir enfin pour toujours de la vraie, de l'éternelle vie en famille…

Avant de voir la famille réunie au *foyer Paternel* des Cieux, je devais passer encore par bien des séparations ; l'année où je fus reçue enfant de la Ste Vierge, elle me ravit ma chère Marie[11], l'unique soutien de mon âme… C'était Marie qui me guidait, me consolait, m'aidait à pratiquer la vertu, elle était mon seul oracle. Sans doute, Pauline était restée bien avant dans mon cœur, mais Pauline était loin, bien loin de moi !… j'avais souffert le martyre pour m'habituer à vivre sans elle, pour voir entre elle et moi des murs infran-[41 v°]chissables, mais enfin j'avais fini par reconnaître la triste réalité, Pauline était perdue pour moi, presque de la même manière que si elle était morte. Elle m'aimait toujours, priait pour moi, mais à mes yeux, *ma Pauline* chérie était devenue une Sainte, qui ne devait plus comprendre les choses de la terre et les misères de sa pauvre Thérèse auraient dû, si elle les avait connues, l'étonner et l'empêcher de l'aimer autant… D'ailleurs, alors même que j'aurais voulu lui confier mes pensées, comme aux Buissonnets, je ne l'aurais pas pu, les parloirs n'étaient que pour Marie. Céline et moi n'avions la permission d'y venir qu'à la *fin*, juste pour avoir le temps de se serrer le cœur… Ainsi je n'avais en réalité que Marie, elle m'était pour ainsi dire indispensable, je ne disais qu'à elle mes scrupules et j'étais si obéissante que jamais mon confesseur n'a connu ma vilaine maladie, je lui disais juste le nombre de péchés que Marie m'avait permis de confesser, pas un de plus, aussi j'aurais pu passer pour être l'âme la moins scrupuleuse de la terre, malgré que je le fusse au dernier degré… Marie savait donc tout ce qui passait en mon âme, elle savait aussi mes désirs du Carmel et je l'aimais tant que je ne pouvais pas vivre sans elle. Ma tante nous invitait tous les ans à venir les unes après les autres chez elle à Trouville, j'aurais beaucoup aimé y aller, mais avec Marie, quand je ne l'avais pas, je m'ennuyais beaucoup. Une fois cependant j'eus du plaisir à Trouville, c'était l'année du voyage de Papa à Constantinople[12], pour nous distraire un peu (car nous avions beaucoup de chagrin de savoir Papa si loin) Marie nous envoya, Céline et moi, passer 15 jours au bord de la mer. Je m'y amusai beaucoup parce que j'avais ma Céline. Ma Tante nous procura tous les plaisirs possibles : promenades à âne, pêche à l'équille, etc. J'étais encore bien enfant [42 r°] malgré mes 12 ans et demi, je me souviens de ma joie en mettant de jolis rubans bleu ciel que ma Tante m'avait donnés pour mes cheveux, je me souviens aussi de m'être confessée à Trouville même de ce plaisir enfantin qui me semblait être un péché... Un soir je fis une expérience qui m'étonna beaucoup. – Marie (Guérin) qui était presque toujours souffrante, *pleurnichait* souvent, alors ma Tante la câlinait, lui prodiguait les noms les plus tendres et ma chère petite cousine n'en continuait pas moins de dire en larmoyant qu'elle avait mal à la tête. Moi qui presque chaque jour avais aussi mal à la tête et ne m'en plaignais pas, je voulus un soir imiter Marie, je me mis donc en devoir de larmoyer sur un fauteuil dans un coin du salon. Bientôt Jeanne et ma Tante s'empressèrent autour de moi me demandant ce que j'avais. Je répondis comme Marie : « J'ai mal à la tête[13]. » Il paraît que cela ne m'allait pas de me plaindre, jamais je ne pus les convaincre que le mal de tête me fît pleurer, au lieu de me câliner on me parla comme à une grande personne et Jeanne me reprocha de manquer de confiance en ma Tante, car elle pensait que j'avais une inquiétude de conscience... enfin j'en fus quitte pour mes frais, bien résolue à ne plus imiter les autres et je compris la fable de « L'âne et du petit chien[14] ». J'*étais* l'*âne* qui ayant vu les caresses que l'on prodiguait au *petit chien*, était venu mettre sa lourde patte sur la table pour recevoir sa part de baisers ; mais hélas ! si je n'ai pas reçu de coups de bâton comme le pauvre animal, j'ai reçu véritablement la monnaie de ma pièce et cette monnaie me guérit pour la vie du désir d'attirer l'attention, le seul effort que je fis pour cela me coûta trop cher !…

L'année suivante qui fut celle du départ de ma chère Marraine, ma Tante m'invita encore mais cette fois, seule, et je me trouvai si dépaysée qu'au [42 v°] bout de deux ou trois jours je tombai malade et il fallut me ramener à Lisieux[15] ; ma maladie que l'on craignait qui fût grave, n'était que la nostalgie des Buissonnets, à peine y eus-je posé le pied que la santé revint… Et c'était à cette enfant-là que le bon Dieu allait ravir l'unique appui qui l'attachât à la vie !…

Aussitôt que j'appris la détermination de Marie, je résolus de [ne] prendre plus aucun plaisir sur la terre… Depuis ma sortie de pension, je m'étais installée dans l'ancienne chambre de peinture à *Pauline*[16] et je l'avais arrangée à mon goût. C'était un vrai bazar, un assemblage de piété et de curiosités, un jardin et une volière… Ainsi dans le fond se détachait sur le mur une *grande croix* de bois noir sans Christ, quelques dessins qui me plaisaient ; sur un autre mur, une bourriche garnie de mousseline et de rubans roses avec des herbes fines et des fleurs ; enfin sur le dernier mur le portrait de *Pauline* à 10 ans trônait seul ; en dessous de ce portrait j'avais une table sur laquelle était placée une *grande cage*, renfermant un *grand* nombre d'oiseaux dont le ramage mélodieux cassait la tête aux visiteurs, mais non pas celle de leur petite maîtresse qui les chérissait beaucoup… Il y avait encore le «petit meuble blanc» rempli de mes livres d'études, cahiers, etc. sur ce meuble était posée une statue de la Ste Vierge avec des vases toujours garnis de fleurs naturelles, des flambeaux, tout autour il y avait une quantité de petites statues de Saints et de Saintes, des petits paniers en coquillages, des boîtes en papier bristol, etc. ! Enfin mon jardin était *suspendu* devant la fenêtre où je soignais des pots de fleurs (les plus rares que je pouvais trouver), j'avais encore une jardinière dans l'intérieur de «mon musée» et j'y mettais ma plante privilégiée… Devant la [43 r°] fenêtre était placée ma table couverte d'un tapis vert et sur ce tapis j'avais posé au milieu, un *sablier*, une petite statue de St Joseph, un porte-montre, des corbeilles de fleurs, un encrier, etc. Quelques chaises *boiteuses* et le ravissant lit de poupée à *Pauline* terminaient tout mon ameublement. Vraiment cette pauvre mansarde était un monde pour moi et comme Mr de Maistre je pourrais composer un livre intitulé : «Promenade autour de ma chambre». C'était dans cette chambre que j'aimais à rester seule des heures entières pour étudier et méditer devant la belle vue qui s'étendait devant mes yeux… En apprenant le départ de Marie ma *chambre* perdit pour moi tous [ses] charmes, je ne voulais pas quitter un seul instant la sœur chérie qui devait s'envoler bientôt… Que d'actes de patience je lui ai fait pratiquer, à *chaque fois* que je passais devant la porte de sa chambre, je frappais jusqu'à ce qu'elle m'ouvre et je l'embrassais de tout mon cœur, je voulais faire provision de baisers pour tout le temps que je devais en être privée.

Un mois avant son entrée au Carmel, Papa nous conduisit à Alençon[17], mais ce voyage fut loin de ressembler au premier, tout y fut pour moi tristesse et amertume. Je ne pourrais dire les larmes que je versai sur la tombe de maman, parce que j'avais oublié d'apporter un bouquet de bluets cueillis pour elle. Je me faisais vraiment des peines de *tout*, c'était le contraire de maintenant, car le bon Dieu me fait la grâce de n'être abattue par aucune chose passagère. Quand je me souviens du temps passé, mon âme déborde de reconnaissance en voyant les faveurs que j'ai reçues du Ciel, il s'est fait un tel changement en moi que [je] ne suis pas reconnaissable… Il est vrai que je désirais la grâce « d'avoir sur mes actions un empire absolu, d'en être la maîtresse et non pas l'esclave[18] ». [43 v°] Ces paroles de l'Imitation me touchaient profondément, mais je devais pour ainsi dire acheter par mes désirs cette grâce inestimable ; je n'étais encore qu'une enfant qui ne paraissait avoir d'autre volonté que celle des autres, ce qui faisait dire aux personnes d'Alençon que j'étais faible de caractère… Ce fut pendant ce voyage que Léonie fit son essai chez les clarisses[19], j'eus du chagrin de son *extraordinaire* entrée, car je l'aimais bien et je n'avais pas pu l'embrasser avant son départ.

Jamais je n'oublierai la bonté et l'embarras de ce pauvre petit Père en venant nous annoncer que Léonie avait déjà l'habit de clarisse… Comme nous, il trouvait cela bien drôle, mais ne voulait rien dire, voyant combien Marie était mécontente. Il nous conduisit au couvent et là, je sentis un *serrement* de *cœur* comme jamais je n'en avais senti à l'aspect d'un monastère, cela me produisit l'effet contraire du Carmel où tout me dilatait l'âme… La vue des religieuses ne m'enchanta pas davantage, et je ne fus pas tentée de rester parmi elles ; cette pauvre Léonie était cependant bien gentille sous son nouveau costume, elle nous dit de bien regarder *ses yeux* parce que nous ne devions plus les revoir (les clarisses ne se montrant que les yeux baissés) mais le bon Dieu se contenta de deux mois de sacrifice et Léonie revint nous montrer *ses yeux* bleus bien souvent mouillés de larmes… En quittant Alençon je croyais qu'elle resterait avec les clarisses, aussi ce fut le cœur bien gros que je m'éloignai de la *triste* rue de la *demi-lune*. Nous n'étions plus que trois et bientôt notre chère Marie devait aussi nous quitter… Le 15 octobre fut le jour de la séparation ! De la joyeuse et nombreuse famille des Buissonnets il ne restait que les deux dernières enfants… Les colombes avaient fui du nid paternel, celles qui restaient auraient voulu voler à leur suite, mais leurs ailes [44 r°] étaient encore trop faibles pour qu'elles puissent prendre leur essor… Le bon Dieu qui voulait appeler à lui la plus petite et la plus faible de toutes se hâta de développer ses ailes. Lui qui se plaît à montrer sa bonté et sa puissance en se servant des instruments les moins dignes, voulut bien m'appeler avant Céline qui sans doute méritait plutôt cette faveur, mais Jésus savait combien j'étais faible et c'est pour cela qu'Il m'a cachée la première dans le creux du rocher.

Lorsque Marie entra au Carmel, j'étais encore bien scrupuleuse. Ne pouvant plus me confier à elle je me tournai du côté des Cieux. Ce fut aux quatre petits anges qui m'avaient précédée là-haut que je m'adressai, car je pensais que ces âmes innocentes n'ayant jamais connu les troubles ni la crainte devaient avoir pitié de leur pauvre petite sœur qui souffrait sur la terre. Je leur parlai avec une simplicité d'enfant, leur faisant remarquer qu'étant la dernière de la famille, j'avais toujours été la plus aimée, la plus comblée des tendresses de mes sœurs, que s'ils étaient restés sur la terre ils m'auraient sans doute aussi donné des preuves d'affection… Leur départ pour le Ciel ne me paraissait pas une raison de m'oublier, au contraire se trouvant à même de puiser dans les trésors Divins, ils devaient y prendre pour moi la *paix* et me montrer ainsi qu'au Ciel on sait encore aimer!... La réponse ne se fit pas attendre, bientôt la paix vint inonder mon âme de ses flots délicieux et je compris que si j'étais aimée sur la terre, je l'étais aussi dans le Ciel... Depuis ce moment ma dévotion grandit pour mes petits frères et sœurs et j'aime à m'entretenir souvent avec eux, à leur parler des tristesses de l'exil... de mon désir d'aller bientôt les rejoindre dans la Patrie!...

Chapitre V

APRÈS LA GRÂCE DE NOËL (1886-1887)

Le sang de Jésus

Pranzini, mon premier enfant

L'Imitation et Arminjon

Désir d'entrer au Carmel

Confidence à mon Père

Revirement de mon Oncle

Opposition du Supérieur

Visite à Bayeux

Si le Ciel me comblait de grâces ce n'était pas parce que je les méritais, j'étais encore bien imparfaite, j'avais, il est vrai, un grand désir de pratiquer [44 v°] la vertu, mais je m'y prenais d'une drôle de façon, en voici un exemple : Étant la dernière, je n'étais pas habituée à me servir, Céline faisait la chambre où nous couchions ensemble et moi je ne faisais aucun travail de ménage ; après l'entrée de Marie au Carmel, il m'arrivait quelquefois pour faire plaisir au bon Dieu d'essayer de faire le lit, ou bien d'aller en l'absence de Céline rentrer le soir ses pots de fleurs ; comme je l'ai dit, c'était pour le *bon Dieu tout seul* que je faisais ces choses, ainsi je n'aurais pas dû attendre le *merci* des créatures. Hélas ! il en était tout autrement, si Céline avait le malheur de n'avoir pas l'air d'être heureuse et surprise de mes petits services, je n'étais pas contente et le lui prouvais par mes larmes...

J'étais vraiment insupportable par ma trop grande sensibilité, ainsi, s'il m'arrivait de faire involontairement une petite peine à une personne que j'aimais, au lieu de prendre le dessus et de ne pas *pleurer*, ce qui augmentait ma faute au lieu de la diminuer je *pleurais* comme une Madeleine et lorsque je commençais à me consoler de la chose en elle-même, je *pleurais* d'*avoir pleuré*... Tous les raisonnements étaient inutiles et je ne pouvais arriver à me corriger de ce vilain défaut. Je ne sais comment je me berçais de la douce pensée d'entrer au Carmel, étant encore dans *les langes* de l'*enfance*!... Il fallut que le bon Dieu fasse un petit miracle pour me faire *grandir* en un moment et ce miracle il le fit au jour inoubliable de Noël, en cette *nuit* lumineuse qui éclaire les délices de la Trinité Sainte, Jésus le doux *petit* Enfant d'une heure, changea la nuit de mon âme en torrents de lumière... en cette *nuit* où Il se fit *faible* et souffrant pour mon amour, Il me rendit *forte* et courageuse, Il me revêtit de ses armes et depuis cette nuit bénie, je ne fus vaincue en aucun combat, mais au contraire je marchai de victoires en victoires et commençai pour ainsi dire, « une course de géant!... » [45 r°] La source de mes larmes fut tarie et ne s'ouvrit depuis que rarement et difficilement ce qui justifia cette parole qui m'avait été dite : « Tu pleures tant dans ton enfance que plus tard tu n'auras plus de larmes à verser!... »

Ce fut le 25 décembre 1886 que je reçus la grâce de sortir de l'enfance, en un mot la grâce de ma complète conversion. – Nous revenions de la messe de minuit où j'avais eu le bonheur de recevoir le Dieu *fort* et *puissant*. En arrivant aux Buissonnets je me réjouissais d'aller prendre mes souliers dans la cheminée, cet antique usage nous avait causé tant de joie pendant notre enfance que Céline voulait continuer à me traiter comme un bébé puisque j'étais la plus petite de la famille... Papa aimait à voir mon bonheur, à entendre mes cris de joie en tirant chaque surprise des *souliers enchantés*, et la gaîté de mon Roi chéri augmentait beaucoup mon bonheur, mais Jésus voulant me montrer que je devais me défaire des défauts de l'enfance m'en retira aussi les innocentes joies, il permit que Papa fatigué de la messe de minuit éprouvât de l'ennui en voyant mes souliers dans la cheminée et qu'il dît ces paroles qui me percèrent le cœur : « Enfin, heureusement que c'est la dernière année!... »

Je montais alors l'escalier pour aller défaire mon chapeau, Céline connaissant ma sensibilité et voyant des larmes briller dans mes yeux eut aussi bien envie d'en verser, car elle m'aimait beaucoup et comprenait mon chagrin : « Ô Thérèse ! me dit-elle, ne descends pas, cela te ferait trop de peine de regarder tout de suite dans tes souliers. » Mais Thérèse n'était plus la même, Jésus avait changé son cœur ! Refoulant mes larmes, je descendis rapidement l'escalier et comprimant les battements de mon cœur, je pris mes souliers et les posant devant Papa, je tirai *joyeusement* tous les objets, ayant l'air heureuse comme une reine. Papa riait, il était aussi redevenu joyeux et Céline croyait *rêver* !... Heureusement c'était une douce réalité, la petite Thérèse avait retrouvé la force d'âme qu'elle avait perdue à 4 ans et demi et c'était pour toujours qu'elle devait la conserver !...

[45 v°] En cette *nuit* de *lumière* commença la troisième période de ma vie, la plus belle de toutes, la plus remplie des grâces du Ciel... En un instant l'ouvrage que je n'avais pu faire en 10 ans, Jésus le fit se contentant de ma *bonne volonté* qui jamais ne me fit défaut. Comme ses apôtres je pouvais lui dire : « Seigneur, j'ai pêché toute la nuit sans rien prendre. » Plus miséricordieux encore pour moi qu'Il ne le fut pour ses disciples, Jésus *prit Lui-même* le filet, le jeta et le retira rempli de poissons... Il fit de moi un pêcheur d'*âmes*, je sentis un grand désir de travailler à la conversion des pécheurs, désir que je n'avais [pas] senti aussi vivement... Je sentis en un mot la *charité* entrer dans mon cœur, le besoin de m'oublier pour faire plaisir et depuis lors je fus heureuse !... Un Dimanche en regardant une photographie de Notre Seigneur en Croix, je fus frappée par le sang qui tombait de l'une de ses mains Divines, j'éprouvai une grande peine en pensant que ce sang tombait à terre sans que personne [ne] s'empresse de le recueillir, et je résolus de me tenir en esprit au pied de [la] Croix pour recevoir la Divine rosée qui en découlait, comprenant qu'il me faudrait ensuite la répandre sur les âmes... Le cri de Jésus sur la Croix retentissait aussi continuellement dans mon cœur: « *J'ai soif!* » Ces paroles allumaient en moi une ardeur inconnue et très vive... Je voulais donner à boire à mon Bien-Aimé et je me sentais moi-même dévorée de la *soif* des *âmes*... Ce n'était pas encore les âmes de prêtres qui m'attiraient, mais celles des *grands pécheurs*, je *brûlais* du désir de les arracher aux flammes éternelles...

Afin d'exciter mon zèle le bon Dieu me montra qu'il avait mes désirs pour agréables. – J'entendis parler d'un grand criminel qui venait d'être condamné à mort pour des crimes horribles[1], tout portait à croire qu'il mourrait dans l'impénitence. Je voulus à tout prix l'empêcher de tomber en enfer, afin d'y parvenir j'employai tous les moyens imaginables: sentant que de moi-même je ne pouvais rien, j'offris [46 r°] au bon Dieu tous les mérites infinis de Notre Seigneur, les trésors de la Sainte Église, enfin je priai Céline de faire dire une messe dans mes intentions, n'osant pas la demander moi-même dans la crainte d'être obligée d'avouer que c'était pour Pranzini, le grand criminel. Je ne voulais pas non plus le dire à Céline, mais elle me fit de si tendres et si pressantes questions que je lui confiai mon secret; bien loin de se moquer de moi elle me demanda de m'aider à convertir *mon pécheur*, j'acceptai avec reconnaissance, car j'aurais voulu que toutes les créatures s'unissent à moi pour implorer la grâce du coupable. Je sentais au fond de mon cœur la *certitude* que nos désirs seraient satisfaits, mais afin de me donner du courage pour continuer à prier pour les pécheurs, je dis au bon Dieu que j'étais bien sûre qu'Il pardonnerait au pauvre malheureux Pranzini, que je le croirais même s'il ne se *confessait pas* et ne donnait *aucune marque de repentir*, tant j'avais de confiance en la miséricorde infinie de Jésus, mais que je lui demandais seulement «*un signe*» de repentir pour ma simple consolation… Ma prière fut exaucée à la lettre ! Malgré la défense que Papa nous avait faite de lire aucun journal, je ne croyais pas désobéir en lisant les passages qui parlaient de Pranzini. Le lendemain de son exécution je trouve sous ma main le journal : «La Croix». Je l'ouvre avec empressement et que vois-je ?… Ah ! mes larmes trahirent mon émotion et je fus obligée de me cacher… Pranzini ne s'était pas confessé, il était monté sur l'échafaud et s'apprêtait à passer sa tête dans le lugubre trou, quand tout à coup, saisi d'une inspiration subite, il se retourne, saisit un *Crucifix* que lui présentait le prêtre et *baise* par *trois fois* ses *plaies sacrées* !… Puis son âme alla recevoir la sentence *miséricordieuse* de Celui qui déclare qu'au Ciel il y aura plus de joie pour un seul pécheur qui fait pénitence que pour 99 justes qui n'ont pas besoin de pénitence !…

J'avais obtenu « le signe » demandé et ce signe était la reproduction fidèle de [46 v°] grâces que Jésus m'avait faites pour m'attirer à prier pour les pécheurs. N'était-ce pas devant les *plaies* [de] *Jésus*, en voyant couler son *sang* Divin que la soif des âmes était entrée dans mon cœur ? Je voulais leur donner à boire ce *sang immaculé* qui devait les purifier de leurs souillures, et les lèvres de «mon *premier enfant*» allèrent se coller sur les plaies sacrées !!!… Quelle réponse ineffablement douce !… Ah ! depuis cette grâce unique, mon désir de sauver les âmes grandit chaque jour, il me semblait entendre Jésus me dire comme à la samaritaine : « Donne-moi à boire ! ». C'était un véritable échange d'amour ; aux âmes je donnais le *sang* de Jésus, à Jésus j'offrais ces mêmes âmes rafraîchies par sa *rosée Divine*, ainsi il me semblait le désaltérer et plus je lui donnais à *boire* plus la soif de ma pauvre petite âme augmentait et c'était cette soif ardente qu'Il me donnait comme le plus délicieux breuvage de son amour…

En peu de temps le bon Dieu avait su me faire sortir du cercle étroit où je tournais ne sachant comment en sortir. En voyant le chemin qu'Il me fit parcourir, ma reconnaissance est grande, mais il faut bien que j'en convienne, si le plus grand pas était fait il me restait encore bien des choses à quitter. Dégagé de ses scrupules, de sa sensibilité excessive, mon esprit se développa. J'avais toujours aimé le grand, le beau, mais à cette époque je fus prise d'un désir extrême de *savoir*. Ne me contentant pas des leçons et des devoirs que me donnait ma maîtresse, je m'appliquais seule à des études spéciales d'*histoire* et de *science*. Les autres études me laissaient indifférente, mais ces deux parties attiraient toute mon attention, aussi, en peu de mois j'acquis plus de connaissances que pendant mes années d'études. Ah ! cela n'était bien que vanité et affliction d'esprit… Le chapitre de l'Imitation où il est parlé de *sciences*[2] me revenait souvent à la pensée, mais je trouvais le moyen de continuer quand même, me disant qu'étant en âge d'étudier, il n'y avait pas [47 r°] de mal à le faire. Je ne crois pas avoir offensé le bon Dieu (bien que je reconnaisse avoir passé là un temps inutile) car je n'y employais qu'un certain nombre d'heures que je ne voulais pas dépasser afin de mortifier mon désir trop vif de savoir… J'étais à l'âge le plus dangereux pour les jeunes filles, mais le bon Dieu a fait pour moi ce que rapporte Ézéchiel dans ses prophéties : « Passant auprès de moi, Jésus a vu que le temps était venu pour moi d'être *aimée*,

Il a fait alliance avec moi et [je] suis devenue *sienne*... Il a étendu sur moi son manteau, il m'a lavée dans les parfums précieux, m'a revêtue de robes brodées, me donnant des colliers et des parures sans prix... Il m'a nourrie de la plus pure farine, de miel et d'huile en *abondance*... alors je suis devenue belle à ses yeux et Il a fait de moi une puissante reine !... »

Oui Jésus a fait tout cela pour moi, je pourrais reprendre chaque mot que je viens d'écrire et prouver qu'il s'est réalisé en ma faveur, mais les grâces que j'ai rapportées plus haut en sont une preuve suffisante, je vais seulement parler de [la] nourriture qu'Il m'a prodiguée « en *abondance* ». Depuis longtemps je me nourrissais de « la pure farine » contenue dans l'Imitation, c'était le seul livre qui me fît du bien, car je n'avais pas encore trouvé les trésors cachés dans l'évangile. Je savais par cœur presque tous les chapitres de ma chère Imitation, ce petit livre ne me quittait jamais ; en été, je le portais dans ma poche, en hiver, dans mon manchon, aussi était-il devenu traditionnel, chez ma Tante on s'en amusait beaucoup et l'ouvrant au hasard on me faisait réciter le chapitre qui se trouvait devant les yeux. À 14 ans, avec mon désir de science, le bon Dieu trouva qu'il était nécessaire de joindre « à la pure farine du miel et de l'huile en abondance ». Ce miel et cette huile, il me les fit trouver dans les conférences de Mr l'abbé Arminjon, sur la fin du monde présent et les mystères de la vie future[3]. Ce livre avait été prêté à Papa par mes chères carmélites, aussi contrairement à mon [47 v°] habitude (car je ne lisais pas les livres de papa) je demandai à le lire.

Cette lecture fut encore une des plus grandes grâces de ma vie, je la fis à la fenêtre de ma chambre d'étude, et l'impression que j'en ressentais est trop intime et trop douce pour que je puisse la rendre...

Toutes les grandes vérités de la religion, les mystères de l'éternité, plongeaient mon âme dans un bonheur qui n'était pas de la terre… Je pressentais déjà ce que Dieu réserve à ceux qui l'aiment (non pas avec l'œil de l'homme mais avec celui du cœur) et voyant que les récompenses éternelles n'avaient nulle proportion avec les légers sacrifices de la vie, je voulais *aimer*, *aimer* Jésus avec *passion*, lui donner mille marques d'amour pendant que je le pouvais encore… Je copiai plusieurs passages sur le parfait amour et sur la réception que le bon Dieu doit faire à ses élus au moment où *Lui-même* deviendra leur grande et éternelle récompense, je redisais sans cesse les paroles d'amour qui avaient embrasé mon cœur… Céline était devenue la confidente intime de mes pensées ; depuis Noël nous pouvions nous comprendre, la distance d'âge n'existait plus puisque j'étais devenue grande en taille et surtout en grâce… Avant cette époque je me plaignais souvent de ne point savoir les secrets de Céline, elle me disait que j'étais trop petite, qu'il me faudrait grandir de la hauteur d'un tabouret afin qu'elle puisse avoir confiance en moi… J'aimais à monter sur ce précieux tabouret lorsque j'étais à côté d'elle, et je lui disais de me parler intimement, mais mon industrie était inutile, une distance nous séparait encore !…

Jésus qui voulait nous faire avancer ensemble, forma dans nos cœurs des liens plus forts que ceux du sang, Il nous fit devenir *sœurs* d'*âmes*, en nous se réalisèrent ces paroles du Cantique de St Jean de la Croix (parlant à l'Époux, l'épouse s'écrie) : « En suivant vos traces, les jeunes filles parcourent légèrement le chemin, l'attouchement de [48 r°] l'étincelle, le vin épicé leur font produire des aspirations divinement embaumées[4]. » Oui, c'était bien *légèrement* que nous suivions les traces de

Jésus, les étincelles d'amour qu'Il semait à pleines mains dans nos âmes, le vin délicieux et fort qu'Il nous donnait à boire faisait disparaître à nos yeux les choses passagères et de nos lèvres sortaient des aspirations d'amour inspirées par Lui. Qu'elles étaient douces les conversations que nous avions chaque soir dans le belvédère ! Le regard plongé dans le lointain, nous considérions la blanche lune s'élevant doucement derrière les grands arbres… les reflets argentés qu'elle répandait sur la nature endormie, les brillantes étoiles scintillant dans l'azur profond… le souffle léger de la brise du soir faisant flotter les nuages neigeux, tout élevait nos âmes vers le Ciel, le beau Ciel dont nous ne contemplions encore « que *l'envers* limpide[5] »…

Je ne sais si je me trompe, mais il me semble que l'épanchement de nos âmes ressemblait à celui de Ste Monique avec son fils lorsqu'au port d'Ostie ils restaient perdus dans l'extase à la vue des merveilles du Créateur !… Il me semble que nous recevions des grâces d'un ordre aussi élevé que celles accordées aux grands saints. Comme le dit l'Imitation, le bon Dieu se communique parfois au milieu d'une vive splendeur ou bien « doucement voilé, sous des ombres et des figures[6] », c'était de cette manière qu'Il daignait se manifester à nos âmes, mais qu'il était *transparent* et *léger* le voile qui dérobait Jésus à nos regards !… Le doute n'était pas possible, déjà la Foi et l'Espérance n'étaient plus nécessaires, l'*amour* nous faisait trouver sur la terre Celui que nous cherchions. « L'ayant trouvé seul, Il nous avait donné son baiser, afin qu'à l'avenir personne ne puisse nous mépriser. »

Des grâces aussi grandes ne devaient pas rester sans fruits, aussi furent-ils abondants, la pratique de la vertu nous devint douce et naturelle ; au commencement mon visage trahissait souvent le combat, mais peu à peu cette impression disparut et le renoncement me devint facile même au premier instant. Jésus l'a dit : « À [48 v°] celui qui possède, on donnera encore et il sera dans l'abondance. » Pour une grâce fidèlement reçue Il m'en accordait une multitude d'autres… Il se donnait Lui-même à moi dans la Ste Communion plus souvent que je n'aurais osé l'espérer. J'avais pris pour règle de conduite de faire sans en manquer une seule les communions que mon confesseur me donnerait, mais de le laisser en régler le nombre sans jamais lui en demander. Je n'avais point à cette époque l'*audace* que je possède maintenant, sans cela j'aurais agi autrement, car je suis bien sûre qu'une âme doit dire à son confesseur l'attrait qu'elle sent à recevoir son Dieu, ce n'est pas pour rester dans le ciboire d'or qu'Il descend *chaque jour* du Ciel, c'est afin de trouver un autre Ciel qui lui est infiniment plus cher que le premier, le Ciel de notre âme, faite à son image, le temple vivant de l'adorable Trinité !…

Jésus qui voyait mon désir et la droiture de mon cœur permit que pendant le mois de mai, mon confesseur me dît de faire la Ste Communion 4 fois par semaine et ce beau mois passé, il en ajouta une cinquième à chaque fois qu'il se trouverait une fête. De bien douces larmes coulèrent de mes yeux en sortant du confessionnal, il me semblait que c'était Jésus Lui-même qui voulait se donner à moi, car je n'étais que très peu de temps à confesse, jamais je ne disais un mot de mes sentiments intérieurs, la voie par laquelle je marchais était si droite, si lumineuse qu'il ne me fallait pas d'autre guide que Jésus… Je comparais les directeurs à des miroirs fidèles qui reflétaient Jésus dans les âmes et je disais que pour moi le bon Dieu ne se servait pas d'intermédiaire mais agissait directement !…

Lorsqu'un jardinier entoure de soins un fruit qu'il veut faire mûrir avant la saison, ce n'est jamais pour le laisser suspendu à l'arbre, mais afin de le présenter sur une table brillamment servie. C'était dans une intention semblable [49 r°] que Jésus prodiguait ses grâces à sa petite fleurette… Lui qui s'écriait aux jours de sa vie mortelle dans un transport de joie : « Mon Père, je vous bénis de ce que vous avez caché ces choses aux sages et aux prudents et que vous les avez révélées aux plus petits » voulait faire éclater en moi sa miséricorde, parce que j'étais petite et faible il s'abaissait vers moi, il m'instruisait en secret des *choses* de son *amour*. Ah ! si des savants ayant passé leur vie dans l'étude étaient venus m'interroger, sans doute auraient-ils été étonnés de voir une enfant de quatorze ans comprendre les secrets de la perfection, secrets que toute leur science ne leur peut découvrir, puisque pour les posséder il faut être pauvre d'esprit !…

Comme le dit St Jean de la Croix en son cantique : « Je n'avais ni guide, ni lumière, excepté celle qui brillait dans mon cœur, cette lumière me guidait plus sûrement que celle du midi au lieu où m'attendait Celui qui me connaît parfaitement[7]. » Ce lieu c'était le Carmel avant de « me reposer à l'ombre de Celui que je désirais », je devais passer par bien des épreuves, mais l'appel Divin était si pressant que m'eût-il fallu *traverser* les *flammes*, je l'aurais fait pour être fidèle à Jésus… Pour m'encourager dans ma vocation, je ne trouvai qu'une *seule âme*, ce fut celle de ma *Mère chérie*… mon cœur trouva dans le sien un écho fidèle et sans elle je ne serais sans doute pas arrivée au rivage béni qui l'avait reçue depuis 5 ans sur son sol imprégné de la rosée céleste… Oui depuis 5 ans j'étais éloignée de vous, ma *Mère chérie*, je croyais vous avoir perdue, mais au moment de l'épreuve c'est votre main qui m'indiqua la route qu'il me fallait suivre… J'avais besoin de ce soulagement, car mes parloirs au Carmel m'étaient devenus de plus en plus pénibles, je ne pouvais parler de mon désir d'entrer sans me sentir repoussée. Marie trouvant que j'étais trop jeune, faisait tout son possible pour empêcher mon entrée ; vous-même, ma Mère, afin de m'éprouver, essayiez quelquefois de ralentir mon ardeur [49 v°] enfin si je n'avais pas eu vraiment [la] vocation, je me serais arrêtée dès le début car je rencontrai des obstacles aussitôt que je commençai à répondre à l'appel de Jésus. Je ne voulus pas dire [à] Céline mon désir d'entrer si jeune au Carmel et cela me fit souffrir davantage car il m'était bien difficile de lui cacher quelque chose… Cette souffrance ne dura pas longtemps, bientôt ma petite Sœur chérie apprit ma détermination et loin d'essayer de me détourner, elle accepta avec un courage admirable le sacrifice que le bon Dieu lui demandait ; pour comprendre combien il fut grand il faudrait savoir à quel point nous étions unies… c'était pour ainsi dire la même âme qui nous faisait vivre ; depuis peu de mois nous jouissions ensemble de la vie la plus douce que des jeunes filles puissent rêver, tout, autour de nous, répondait à nos goûts, la liberté la plus grande nous était donnée, enfin je disais que notre vie était sur la terre l'*Idéal* du *bonheur…* À peine avions-nous eu le temps de goûter cet *idéal* du *bonheur*, qu'il fallait s'en détourner librement, et ma Céline chérie ne se révolta pas un instant. Ce n'était pas elle cependant que Jésus appelait la première, aussi aurait-elle pu se plaindre… ayant la même vocation que moi c'était à elle de partir !… mais comme au temps des martyrs, ceux qui restaient dans la prison donnaient joyeusement le baiser de paix à leurs frères partant les premiers pour combattre dans l'arène et se consolaient dans la pensée que peut-être ils étaient réservés pour des combats plus grands encore, ainsi *Céline* laissa-t-elle sa Thérèse s'éloigner et resta seule pour le glorieux et sanglant combat[8] auquel Jésus la destinait comme la *privilégiée* de son *amour* !...

Céline devint donc la confidente de mes luttes et de mes souffrances, elle y prit la même part que s'il se fût agi de sa propre vocation ; de son côté je n'avais pas à craindre d'opposition, mais je ne savais quel moyen prendre pour l'annoncer à Papa... Comment lui parler de quitter sa reine, lui qui venait de sacrifier ses trois aînées ?... Ah ! que [de] luttes intimes n'ai-je pas souffertes avant [50 r°] de me sentir le courage de parler !... Cependant il fallait me décider, j'allais avoir quatorze ans et demi, six mois seulement nous séparaient encore de la belle *nuit* de *Noël* où j'avais résolu d'entrer, à l'heure même où l'année précédente j'avais reçu « ma grâce ». Pour faire ma grande confidence je choisis le jour de la *Pentecôte*[9], toute la journée je suppliai les Sts Apôtres de prier pour moi, de m'inspirer les paroles que j'allais avoir à dire... N'était-ce pas eux en effet qui devaient aider l'enfant timide que Dieu destinait à devenir l'apôtre des apôtres par la prière et le sacrifice ?... Ce ne fut que l'après-midi en revenant des vêpres que je trouvai l'occasion de parler à mon petit Père chéri ; il était allé s'asseoir au bord de la citerne et là, les mains jointes, il contemplait les merveilles de la nature, le soleil dont les feux avaient perdu leur ardeur dorait le sommet des grands arbres, où les petits oiseaux chantaient joyeusement leur prière du soir. La belle figure de Papa avait une expression céleste, je sentais que la paix inondait son cœur ; sans dire un seul mot j'allai m'asseoir à ses côtés, les yeux déjà mouillés de larmes, il me regarda avec tendresse et prenant ma tête il l'appuya sur son cœur, me disant : « Qu'as-tu ma petite reine ?... confie-moi cela... » Puis se levant, comme pour dissimuler sa propre émotion, il marcha lentement, tenant toujours ma tête sur son cœur. À travers mes larmes je lui confiai mon désir d'entrer au Carmel, alors ses larmes vinrent se mêler aux miennes, mais il ne dit pas un mot pour me détourner de ma vocation, se contentant simplement de me faire remarquer que j'étais encore bien jeune pour prendre une détermination aussi grave. Mais je défendis si bien ma cause, qu'avec la nature simple et droite de Papa, il fut bientôt convaincu que mon désir était celui de Dieu lui-même et dans sa foi profonde il s'écria que le bon Dieu lui faisait un grand honneur de lui demander ainsi ses enfants, nous continuâmes longtemps notre promenade, mon cœur soulagé par la bonté avec laquelle mon incomparable Père avait accueilli ses confidences, [50 v°] s'épanchait doucement dans le sien. Papa semblait jouir de cette joie tranquille que donne le sacrifice accompli, il me parla comme un saint et je voudrais me rappeler ses paroles pour les écrire ici, mais je n'en ai conservé qu'un souvenir trop embaumé pour qu'il puisse se traduire. Ce dont je me souviens parfaitement ce fut de l'action *symbolique* que mon Roi chéri accomplit sans le savoir. S'approchant d'un mur peu élevé, il me montra de *petites fleurs blanches* semblables à des lys en miniature et prenant une de ces fleurs, il me la donna, m'expliquant avec quel soin le bon Dieu l'avait fait naître et l'avait conservée jusqu'à ce jour ; en l'entendant parler, je croyais écouter mon histoire tant il y avait de ressemblance entre ce que Jésus avait fait pour la *petite fleur* et la *petite Thérèse*... Je reçus cette fleurette comme une relique et je vis qu'en voulant la cueillir Papa avait enlevé toutes ses *racines* sans les briser, elle semblait destinée à vivre encore dans une autre terre plus fertile que la mousse tendre où s'étaient écoulés ses premiers matins… C'était bien cette même action que Papa venait de faire pour moi quelques instants plus tôt, en me permettant de gravir la montagne du Carmel et de quitter la douce vallée témoin de mes premiers pas dans la vie.

Je plaçai ma petite fleur blanche dans mon Imitation, au chapitre intitulé : « Qu'il faut aimer Jésus par-dessus toutes choses[10] », c'est là qu'elle est encore, seulement la tige s'est brisée tout près de la racine et le bon Dieu semble me dire par là qu'il brisera bientôt les liens de sa petite fleur et ne la laissera pas se faner sur la terre !

Après avoir obtenu le consentement de Papa, je croyais pouvoir m'envoler sans crainte au Carmel, mais de bien douloureuses épreuves devaient encore éprouver ma vocation. Ce ne fut qu'en tremblant que je confiai à mon oncle la résolution que j'avais prise[11]. Il me prodigua toutes les marques de tendresse possibles, cependant il ne me donna pas la permission de partir, au contraire, il me défendit de lui [51 r°] parler de ma vocation avant l'âge de 17 ans. C'était contraire à la prudence humaine, disait-il, de faire entrer au Carmel une enfant de 15 ans, cette vie de carmélite étant aux yeux du monde une vie de philosophe, ce serait faire grand tort à la religion de laisser une enfant sans expérience l'embrasser… Tout le monde en parlerait, etc. etc. Il dit même que pour le décider à me laisser partir il faudrait un *miracle*. Je vis bien que tous les raisonnements seraient inutiles, aussi je me retirai, le cœur plongé dans l'amertume la plus profonde, ma seule consolation était la prière, je suppliais Jésus de faire le *miracle* demandé puisqu'à ce prix seulement je pourrais répondre à son appel. Un temps assez long[12] se passa avant que j'ose parler de nouveau à mon oncle, cela me coûtait extrêmement d'aller chez lui, de son côté il paraissait ne plus penser à ma vocation, mais j'ai su plus tard que ma grande tristesse l'influença beaucoup en ma faveur. Avant de faire luire sur mon âme un rayon d'espérance, le bon Dieu voulut m'envoyer un martyre bien douloureux qui dura *trois jours*[13]. Oh ! jamais je n'ai si bien compris que pendant cette épreuve, la douleur de la Ste Vierge et de St Joseph cherchant le divin Enfant Jésus… J'étais dans un triste désert ou plutôt mon âme était semblable au fragile esquif livré sans pilote à la merci des flots orageux… Je le sais, Jésus était là dormant sur ma nacelle mais la nuit était si noire qu'il m'était impossible de le voir, rien ne m'éclairait, pas même un éclair ne venait sillonner les sombres nuages… Sans doute c'est une bien triste lueur que celle des éclairs, mais au moins, si l'orage avait éclaté ouvertement, j'aurais pu apercevoir un instant Jésus… c'était la *nuit*, la nuit profonde de l'âme… comme Jésus au jardin de l'agonie je me sentais *seule*, ne trouvant de consolation ni sur la terre ni du côté des Cieux, le bon Dieu paraissait m'avoir délaissée !!!… La nature semblait prendre part à ma tristesse amère, pendant ces trois jours, le soleil ne fit pas luire un seul de [51 v°] ses rayons et la pluie tomba par torrents. (J'ai remarqué que dans toutes les circonstances graves de ma vie, la nature était l'image de mon âme. Les jours de larmes, le Ciel pleurait avec moi, les jours de joie, le Soleil envoyait à profusion ses gais rayons et l'azur n'était obscurci d'aucun nuage…)

Enfin le quatrième jour qui se trouvait être un *samedi*, jour consacré à la douce Reine des Cieux, j'allai voir mon oncle. Quelle ne fut pas ma surprise en le voyant me regarder et me faire entrer dans son cabinet sans que je lui en eusse témoigné le désir !… Il commença par me faire de doux reproches de ce que je paraissais avoir peur de lui et puis il me dit qu'il n'était pas nécessaire de demander un *miracle*, qu'il avait seulement prié le bon Dieu de lui donner « une simple inclination de cœur » et qu'il était exaucé… Ah ! je ne fus pas tentée d'implorer de miracle, car pour moi le *miracle était accordé*, mon oncle n'était plus le même. Sans faire aucune allusion à « la prudence humaine » il me dit que j'étais une petite fleur que le bon Dieu voulait cueillir et qu'il ne s'y opposerait plus !…

Cette réponse définitive était vraiment digne de lui. Pour la troisième fois ce Chrétien d'un autre âge permettait qu'une des filles adoptives de son cœur allât s'ensevelir loin du monde. Ma Tante aussi fut admirable de tendresse et de prudence, je ne me souviens pas que pendant mon épreuve elle m'ait dit un mot qui pût l'augmenter, je voyais qu'elle avait grand'pitié de sa pauvre petite Thérèse, aussi lorsque j'eus obtenu le consentement de mon cher Oncle, elle me donna le sien mais non sans me prouver de mille manières que mon départ lui causerait du chagrin… Hélas ! nos chers parents étaient loin de s'attendre [52 r°] alors qu'il leur faudrait renouveler deux fois encore le même sacrifice… Mais en tendant la *main* pour demander toujours, le bon Dieu ne la présenta pas *vide*, ses amis les plus chers purent y puiser abondamment la force et le courage qui leur étaient si nécessaires… Mais mon cœur m'emporte bien loin de mon sujet, j'y retourne presque à regret : – Après la réponse de mon Oncle, vous comprenez, ma Mère, [51 v°, suite] avec quelle allégresse je repris le chemin des Buissonnets sous « le *beau ciel*, dont les nuages s'étaient complètement dissipés » !… Dans mon âme aussi la nuit avait cessé, Jésus en se réveillant m'avait rendu la joie, le bruit des vagues s'était apaisé ; au lieu du vent de l'épreuve, une brise légère enflait ma voile et je croyais arriver bientôt sur le *rivage* béni que j'apercevais tout près de moi. Il était en effet bien près de ma nacelle, mais *plus* d'*un orage* devait encore s'élever et lui dérobant la vue de son phare lumineux, lui faire craindre de s'être éloignée sans retour de la plage si ardemment désirée…

Peu de jours après avoir obtenu le consentement de mon oncle, j'allai vous voir[14], ma Mère chérie, et je vous dis ma joie de ce que toutes mes épreuves étaient passées, mais quelle ne fut pas ma surprise et mon chagrin en vous entendant me dire que Mr [52 r°] le Supérieur[15] ne consentait pas à mon entrée avant l'âge de 21 ans…

Personne n'avait pensé à cette opposition, la plus invincible de toutes ; cependant sans perdre courage j'allai moi-même avec Papa et Céline chez notre Père, afin d'essayer de le toucher en lui montrant que j'avais bien la vocation du Carmel. Il nous reçut très froidement, mon *incomparable* petit Père eut beau joindre ses instances aux miennes, rien ne put changer sa disposition. Il me dit qu'il n'y avait pas de péril à la demeure, que je pouvais mener une vie de carmélite à la maison, que si je ne prenais pas la discipline tout ne serait pas perdu… etc. etc. enfin il finit par ajouter qu'il n'était que le *délégué de Monseigneur* et que s'il voulait me permettre d'entrer au Carmel, lui n'aurait plus rien à dire… Je sortis tout en *larmes* du presbytère, heureusement j'étais cachée par mon parapluie, car la *pluie* tombait par torrents. Papa ne savait comment me consoler… il me promit de me conduire à Bayeux aussitôt que j'en témoignai le désir, car j'étais résolue d'*arriver à mes fins*, je dis même que j'irais jusqu'au *Saint Père*, si Monseigneur ne voulait pas me permettre d'entrer au Carmel à 15 ans… Bien des événements se passèrent avant mon voyage à Bayeux[16], à l'extérieur ma vie paraissait la même, j'étudiais, je prenais des leçons de dessin avec

Céline[17] et mon habile maîtresse trouvait en moi beaucoup de dispositions à son art. Surtout je grandissais dans l'amour du bon Dieu, je sentais en mon cœur des élans inconnus jusqu'alors, parfois j'avais de véritables transports d'amour. Un soir ne sachant comment dire à Jésus que je l'aimais et combien je désirais qu'Il soit partout aimé et glorifié, je pensais avec douleur qu'il ne pourrait jamais recevoir en enfer un seul acte d'amour, alors je dis au bon Dieu que pour lui faire plaisir je consentirais bien à m'y voir plongée, afin qu'il soit *aimé* éternellement dans ce lieu de blasphème… Je savais que cela ne pouvait pas le glorifier, puisqu'Il ne désire que notre bonheur, mais quand on [52 v°] aime on éprouve le besoin de dire mille folies ; si je parlais de la sorte, ce n'était pas que le Ciel n'excitât mon envie, mais alors mon Ciel à moi n'était autre que l'Amour et je sentais comme St Paul que rien ne pourrait me détacher de l'objet divin qui m'avait ravie !…

Avant de quitter le monde, le bon Dieu me donna la consolation de contempler de près des *âmes* d'*enfants* ; étant la plus petite de la famille, je n'avais jamais eu ce bonheur. Voici les tristes circonstances qui me le procurèrent : Une pauvre femme, parente de notre bonne, mourut à la fleur de l'âge laissant 3 enfants tout petits ; pendant sa maladie nous prîmes à la maison les deux petites filles dont l'aînée n'avait pas 6 ans, je m'en occupais toute la journée et c'était un grand plaisir pour moi de voir avec quelle candeur elles croyaient tout ce que je leur disais. Il faut que le Saint Baptême dépose dans les âmes un germe bien profond des vertus théologales puisque dès l'enfance elles se montrent déjà et que l'espérance de biens futurs suffit pour faire accepter des sacrifices. Lorsque je voulais voir mes deux petites filles bien conciliantes l'une pour l'autre, au lieu de promettre des jouets et des bonbons à celle qui céderait à sa sœur, je leur parlais des récompenses éternelles que le petit Jésus donnerait dans le Ciel aux petits enfants sages ; l'aînée, dont la raison commençait à se développer, me regardait avec des yeux brillants de joie, me faisait mille questions charmantes sur le petit Jésus et son beau Ciel et me promettait avec enthousiasme de toujours céder à sa sœur, et disait que jamais de sa vie elle n'oublierait ce que lui avait dit « la grande demoiselle », car c'est ainsi qu'elle m'appelait… En voyant de près ces âmes innocentes, j'ai compris quel malheur c'était de ne pas bien les former dès leur éveil, alors qu'elles ressemblent à une cire molle sur laquelle on peut déposer l'empreinte des vertus mais aussi celle du mal… j'ai compris ce qu'a dit Jésus en l'Évangile : Qu'il vaudrait mieux être jeté à la mer que de scandaliser un seul de ces petits enfants. [53 r°] Ah ! que d'âmes arriveraient à la sainteté, si elles étaient bien dirigées !…

Je le sais, le bon Dieu n'a besoin de personne pour faire son œuvre, mais de même qu'Il permet à un habile jardinier d'élever des plantes rares et délicates et qu'Il lui donne pour cela la science nécessaire, se réservant pour Lui-même le soin de féconder, ainsi Jésus veut être aidé dans sa Divine culture des âmes.

Qu'arriverait-il si un jardinier maladroit ne greffait pas bien ses arbustes ? s'il ne savait pas reconnaître la nature de chacun et voulait faire éclore des roses sur un pêcher ?… Il ferait mourir l'arbre qui cependant était bon et capable de produire des fruits.

C'est ainsi qu'il faut savoir reconnaître dès l'enfance ce que le bon Dieu demande aux âmes et seconder l'action de sa grâce, sans jamais la devancer ni la ralentir.

Comme les petits oiseaux apprennent à *chanter* en écoutant leurs parents, de même les enfants apprennent la science des vertus, le *chant* sublime de l'Amour Divin, auprès des âmes chargées de les former à la vie.

Je me souviens que parmi mes oiseaux, j'avais un serin qui chantait à ravir, j'avais aussi un petit linot auquel je prodiguais mes soins *maternels*, l'ayant adopté avant qu'il ait pu jouir du bonheur de sa liberté. Ce pauvre petit prisonnier n'avait pas de parents pour lui apprendre à chanter, mais entendant du matin au soir son compagnon le serin faire de joyeuses roulades, il voulut l'imiter… Cette entreprise était difficile pour un linot, aussi sa douce voix eut-elle bien de la peine à s'accorder avec la voix vibrante de son maître en musique. C'était charmant de voir les efforts du pauvre petit, mais ils furent enfin couronnés de succès, car son chant tout en conservant une bien plus grande douceur fut absolument le même que celui du serin.

[53 v°] Ô ma Mère chérie ! c'est vous qui m'avez appris à chanter… c'est votre voix qui m'a charmée dès l'enfance, et maintenant j'ai la consolation d'entendre dire que je vous ressemble !!! Je sais combien j'en suis encore loin, mais j'espère malgré ma faiblesse redire éternellement le même cantique que vous !…

Avant mon entrée au Carmel, je fis encore bien des expériences sur la vie et les misères du monde, mais ces détails m'entraîneraient trop loin, je vais reprendre le récit de ma vocation. – Le 31 octobre fut le jour fixé pour mon voyage à Bayeux. Je partis seule avec Papa, le cœur rempli d'espérance, mais aussi bien émue par la pensée de me présenter à l'évêché. Pour la première fois de ma vie, je devais aller faire une visite sans être accompagnée de mes sœurs et cette visite était à un *Évêque*[18] ! Moi qui n'avais jamais besoin de parler que pour répondre aux questions que l'on m'adressait, je devais expliquer moi-même le but de ma visite, développer les raisons qui me faisaient solliciter l'entrée du Carmel, en un mot je devais montrer la solidité de ma vocation. Ah ! qu'il m'en a coûté de faire ce voyage ! Il a fallu que le bon Dieu m'accorde une grâce toute spéciale pour que j'aie pu surmonter ma grande timidité… Il est aussi bien vrai que « Jamais l'Amour ne trouve d'impossibilités, parce qu'il se croit tout possible et tout permis[19] ». C'était vraiment le seul amour de Jésus qui pouvait me faire surmonter ces difficultés et celles qui suivirent car Il se plut à me faire acheter ma vocation par de bien grandes épreuves…

Aujourd'hui que je jouis de la solitude du Carmel (me reposant à l'ombre de Celui que j'ai si ardemment désiré) je trouve avoir acheté mon bonheur à bien peu de frais et je serais prête à supporter de bien plus grandes peines pour l'acquérir si je ne l'avais pas encore !

Il *pleuvait* à verse quand nous arrivâmes à Bayeux, Papa qui ne voulait pas voir sa petite reine entrer à l'évêché avec sa *belle toilette* toute trempée la fit monter dans un omnibus et conduire à la cathédrale. Là commencèrent mes misères, Monseig. et tout son clergé assistaient à un grand enterrement. L'Église était remplie de dames en deuil et j'étais regardée de tout le monde avec ma [54 r°] robe claire et mon chapeau blanc, j'aurais voulu sortir de l'Église mais il ne fallait pas y penser, à cause de la pluie, et pour m'humilier encore davantage, le bon Dieu permit que Papa avec sa simplicité patriarcale me fît monter jusqu'au haut de la cathédrale ; ne voulant pas lui faire de peine je m'exécutai de bonne grâce et procurai cette distraction aux bons habitants de Bayeux que j'aurais souhaité n'avoir jamais connus… Enfin je pus respirer à mon aise dans une chapelle qui se trouvait derrière le maître-autel et j'y restai longtemps priant avec ferveur en attendant que la pluie cessât et nous permît de sortir. En redescendant Papa me fit admirer la beauté de l'édifice qui paraissait beaucoup plus grand étant désert, mais une seule pensée m'occupait et je ne pouvais prendre de plaisir à rien. Nous allâmes directement chez Mr Révérony[20] qui était instruit de notre arrivée ayant lui-même fixé le jour du voyage, mais il était absent; il nous fallut donc errer dans les rues qui me parurent *bien tristes*, enfin nous revînmes près de l'évêché et Papa me fit entrer dans un bel hôtel où je ne fis pas honneur à l'habile cuisinier. Ce pauvre petit Père était d'une tendresse pour moi presque incroyable, il me disait de ne pas me faire de chagrin, que bien sûr Monseigneur allait m'accorder ma demande. Après nous être reposés, nous retournâmes chez Mr Révérony; un monsieur arriva en même temps, mais le grand vicaire lui demanda poliment d'attendre et nous fit entrer les premiers dans son cabinet (le pauvre monsieur eut le temps de s'ennuyer car la visite fut longue). Mr Révérony se montra très aimable, mais je crois que le motif de notre voyage l'étonna beaucoup; après m'avoir regardée en souriant et adressé quelques questions, il nous dit: « Je vais vous présenter à Monseigneur, voulez-vous avoir la bonté de me suivre. » Voyant des larmes perler dans mes yeux il ajouta: « Ah! je vois des diamants... il ne faut pas les montrer à Monseigneur!... » Il nous fit traverser plusieurs pièces très vastes, garnies [54 v°] de portraits d'évêques; en me voyant dans ces grands salons, je me faisais l'effet d'une pauvre petite fourmi et je me demandais ce que j'allais oser dire à Monseigneur; il se promenait entre deux prêtres sur une galerie, je vis Mr Révérony lui dire quelques mots et revenir avec lui, nous l'attendions dans son cabinet, là, trois énormes fauteuils étaient placés devant la cheminée où pétillait un feu ardent. En voyant entrer sa Grandeur,

Papa se mit à genoux à côté de moi pour recevoir sa bénédiction, puis Monseigneur fit placer Papa dans un des fauteuils, se mit en face de lui et Mr Révérony voulut me faire prendre celui du milieu, je refusai poliment, mais il insista, me disant de montrer si j'étais capable d'obéir, aussitôt je m'assis sans faire de réflexion et j'eus la confusion de le voir prendre une chaise pendant que j'étais enfoncée dans un fauteuil où quatre comme moi auraient été à l'aise (plus à l'aise que moi, car j'étais loin d'y être !...). J'espérais que Papa allait parler mais il me dit d'expliquer moi-même à Monseigneur le but de notre visite, je le fis, le plus *éloquemment* possible, sa Grandeur habituée à *l'éloquence* ne parut pas très touchée de mes raisons, au lieu d'elles un mot de M^r^ le Supérieur m'eût plus servi, malheureusement je n'en avais pas et son opposition ne plaidait aucunement en ma faveur...

– Monseig. me demanda s'il y avait longtemps que je désirais entrer au Carmel : – « Oh oui ! Monseigneur, bien longtemps... » – « Voyons, reprit en riant Mr Révérony, vous ne pouvez toujours pas dire qu'il y a *15 ans* que vous avez ce désir. » – « C'est vrai, repris-je en souriant aussi, mais il n'y a pas beaucoup d'années à retrancher car j'ai désiré me faire religieuse dès l'éveil de ma raison et j'ai désiré le carmel aussitôt que je l'ai bien connu parce que dans cet ordre je trouvais que toutes les aspirations de mon âme seraient remplies. » [55 r°] Je ne sais pas, ma Mère, si ce sont tout à fait mes paroles, je crois que c'était encore plus mal tourné, mais enfin c'est le sens.

[54 v° suite] Monseigneur croyant être agréable à Papa essaya de me faire rester encore quelques années auprès de lui, aussi ne fut-il pas peu *surpris* et *édifié* de le voir prendre mon parti, intercédant pour que j'obtienne la permission de m'envoler à 15 ans. Cependant tout fut inutile, il dit qu'avant de se décider un entretien avec le *Supérieur* du *Carmel* était indispensable. Je ne pouvais rien entendre qui me fît plus de peine, car je connaissais l'opposition formelle de notre Père, aussi sans tenir compte de la recommandation de Mr Révérony je fis plus que *montrer* des *diamants* à Monseigneur, je lui en *donnai* !... Je vis bien qu'il était touché ; me prenant par le cou, il appuyait ma tête sur son épaule et me faisait des caresses, comme jamais, paraît-il, personne n'en [55 r°] avait reçues de lui. Il me dit que tout n'était pas perdu, qu'il était bien content que je fasse le voyage de Rome afin d'affermir ma vocation et qu'au lieu de pleurer je devais me réjouir, il ajouta que la semaine suivante, devant aller à Lisieux, il parlerait de moi à Mr le curé de St Jacques et que certainement je recevrais sa réponse en Italie. Je compris qu'il était inutile de faire de nouvelles instances, d'ailleurs je n'avais plus rien à dire ayant épuisé toutes les ressources de mon *éloquence*.

Monseigneur nous reconduisit jusqu'au Jardin. Papa l'*amusa beaucoup* en lui disant qu'afin de paraître plus âgée je m'étais fait relever les cheveux. (Ceci ne fut pas perdu car Monseig. ne parle pas de « sa petite fille » sans raconter l'histoire des cheveux...) Mr R. voulut nous accompagner jusqu'au bout du jardin de l'évêché, il dit à Papa que jamais chose pareille ne s'était vue : « Un père aussi empressé de donner son enfant au bon Dieu que cette enfant de s'offrir elle-même ! »

Papa lui demanda plusieurs explications sur le pèlerinage, entre autres comment il fallait s'habiller pour paraître devant le St Père. Je le vois encore se tourner devant Mr Révérony en lui disant : « Suis-je assez bien comme cela ?... » Il avait aussi dit à Monseigneur que s'il ne me permettait pas d'entrer au Carmel je demanderais cette grâce au Souverain Pontife. Il était bien simple dans ses paroles et ses manières mon Roi chéri, mais il était si *beau*… il avait une distinction toute naturelle qui dut plaire beaucoup à Monseigneur habitué à se voir entouré de personnages connaissant toutes les règles de l'étiquette des salons, mais non pas le *Roi* de *France* et de *Navarre* en *personne* avec sa *petite reine*…

Quand je fus dans la rue mes larmes recommencèrent à couler, non pas tant à cause de mon chagrin, qu'en voyant mon petit Père chéri qui venait de faire un voyage inutile… Lui qui se faisait une fête d'envoyer une dépêche au Carmel, annonçant l'heureuse réponse de Monseigneur, était obligé de [55 v°] revenir sans en avoir aucune… Ah ! que j'avais de peine !… il me semblait que mon avenir était brisé pour jamais, plus j'approchais du terme, plus je voyais mes affaires s'embrouiller. Mon âme était plongée dans l'amertume, mais aussi dans la paix, car je ne cherchais que la volonté du bon Dieu.

Aussitôt en arrivant à Lisieux, j'allai chercher de la consolation au Carmel et j'en trouvai près de vous, ma Mère chérie. Oh non ! jamais je n'oublierai tout ce que vous avez souffert à cause de moi. Si je ne craignais de les profaner en m'en servant, je pourrais dire les paroles que Jésus adressait à ses apôtres, le soir de sa Passion : « C'est *vous* qui avez été toujours avec moi dans toutes mes épreuves »… Mes *bien-aimées* sœurs m'offrirent aussi de bien *douces consolations*…

Chapitre VI

LE VOYAGE À ROME (1887)

Paris : Notre-Dame-des-Victoires

La Suisse

Milan, Venise, Bologne, Lorette

Le Colisée et les catacombes

Audience de Léon XIII

Naples, Assise, retour en France

Trois mois d'attente

Trois jours après le voyage de Bayeux, je devais en faire un beaucoup plus long, celui de la ville éternelle[1]… Ah ! quel voyage que celui-là !… Lui seul m'a plus instruite que de longues années d'études, il m'a montré la vanité de tout ce qui passe et que tout est affliction d'esprit sous le soleil… Cependant j'ai vu de bien belles choses, j'ai contemplé toutes les merveilles de l'art et de la religion, surtout j'ai foulé la même terre que les Sts Apôtres, la terre arrosée du sang des Martyrs et mon âme s'est agrandie au contact des choses saintes…

Je suis bien heureuse d'avoir été à Rome, mais je comprends les personnes du monde qui pensèrent que Papa m'avait fait faire ce grand voyage afin de changer mes idées de vie religieuse ; il y avait en effet de quoi ébranler une vocation peu affermie.

N'ayant jamais vécu parmi le grand monde, Céline et moi nous trouvâmes au milieu de la noblesse qui composait presque exclusivement le pèlerinage. Ah ! bien loin de nous éblouir, tous ces titres et ces « *de* » ne nous parurent qu'une fumée… De loin cela m'avait quelquefois jeté un peu de poudre aux yeux, mais de près, j'ai vu que « tout ce qui brille n'est pas or » et j'ai compris cette parole [56 r°] de l'Imitation : « Ne poursuivez pas cette ombre qu'on appelle un grand nom, ne désirez ni de nombreuses liaisons, ni l'amitié particulière d'aucun homme[2]. »

J'ai compris que la vraie grandeur se trouve dans *l'âme* et non dans le *nom* puisque comme le dit Isaïe : « Le Seigneur donnera un *autre nom* à ses élus » et St Jean dit aussi : « Que le vainqueur recevra une pierre blanche sur laquelle est écrit un *nom nouveau* que nul ne connaît que celui qui le reçoit. » C'est donc au Ciel que nous saurons quels sont nos titres de noblesse. Alors chacun recevra de Dieu la louange qu'il mérite et celui qui sur la terre aura voulu être le plus pauvre, le plus oublié pour l'amour de Jésus, celui-là sera le premier, le plus *noble* et le plus riche !...

La seconde expérience que j'ai faite regarde les prêtres. N'ayant jamais vécu dans leur intimité, je ne pouvais comprendre le but principal de la réforme du Carmel. Prier pour les pécheurs me ravissait, mais prier pour les âmes des prêtres, que je croyais plus pures que le cristal, me semblait étonnant...

Ah ! j'ai compris *ma vocation* en *Italie*, ce n'était pas aller chercher trop loin une si utile connaissance...

Pendant un mois j'ai vécu avec beaucoup de *saints prêtres* et j'ai vu que, si leur sublime dignité les élève au-dessus des anges, ils n'en sont pas moins des hommes faibles et fragiles... Si de *saints prêtres* que Jésus appelle dans son Évangile : « Le sel de la terre » montrent dans leur conduite qu'ils ont un extrême besoin de prières, que faut-il dire de ceux qui sont tièdes ? Jésus n'a-t-Il pas dit encore : « Si le sel vient à s'affadir, avec quoi l'assaisonnera-t-on ? »

Ô ma Mère ! qu'elle est belle la vocation ayant pour but de *conserver* le *sel* destiné aux âmes ! Cette vocation est celle du Carmel, puisque l'unique fin de nos prières et de nos sacrifices est d'être l'*apôtre* des *apôtres*, priant pour eux pendant qu'ils évangélisent les âmes par leurs paroles et surtout par leurs exemples... [56 v°] Il faut que je m'arrête, si je continuais de parler sur ce sujet je ne finirais pas...

Je vais, ma Mère chérie, vous raconter mon voyage avec quelques détails, pardonnez-moi si je vous en donne trop, je ne réfléchis pas avant d'écrire, et je le fais en tant de fois différentes, à cause de mon peu de temps libre, que mon récit vous paraîtra peut-être ennuyeux... Ce qui me console c'est de penser qu'au Ciel je vous reparlerai des grâces que j'ai reçues et que je pourrai le faire alors en termes agréables et charmants... Plus rien ne viendra interrompre nos épanchements intimes et dans un seul regard, vous aurez tout compris... Hélas, puisqu'il me faut encore employer le langage de la triste terre, je vais essayer de le faire avec la simplicité d'un petit enfant qui connaît l'amour de sa Mère !...

Ce fut le 7 novembre que le pèlerinage partit de Paris, mais Papa nous conduisit dans cette ville quelques jours avant pour nous la faire visiter.

Un matin[3] à trois heures, je traversai la ville de Lisieux encore endormie ; bien des impressions passèrent dans mon âme à ce moment. Je sentais que j'allais vers l'inconnu et que de grandes choses m'attendaient là-bas... Papa était joyeux ; lorsque le train se mit en marche, il chanta ce vieux refrain : « Roule, roule, ma diligence, nous voilà sur le grand chemin. » Arrivés à Paris dans la matinée, nous commençâmes aussitôt à le visiter. Ce pauvre petit Père se fatigua beaucoup afin de nous faire plaisir, aussi nous eûmes bientôt [vu] toutes les merveilles de la capitale. Pour moi, je n'en trouvai *qu'une seule* qui me ravit, cette merveille fut : « Notre Dame des Victoires ». Ah ! ce que j'ai senti à ses pieds je ne pourrais le dire... Les grâces qu'elle m'accorda m'émurent si profondément que mes larmes seules traduisirent mon bonheur, comme au jour de ma première communion… La Sainte Vierge m'a fait sentir que c'était *vraiment elle qui m'avait souri* et *m'avait guérie.* J'ai compris qu'elle veillait sur moi, que j'étais *son* enfant, aussi je ne pouvais plus lui donner [57 r°] que le nom de «*Maman*» car il me semblait encore plus tendre que celui de Mère… Avec quelle ferveur ne l'ai-je pas priée de me garder toujours et de réaliser bientôt mon rêve en me cachant à *l'ombre de son manteau virginal* !… Ah ! c'était là un de mes premiers désirs d'enfant… En grandissant j'avais compris que c'était au Carmel qu'il me serait possible de trouver véritablement le manteau de la Sainte Vierge et c'était vers cette montagne fertile que tendaient tous mes désirs…

Je suppliai encore Notre Dame des Victoires d'éloigner de moi tout ce qui aurait pu ternir ma pureté, je n'ignorais pas qu'en un voyage comme celui d'Italie, il se rencontrerait bien des choses capables de me troubler, surtout parce que ne connaissant pas le mal je craignais de le découvrir, n'ayant pas expérimenté que tout est pur pour les purs et que l'âme simple et droite ne voit de mal à rien, puisqu'en effet le mal n'existe que dans les cœurs impurs et non dans les objets insensibles… Je priai aussi St Joseph de veiller sur moi ; depuis mon enfance j'avais pour lui une dévotion qui se confondait avec mon amour pour la Ste Vierge. Chaque jour je récitais la prière : « Ô St Joseph père et protecteur des vierges » aussi ce fut sans crainte que j'entrepris mon lointain voyage, j'étais si bien protégée qu'il me semblait impossible d'avoir peur.

Après nous être consacrés au Sacré Cœur dans la basilique de Montmartre nous partîmes de Paris le lundi 7 dès le matin[4] ; bientôt nous eûmes fait connaissance avec les personnes du pèlerinage. Moi si timide qu'ordinairement j'osais à peine parler, je me trouvai complètement débarrassée de ce gênant défaut ; à ma grande surprise je parlais librement avec toutes les grandes dames, les prêtres et même Monseigneur de Coutances. Il me semblait avoir toujours vécu dans ce monde-là. Nous étions, je crois, [57 v°] bien aimées de tout le monde et Papa semblait fier de ses deux filles[5] mais s'il était fier de nous, nous l'étions également de lui, car il n'y avait pas dans tout le pèlerinage un monsieur plus beau ni plus distingué que mon Roi chéri ; il aimait à se voir entouré de Céline et de moi, souvent lorsque nous n'étions pas en voiture et que je m'éloignais de lui, il m'appelait afin que je lui donne le bras comme à Lisieux… Monsieur l'abbé Révérony examinait soigneusement toutes nos actions, je le voyais souvent de loin qui nous regardait ; à table lorsque je n'étais pas en face de lui, il trouvait le moyen de se pencher pour me voir et entendre ce que je disais. Sans doute il voulait me connaître pour savoir si vraiment j'étais capable d'être carmélite, je pense qu'il a dû être satisfait de son examen car à la *fin* du *voyage* il parut bien disposé pour moi, mais à Rome il a été loin de m'être favorable comme je vais le dire plus loin. – Avant d'arriver à cette ville éternelle, but de notre pèlerinage, il nous fut donné de contempler bien des merveilles. D'abord ce fut la Suisse avec ses montagnes dont le sommet se perd dans les nuages, ses cascades gracieuses jaillissant de mille manières différentes, ses vallées profondes remplies de fougères gigantesques et de bruyères roses. Ah ! ma Mère chérie, que ces beautés de la nature répandues à *profusion* ont fait de bien à mon âme, comme elles l'ont élevée vers Celui qui s'est plu à jeter de pareils chefs-d'œuvre sur une terre d'exil qui ne doit durer qu'un jour… Je n'avais pas assez d'yeux pour regarder. Debout à la portière je perdais presque la respiration, j'aurais voulu être des deux côtés du wagon car en me détournant, je voyais des paysages d'un aspect enchanteur et tout différents de ceux qui s'étendaient devant moi.

Parfois nous nous trouvions au sommet d'une montagne, à nos pieds [58 r°] des précipices dont le regard ne pouvait sonder la profondeur semblaient prêts à nous engloutir… ou bien c'était un ravissant petit village avec ses gracieux chalets et son clocher, au-dessus duquel se balançaient mollement quelques nuages éclatants de blancheur… plus loin c'était un vaste lac que doraient les derniers rayons du soleil ; les flots calmes et purs empruntant la teinte azurée du Ciel qui se mêlait aux feux du couchant, présentaient à nos regards émerveillés le spectacle le plus poétique et le plus enchanteur qui se puisse voir… Au fond du vaste horizon on apercevait les montagnes dont les contours indécis auraient échappé à nos yeux si leurs sommets neigeux que le soleil rendait éblouissants n'étaient venus ajouter un charme de plus au beau lac qui nous ravissait…

En regardant toutes ces beautés, il naissait en mon âme des pensées bien profondes. Il me semblait comprendre déjà la grandeur de Dieu et les merveilles du Ciel… La vie religieuse m'apparaissait *telle qu'elle est* avec ses *assujettissements*, ses petits sacrifices accomplis dans l'ombre. Je comprenais combien il est facile de se replier sur soi-même, d'oublier le but sublime de sa vocation et je me disais : Plus tard, à l'heure de l'épreuve, lorsque prisonnière au Carmel je ne pourrai contempler qu'un petit coin du Ciel étoilé, je me souviendrai de ce que je vois aujourd'hui, cette pensée me donnera du courage, j'oublierai facilement mes pauvres petits intérêts en voyant la grandeur et la puissance du Dieu que je veux aimer uniquement. Je n'aurai pas le malheur de m'attacher à des *pailles*, maintenant que « Mon *cœur* a *pressenti* ce que Jésus réserve à ceux qui l'aiment !... »

Après avoir admiré la puissance du bon Dieu, je pus encore admirer celle qu'Il a donnée à ses créatures. La première ville d'Italie que nous avons visitée fut Milan. Sa cathédrale toute en marbre blanc avec ses statues assez nombreuses pour former un peuple presque innombrable, [58 v°] fut visitée par nous dans ses plus petits détails. Céline et moi nous étions intrépides, toujours les premières et suivant directement Monseigneur afin de tout voir en ce qui concernait les reliques des Saints et bien entendre les explications ; ainsi pendant qu'il offrait le Saint Sacrifice sur le tombeau de St Charles nous étions avec papa derrière l'Autel, la tête appuyée sur la châsse [qui] renferme le corps du saint revêtu de ses habits pontificaux, c'était ainsi partout... Excepté lorsqu'il s'agissait de monter là où la dignité d'un Évêque ne le permettait pas, car alors nous savions bien quitter sa Grandeur... Laissant les dames timides se cacher la figure dans les mains après avoir gravi les premiers clochetons qui couronnaient la cathédrale, nous suivions les pèlerins les plus hardis et arrivions jusqu'au sommet du *dernier* clocher de marbre, et nous avions le plaisir de voir à nos pieds la ville de Milan dont les nombreux habitants ressemblaient à une *petite fourmilière*... Descendues de notre piédestal, nous commençâmes nos promenades en voiture qui devaient durer un mois, et me rassasier pour toujours de mon désir de *rouler* sans fatigue ! Le campo santo nous ravit encore plus que la cathédrale, toutes ses statues de marbre blanc qu'un ciseau de génie semble avoir animées sont placées sur le vaste champ des morts avec une sorte de négligence, ce qui pour moi augmente leur charme… On serait tenté de consoler les idéals personnages qui vous entourent. Leur expression est si vraie, leur douleur si calme et si résignée qu'on ne peut s'empêcher de reconnaître les pensées d'immortalité qui doivent remplir le cœur des artistes exécutant ces chefs-d'œuvre. Ici c'est une enfant jetant des fleurs sur la tombe de ses parents, le marbre semble avoir perdu sa pesanteur et les pétales délicats paraissent glisser entre les doigts de l'enfant, le vent paraît déjà les disperser, il paraît [59 r°] aussi faire flotter le voile léger des veuves et les rubans dont sont ornés les cheveux des jeunes filles. Papa était aussi ravi que nous ; en Suisse, il avait été fatigué mais alors sa gaîté ayant reparu il jouissait du beau spectacle que nous contemplions, son âme d'artiste se révélait dans les expressions de foi et d'admiration qui paraissaient sur son beau visage. Un vieux monsieur (français) qui sans doute n'avait pas l'âme aussi poétique nous regardait du coin de l'œil et disait avec mauvaise humeur, tout en ayant l'air de regretter de ne pas pouvoir partager notre admiration : « Ah ! que les Français sont donc enthousiastes ! » Je crois que ce pauvre monsieur aurait mieux fait de rester chez lui, car il ne m'a pas paru être content de son voyage, il se trouvait souvent près de nous et toujours des plaintes sortaient de sa bouche, il était mécontent des voitures, des hôtels, des personnes, des villes, enfin de tout… Papa avec sa grandeur d'âme habituelle essayait de le consoler, lui offrait sa place, etc. enfin il se trouvait toujours bien partout, étant d'un caractère directement opposé à celui de son désobligeant voisin… Ah ! que nous avons vu de personnages différents, quelle intéressante étude que celle du monde quand on est près de le quitter !…

À Venise, la scène changea complètement, au lieu du bruit des grandes villes on n'entend au milieu du silence que les cris des gondoliers et le murmure de l'onde agitée par les rames. Venise n'est pas sans charme, mais je trouve cette ville triste. Le palais des doges est splendide, cependant il est triste lui aussi avec ses vastes appartements où s'étalent l'or, le bois, les marbres les plus précieux et les peintures des plus grands maîtres. Depuis longtemps ses voûtes sonores ont cessé d'entendre la voix des gouverneurs qui prononçaient des arrêts de vie et de mort dans les salles que nous avons traversées… Ils ont cessé de souffrir, les malheureux prisonniers renfermés par les doges dans les cachots et les [59 v°] oubliettes souterraines… En visitant ces affreuses prisons je me croyais au temps des martyrs et j'aurais voulu pouvoir y rester afin de les imiter !… Mais il fallut promptement en sortir et passer sur le pont des soupirs ainsi appelé à cause des soupirs de soulagement que poussaient les condamnés en se voyant délivrés de l'horreur des souterrains auxquels ils préféraient la mort…

Après Venise, nous sommes allés à Padoue, où nous avons vénéré la langue de St Antoine puis à Bologne où nous avons vu Sainte Catherine qui garde l'empreinte du baiser de l'Enfant Jésus. Il est bien des détails intéressants que je pourrais donner sur chaque ville et sur les mille petites circonstances particulières de notre voyage mais je n'en finirais pas, aussi je ne vais écrire que les détails principaux.

– Ce fut avec joie que je quittai Bologne, cette ville m'était devenue insupportable par les étudiants dont elle est remplie et qui formaient une haie quand nous avions le malheur de sortir à pied et surtout à cause de la petite aventure qui m'est arrivée avec l'un d'eux[6], je fus heureuse de prendre la route de Lorette. Je ne suis pas surprise que la Ste Vierge ait choisi cet endroit pour y transporter sa maison bénie, la paix, la joie, la pauvreté y règnent en souveraines ; tout est simple et primitif, les femmes ont conservé leur gracieux costume italien et n'ont pas, comme celles des autres villes, adopté la *mode* de *Paris*, enfin Lorette m'a charmée ! Que dirai-je de la sainte maison ?... Ah ! mon émotion a été profonde en me trouvant sous le même toit que la Ste Famille, en contemplant les murs sur lesquels Jésus avait fixé ses yeux divins, en foulant la terre que St Joseph avait arrosée de sueurs, où Marie avait porté Jésus entre ses bras, après l'avoir porté dans son sein virginal... J'ai vu la petite chambre où l'ange descendit auprès de la Ste Vierge... J'ai déposé mon chapelet dans la petite écuelle de l'Enfant Jésus... Que ces souvenirs sont ravissants !...

[60 r°] Mais notre plus grande consolation fut de recevoir *Jésus Lui-même* dans sa *maison* et d'être son temple vivant au lieu même qu'il avait honoré de sa présence. Suivant un usage d'Italie, le S^t^ ciboire ne se conserve dans chaque église que sur un autel, et là seulement on peut recevoir la S^te^ communion, cet autel était dans la basilique même où se trouve la S^te^ maison, renfermée comme un diamant précieux dans un écrin de marbre blanc. Cela ne fit pas notre bonheur, c'était dans le *diamant* lui-même et non pas dans l'*écrin* que nous voulions faire la communion... Papa avec sa douceur ordinaire fit comme tout le monde, mais Céline et moi allâmes trouver un prêtre qui nous accompagnait partout et qui justement se préparait à célébrer sa messe dans la Santa-Casa par un privilège spécial. Il demanda *deux petites hosties* qu'il plaça sur sa patène avec sa grande hostie et vous comprenez, ma Mère chérie, quel fut notre ravissement de faire *toutes* les *deux* la S^te^ communion dans cette maison bénie !... C'était un bonheur tout céleste que les paroles sont impuissantes à traduire.

Que sera-ce donc quand nous recevrons la communion dans l'éternelle demeure du Roi des Cieux ?... Alors nous ne verrons plus finir notre joie, il n'y aura plus la tristesse du départ, et pour emporter un souvenir il ne nous sera pas nécessaire de *gratter furtivement* les murs sanctifiés par la présence Divine, puisque sa *maison* sera la nôtre pour l'éternité... Il ne veut pas nous donner celle de la terre, il se contente de nous la montrer pour nous faire aimer la pauvreté et la vie cachée, celle qu'il nous réserve est son Palais de gloire où nous ne le verrons plus caché sous l'apparence d'un enfant ou d'une blanche hostie mais tel qu'Il est dans l'éclat de sa splendeur infinie !!!...

C'est maintenant de Rome qu'il me reste à parler, de Rome but de [60 v°] notre voyage, là où je croyais rencontrer la consolation mais où je trouvai la croix !... À notre arrivée, il faisait nuit et nous étant endormis nous fûmes réveillés par les employés de la gare qui criaient : « Roma, Roma ». Ce n'était pas un rêve, j'étais à Rome[7] !...

La première journée se passa hors les murs et ce fut peut-être la plus délicieuse, car tous les monuments ont conservé leur cachet d'antiquité au lieu qu'au centre de Rome l'on pourrait se croire à Paris en voyant la magnificence des hôtels et des magasins. Cette promenade dans les campagnes romaines m'a laissé un bien doux souvenir. Je ne parlerai point des lieux que nous avons visités, il y a assez de livres qui les décrivent dans toute leur étendue, mais seulement des *principales* impressions que j'ai ressenties. Une des plus douces fut celle qui me fit tressaillir à la vue du *Colisée*. Je la voyais donc enfin cette arène où tant de martyrs avaient versé leur sang pour Jésus, déjà je m'apprêtais à baiser la terre qu'ils avaient sanctifiée, mais quelle déception ! le centre n'est qu'un amas de décombres que les pèlerins doivent se contenter de regarder car une barrière en défend l'entrée, d'ailleurs personne n'est tenté d'essayer de pénétrer au milieu de ces ruines… Fallait-il être venue à Rome sans descendre au Colisée ?… Cela me paraissait impossible, je n'écoutais plus les explications du guide une seule pensée m'occupait : descendre dans l'arène… Voyant un ouvrier qui passait avec une échelle je fus sur le point de la lui demander, heureusement je ne mis pas mon idée à exécution car il m'aurait prise pour une folle… Il est dit dans l'Évangile que Madeleine restant toujours auprès du tombeau et se baissant à *plusieurs reprises* pour regarder à l'intérieur finit par voir deux anges. Comme elle, tout en ayant reconnu l'impossibilité de voir mes désirs réalisés, je [61 r°] continuais de me baisser vers les ruines où je voulais descendre ; à la fin je ne vis pas d'anges, mais *ce que je cherchais*, je poussai un cri de joie disant à Céline : « Viens vite, nous allons pouvoir passer !… » Aussitôt nous franchissons la barrière que les décombres atteignaient en cet endroit et nous voilà escaladant les ruines qui croulaient sous nos pas.

Papa nous regardait tout étonné de notre audace, bientôt il nous dit de revenir, mais les deux fugitives n'entendaient plus rien ; de même que les guerriers sentent leur courage augmenter au milieu du péril, ainsi notre joie grandissait en proportion de la peine que nous avions pour atteindre l'objet de nos désirs. Céline, plus prévoyante que moi, avait écouté le guide et se rappelant qu'il venait de signaler un certain petit pavé croisé, comme étant celui où combattaient les martyrs, se mit à le chercher ; bientôt, l'ayant trouvé et nous étant agenouillées sur cette terre sacrée, nos âmes se confondirent en une même prière… Mon cœur battait bien fort lorsque mes lèvres s'approchèrent de la poussière empourprée du sang des premiers chrétiens, je demandai la grâce d'être aussi martyre pour Jésus et je sentis au fond du cœur que ma prière était exaucée !... Tout ceci fut accompli en très peu de temps ; après avoir pris quelques pierres, nous revînmes vers les murs en ruine pour recommencer notre périlleuse entreprise. Papa nous voyant si heureuses ne put pas nous gronder et je vis bien qu'il était fier de notre courage... Le bon Dieu nous protégea visiblement, car les pèlerins ne s'aperçurent pas de notre entreprise étant plus loin que nous, occupés à regarder sans doute les magnifiques arcades, où le guide faisait remarquer « les petits *cornichons* et les *cupides* posés dessus », aussi ni lui ni « messieurs les abbés » ne connurent la joie qui remplissait nos cœurs...

Les catacombes m'ont aussi laissé une bien douce impression : elles sont telles que [61 v°] je me les étais figurées en lisant leur description dans la vie des martyrs. Après y avoir passé une partie de l'après-midi, il me semblait y être seulement depuis quelques instants tant l'atmosphère qu'on y respire me paraissait embaumée... Il fallait bien remporter quelque souvenir des catacombes, aussi ayant laissé la procession s'éloigner un peu, *Céline* et *Thérèse* se coulèrent ensemble jusqu'au fond de l'ancien tombeau de Ste Cécile et prirent de la terre sanctifiée par sa présence. Avant mon voyage de Rome je n'avais pour cette sainte aucune dévotion particulière, mais en visitant sa maison changée en église, le lieu de son martyre, en apprenant qu'elle avait été proclamée reine de l'harmonie, non pas à cause de sa belle voix ni de son talent pour la musique, mais en mémoire du *chant virginal* qu'elle fit entendre à son Époux Céleste caché au fond de son cœur, je sentis pour elle plus que de la dévotion : une véritable *tendresse* d'*amie*… Elle devint ma sainte de prédilection, ma confidente intime… Tout en elle me ravit, surtout son *abandon*, sa *confiance* illimitée qui l'on rendue capable de virginiser les âmes n'ayant jamais désiré d'autres joies que celles de la vie présente…

Ste Cécile est semblable à l'épouse des cantiques, en elle je vois « Un *chœur* dans un camp d'armée !… » Sa vie n'a pas été autre chose qu'un chant mélodieux au milieu même des plus grandes épreuves et cela ne m'étonne pas, puisque « l'Évangile sacré *reposait sur son cœur*[8] ! » et *que dans son cœur reposait* l'Époux des Vierges !…

La visite à l'église Ste Agnès me fut aussi bien douce, c'était une *amie* d'*enfance* que j'allais visiter chez elle, je lui parlai longuement de celle qui porte si bien son nom et je fis tous mes efforts pour obtenir une des reliques de l'Angélique patronne de ma Mère chérie afin de la lui rapporter, [62 r°] mais il nous fut impossible d'en avoir d'autre qu'une petite pierre rouge qui se détacha d'une riche mosaïque dont l'origine remonte au temps de Ste Agnès et qu'elle a dû souvent regarder. N'était-ce pas charmant que l'aimable Sainte nous donnât elle-même ce que nous cherchions et qu'il nous était interdit de prendre ?… J'ai toujours regardé cela comme une délicatesse et une preuve de l'amour avec lequel la douce Ste Agnès regarde et protège ma Mère chérie !…

Six jours se passèrent à visiter les principales merveilles de Rome et ce fut le *septième* que je vis la plus grande de toutes : « Léon XIII »… Ce jour, je le désirais et le redoutais en même temps, c'était de lui que ma vocation dépendait, car la réponse que je devais recevoir de Monseigneur n'était pas arrivée et j'avais appris par une lettre de vous, *ma Mère*, qu'il n'était plus très bien disposé pour moi, aussi mon unique planche de salut était la permission du St Père… mais pour l'obtenir, il fallait la demander, il fallait devant tout le monde *oser parler: « au Pape »*, cette pensée me faisait trembler, ce que j'ai souffert avant l'audience, le bon Dieu seul le sait, avec ma *chère Céline*. Jamais je n'oublierai la part qu'elle a prise à toutes mes épreuves, il semblait que ma vocation était la sienne. (Notre amour mutuel était remarqué par les prêtres du pèlerinage: un soir, étant en société si nombreuse que les sièges manquaient, Céline me prit sur ses genoux et nous nous regardions si gentiment qu'un prêtre s'écria: « Comme elles s'aiment, ah! jamais ces deux sœurs ne pourront se séparer! » Oui, nous nous aimions mais notre affection était si *pure* et si forte que la pensée de la séparation ne nous troublait pas, car nous sentions que rien, même l'océan, ne pourrait nous éloigner l'une de l'autre… Céline voyait avec calme ma petite [62 v°] nacelle aborder au rivage du Carmel, elle se résignait à rester aussi longtemps que le bon Dieu voudrait sur la mer orageuse du monde, sûre d'aborder à son tour sur la rive objet de nos désirs…)

Le Dimanche 20 Novembre après nous être habillées suivant le cérémonial du Vatican (c'est-à-dire en noir, avec une mantille de dentelle pour coiffure) et nous être décorées d'une large médaille de Léon XIII suspendue à un ruban bleu et blanc, nous avons fait notre entrée au Vatican dans la chapelle du Souverain Pontife. À 8 heures notre émotion fut profonde en le voyant entrer pour célébrer la Ste Messe… Après avoir béni les nombreux pèlerins réunis autour de lui, il gravit les degrés du St Autel et nous montra, par sa piété digne du Vicaire de Jésus, qu'il était véritablement « Le *Saint* Père ». Mon cœur battait bien fort et mes prières étaient bien ardentes pendant que Jésus descendait entre les mains de son Pontife, cependant j'étais remplie de confiance, l'Évangile de ce jour renfermait ces ravissantes paroles : « Ne craignez pas, petit troupeau, car il a plu à mon Père de vous donner son royaume. » Non je ne craignais pas, j'espérais que le royaume du Carmel m'appartiendrait bientôt, je ne pensais pas alors à ces autres paroles de Jésus : « Je vous prépare mon royaume comme mon Père me l'a préparé. » C'est-à-dire je vous réserve des croix et des épreuves, c'est ainsi que vous serez digne de posséder ce royaume après lequel vous soupirez ; puisqu'il a été nécessaire que le Christ souffrît et qu'il entrât par là dans sa gloire, si vous désirez avoir place à ses côtés, buvez le calice qu'il a bu Lui-même !... Ce calice, il me fut présenté par le Saint Père et mes larmes se mêlèrent à l'amer breuvage qui m'était offert. Après la messe d'action de grâces qui suivit celle de Sa Sainteté l'audience commença. Léon XIII était assis sur un grand fauteuil, il était vêtu simplement [63 r°] d'une soutane blanche, d'un camail de même couleur et n'avait sur la tête qu'une petite calotte. Autour de lui, se tenaient des cardinaux, archevêques et évêques mais je ne les ai vus qu'en général, étant occupée du Saint Père ; nous passions devant lui en procession, chaque pèlerin s'agenouillait à son tour, baisait le pied et la main de Léon XIII, recevait sa bénédiction et deux gardes-nobles le touchaient par cérémonie, lui indiquant par là de se lever (le pèlerin, car je m'explique si mal qu'on pourrait croire que c'était le Pape). Avant de pénétrer dans l'appartement pontifical j'étais bien résolue à *parler*, mais je sentis mon courage faiblir en voyant à la droite du St Père « Mr *Révérony* !... » Presque au même instant on nous dit de *sa part* qu'il *défendait* de *parler* à Léon XIII, l'audience se prolongeant trop longtemps... Je me tournai vers ma Céline chérie, afin de savoir son avis : « Parle ! me dit-elle. » Un instant après j'étais aux pieds du Saint-Père ; ayant baisé sa mule il me présentait la main, mais au lieu de la baiser, je joignis les miennes et levant vers son visage mes yeux baignés de larmes, je m'écriai : « Très Saint Père, j'ai une grande grâce à vous demander !… » Alors le Souverain Pontife baissa la tête vers moi de manière que ma figure touchait presque la sienne, et je vis ses *yeux noirs* et *profonds* se fixer sur moi et sembler me pénétrer jusqu'au fond de l'âme. – « Très Saint-Père, lui dis-je, en l'honneur de votre jubilé, permettez-moi d'entrer au Carmel à 15 ans !… »

L'émotion avait sans doute fait trembler ma voix, aussi se retournant vers Mr Révérony qui me regardait avec étonnement et mécontentement, le St Père dit : « Je ne comprends pas très bien. » – Si le bon Dieu l'eût permis il eût été facile que Mr Révérony m'obtînt ce que je désirais, mais c'était la croix et non la consolation qu'Il voulait me donner. – « Très Saint-Père (répondit le Grand Vicaire) c'est *une enfant* qui désire entrer au Carmel à 15 ans, mais les supérieurs examinent la question en ce moment. » – « Eh bien, mon enfant, reprit le St Père en me regardant avec bonté, faites ce que les supérieurs vous diront. » M'appuyant alors les mains [63 v°] sur ses genoux je tentai un dernier effort et je dis d'une voix suppliante : « Oh ! Très Saint Père, si vous disiez oui, tout le monde voudrait bien !… » Il me regarda fixement et prononça ces mots en appuyant sur chaque syllabe : « Allons… Allons… *Vous entrerez si le bon Dieu le veut…* » (Son accent avait quelque chose de si pénétrant et de si convaincu qu'il me semble encore l'entendre). La bonté du St Père m'encourageant je voulais encore parler mais les deux gardes-nobles me *touchèrent poliment* pour me faire lever ; voyant que cela ne suffisait pas, ils me prirent par les bras et Mr Révérony leur aida à me soulever car je restais encore les mains jointes, appuyées sur les genoux de Léon XIII et ce fut *de force* qu'ils m'arrachèrent de ses pieds… Au moment où j'étais ainsi *enlevée*, le St Père posa sa main sur mes lèvres, puis il la leva pour me bénir, alors mes yeux se remplirent de larmes et Mr Révérony put contempler au moins autant de *diamants* qu'il en avait vus à Bayeux… Les deux gardes-nobles me portèrent pour ainsi dire jusqu'à la porte et là, un troisième me donna une médaille de Léon XIII. Céline qui me suivait avait été témoin de la scène qui venait de se passer, presque aussi émue que moi, elle eut cependant le courage de demander au St Père une bénédiction pour le Carmel. Mr Révérony d'une voix mécontente répondit : « Il est déjà béni le Carmel. » Le bon St Père reprit avec douceur : « Oh oui ! il est déjà béni. » Avant nous Papa était venu aux pieds de Léon XIII (avec les messieurs)[9]. Mr Révérony avait été charmant pour lui, le présentant comme le *Père* de *deux Carmélites*. Le Souverain Pontife en signe de particulière bienveillance posa la main sur la tête vénérable de mon Roi chéri, semblant ainsi le marquer d'un *sceau mystérieux*, au nom de Celui dont il est le véritable représentant… Ah ! maintenant qu'il est au Ciel, ce *Père* de *quatre Carmélites*, ce n'est plus la main du Pontife qui repose sur son front, lui [64 r°] prophétisant le martyre… C'est la *main* de l'Époux des Vierges, du Roi de Gloire, qui fait resplendir la tête de son Fidèle Serviteur, et plus jamais cette main adorée ne cessera de reposer sur le front qu'elle a glorifié !…

– Mon Papa chéri eut bien de la peine de me trouver tout en larmes au sortir de l'audience, il fit tout ce qu'il put pour me consoler, mais en vain… Au fond du cœur je sentais une grande paix, puisque j'avais fait absolument tout ce qui était en mon pouvoir de faire pour répondre à ce que le bon Dieu demandait de moi, mais cette *paix* était au *fond* et l'amertume *remplissait* mon âme, car Jésus se taisait. Il semblait absent, rien ne me révélait sa présence… Ce jour-là encore le soleil n'osa pas briller et le beau ciel bleu d'Italie, chargé de nuages sombres, ne cessa de pleurer avec moi… Ah ! c'était fini, mon voyage n'avait plus aucun charme à mes yeux puisque le but en était manqué. Cependant les dernières paroles du Saint Père auraient dû me consoler : n'étaient-elles pas en effet une véritable prophétie ? Malgré tous les obstacles, ce que le *bon Dieu a voulu* s'est accompli. Il n'a pas *permis* aux créatures de faire ce qu'elles voulaient, mais sa *volonté* à *Lui*… Depuis quelque temps je m'étais offerte à l'Enfant Jésus pour être son *petit jouet*, je Lui avais dit de ne pas se servir de moi comme d'un jouet de prix que les enfants se contentent de regarder sans oser y toucher, mais comme d'une petite balle de nulle valeur qu'il pouvait jeter à terre, pousser du pied, *percer*, laisser dans un coin ou bien presser sur son cœur si cela Lui faisait plaisir ; en un mot, je voulais *amuser* le *petit* Jésus, lui faire plaisir, je voulais me livrer à ses *caprices enfantins*… Il avait exaucé ma prière…

À Rome Jésus *perça* son petit jouet, Il voulait voir ce qu'il y avait dedans et puis l'ayant vu, content de sa découverte, Il laissa tomber sa petite [64 v°] balle et s'endormit… Que fit-Il pendant son doux sommeil et que devint la petite balle abandonnée ?… Jésus rêva qu'il s'*amusait* encore avec son jouet, le laissant et le prenant tour à tour, et puis qu'après l'avoir fait rouler bien loin Il le pressait sur son cœur, ne permettant plus qu'il s'éloigne jamais de sa petite main…

Vous comprenez, ma Mère chérie, combien la petite balle était triste de se voir *par terre*… Cependant je ne cessais d'espérer contre toute espérance. Quelques jours après l'audience du St Père, Papa étant allé voir le bon frère Siméon trouva chez lui Mr Révérony qui fut très aimable. Papa lui reprocha gaiement de [ne] m'avoir pas aidée dans ma *difficile entreprise*, puis il raconta l'histoire de sa *Reine* au frère Siméon, le vénérable vieillard écouta son récit avec beaucoup d'intérêt, en prit même des notes et dit avec émotion : « On ne voit pas cela en Italie ! » Je crois que cette entrevue fit une très bonne impression à Mr Révérony ; dans la suite il ne cessa de me prouver qu'il était *enfin* convaincu de ma vocation.

Au lendemain de la mémorable journée, il nous fallut partir dès le matin pour Naples et Pompéi. En notre honneur le Vésuve fit du bruit toute la journée, laissant avec ses *coups* de *canon* échapper une épaisse colonne de fumée. Les traces qu'il a laissées sur les ruines de Pompéi sont effrayantes, elles montrent la puissance de Dieu : « Qui regarde la terre et la fait trembler, qui touche les montagnes et les réduit en fumée… » J'aurais aimé à me promener seule au milieu des ruines, à rêver sur la fragilité des choses humaines, mais le nombre des voyageurs enlevait une grande partie du charme mélancolique de la cité détruite… À Naples ce fut tout le contraire, le *grand nombre* de voitures à deux chevaux rendit magnifique notre promenade au monastère San Martino placé sur [65 r°] une haute colline dominant toute la ville, malheureusement les chevaux qui nous conduisaient prenaient à chaque instant le mors aux dents et plus d'une fois je me suis crue à ma dernière heure. Le cocher avait beau répéter constamment la parole magique des conducteurs italiens : « Appipau, appipau… » les pauvres chevaux voulaient renverser la voiture, enfin grâce au secours de nos anges gardiens nous arrivâmes à notre magnifique hôtel. Pendant tout le cours de notre voyage, nous avons été logés dans des hôtels princiers, jamais je n'avais été entourée de tant de luxe, c'est bien le cas de dire que la richesse ne fait pas le bonheur, car j'aurais été plus heureuse sous un toit de chaume avec l'espérance du Carmel, qu'auprès des lambris dorés, des escaliers de marbre blanc, des tapis de soie, avec l'amertume dans le cœur… Ah ! je l'ai bien senti, la joie ne se trouve pas dans les objets qui nous entourent, elle se trouve au plus intime de l'âme, on peut aussi bien la posséder dans une prison que dans un palais, la preuve, c'est que je suis plus heureuse au Carmel, même au milieu des épreuves intérieures et extérieures que dans le monde entourée des commodités de la vie et *surtout* des douceurs du foyer paternel !…

J'avais l'âme plongée dans la tristesse, cependant à l'extérieur, j'étais la même car je croyais cachée la demande que j'avais faite au St Père ; bientôt je pus me convaincre du contraire, étant restée seule dans le wagon avec Céline (les autres pèlerins étaient descendus au buffet pendant les quelques minutes d'arrêt) je vis Mr Legoux, vicaire général de Coutances, ouvrir la portière et me regardant en souriant, il me dit : « Eh bien, comment va notre petite carmélite ?… » Je compris alors que tout le pèlerinage savait mon secret, heureusement personne ne m'en parla, mais je vis à la manière sympathique dont on me regardait, que ma demande n'avait pas produit un mauvais [65 v°] effet, au contraire… À la petite ville d'Assise, j'eus l'occasion de monter dans la voiture de Mr Révérony, faveur qui ne fut accordée *à aucune dame* pendant tout le voyage. Voici comment j'obtins ce privilège.

Après avoir visité les lieux embaumés par les vertus de St François et de Ste Claire nous avions terminé par le monastère de Ste Agnès, sœur de Ste Claire, j'avais contemplé à mon aise la tête de la Sainte, lorsque me retirant une des dernières je m'aperçus avoir perdu ma ceinture, je la *cherchai* au milieu de la foule, un prêtre eut pitié de moi et m'aida, [mais] après me l'avoir trouvée je le vis s'éloigner et je restai seule à *chercher*, car j'avais bien la ceinture, mais impossible de la mettre, la boucle manquait… Enfin je la vis briller dans un coin, la saisir et l'ajuster au ruban ne fut pas long, mais le travail précédent l'avait été davantage, aussi mon étonnement fut grand de me trouver seule auprès de l'église, toutes les nombreuses voitures avaient disparu, à l'exception de celle de Mr Révérony. Quel parti prendre ? fallait-il courir après les voitures que je ne voyais plus, m'exposer à manquer le train et mettre mon Papa chéri dans l'inquiétude, ou bien demander une place dans la calèche de Mr Révérony ?… Je me décidai à ce dernier parti. Avec mon air le plus gracieux et le moins *embarrassé* possible malgré mon extrême *embarras*, je lui exposai ma situation critique et le mis dans l'*embarras* lui-même, car sa voiture était garnie des *messieurs* les plus distingués du pèlerinage, pas moyen de trouver une place de plus, mais un monsieur très galant se hâta de descendre, me fit monter à sa place et se plaça modestement auprès du cocher. Je ressemblais à un écureuil pris dans un piège et j'étais loin d'être à mon aise entourée de tous ces grands personnages et surtout du plus *redoutable* en face duquel j'étais placée… Il fut cependant très [66 r°] aimable pour moi, interrompant de temps en temps sa conversation avec les messieurs pour me parler du *Carmel*. Avant d'arriver à la gare tous les *grands personnages* tirèrent leurs *grands* porte-monnaie afin de donner de l'argent au cocher (déjà payé), je fis comme eux et pris mon *tout petit* porte-monnaie, mais Mr Révérony ne consentit pas à ce que j'en fisse sortir de jolies *petites* pièces, il aima mieux en donner une *grande* pour nous deux.

Une autre fois je me trouvai à côté de lui en omnibus, il fut encore plus aimable et me promit de faire tout ce qu'il pourrait afin que j'entre au Carmel… Tout en mettant un peu de baume sur mes plaies, ces petites rencontres n'empêchèrent pas le retour d'être beaucoup moins agréable que l'aller, car je n'avais plus l'espoir « du St Père », je ne trouvais aucun secours sur la terre qui me paraissait un désert aride et sans eau, toute mon espérance était dans le bon Dieu *seul*… je venais de faire l'expérience qu'il vaut mieux avoir recours à Lui qu'à ses saints…

La tristesse de mon âme ne m'empêcha pas de prendre un grand intérêt aux saints lieux que nous visitions. À Florence je fus heureuse de contempler Ste Madeleine de Pazzi au milieu du chœur des carmélites qui nous ouvrirent la grande grille ; comme nous ne savions pas jouir de ce privilège, beaucoup de personnes désiraient faire toucher leurs chapelets au tombeau de la sainte, il n'y avait que moi qui puisse passer la main dans la grille qui nous en séparait, aussi tout le monde m'apportait des chapelets et j'étais bien fière de mon office… Il fallait toujours que je trouve le moyen de *toucher* à *tout*, ainsi dans l'Église de Ste Croix en Jérusalem (de Rome) nous pûmes vénérer plusieurs morceaux de la vraie Croix, deux épines et l'un des clous sacrés renfermé dans un magnifique reliquaire d'or ouvragé, mais *sans verre*, aussi je trouvai moyen, en vénérant la précieuse relique, de couler mon *petit doigt* dans [66 v°] un des jours du reliquaire et je pus *toucher* au clou qui fut baigné du sang de Jésus… J'étais vraiment par trop audacieuse !… Heureusement le bon Dieu qui voit le fond des cœurs sait que mon intention était pure et que pour rien au monde je n'aurais voulu lui déplaire, j'agissais avec Lui comme un *enfant* qui se croit tout permis et regarde les trésors de son Père comme les siens. – Je ne puis encore comprendre pourquoi les femmes sont si facilement excommuniées en Italie, à chaque instant on nous disait : « N'entrez pas ici… N'entrez pas là, vous seriez excommuniées !… » Ah ! les pauvres femmes, comme elles sont méprisées !… Cependant elles aiment le bon Dieu en bien plus grand nombre que les hommes et pendant la Passion de Notre Seigneur les femmes eurent plus de courage que les apôtres puisqu'elles bravèrent les insultes des soldats et osèrent essuyer la Face adorable de Jésus… C'est sans doute pour cela qu'Il permet que le mépris soit leur partage sur la terre, puisqu'Il l'a choisi pour Lui-même… Au Ciel Il saura bien montrer que ses pensées ne sont pas celles des hommes, car alors les *dernières* seront les *premières*… Plus d'une fois pendant le voyage, je n'ai pas eu la patience d'attendre le Ciel pour être la première… Un jour que nous visitions un monastère de Carmes, ne me contentant pas de suivre les pèlerins dans les galeries *extérieures*, je m'avançai sous les cloîtres *intérieurs*… tout à coup je vis un bon vieux carme qui de loin me faisait signe de m'éloigner, mais au lieu de m'en aller, je m'approchai de lui et montrant les tableaux du cloître, je lui fis signe qu'ils étaient jolis. Il reconnut sans doute à mes cheveux dans le dos et à mon air jeune que j'étais une enfant, il me sourit avec bonté et s'éloigna voyant qu'il n'avait pas une ennemie devant lui ; si j'avais pu lui parler italien, je lui aurais dit être une future carmélite, mais à cause des constructeurs de la tour de Babel, cela me fut impossible.

– Après avoir encore visité Pise et Gênes, nous revînmes en France. Sur le parcours [67 r°] la vue était magnifique, tantôt nous longions la mer et le chemin de fer en était si près qu'il me semblait que les vagues allaient arriver jusqu'à nous (ce spectacle fut causé par une tempête, c'était le soir, ce qui rendait la scène encore plus imposante), tantôt des plaines couvertes d'orangers aux fruits mûrs, de verts oliviers au feuillage léger, de palmiers gracieux… à la tombée du jour nous voyions les nombreux petits ports de mer s'éclairer d'une multitude de lumières, pendant qu'au ciel scintillaient les premières *étoiles*… Ah ! quelle poésie remplissait mon âme à la vue de toutes ces choses que je regardais pour la première et la dernière fois de ma vie !… C'était sans regret que je les voyais s'évanouir, mon cœur aspirait à d'autres merveilles[10], il avait assez contemplé les *beautés* de la *terre*, *celles* du *Ciel* étaient l'objet de ses désirs et pour les donner aux *âmes*, je voulais devenir *prisonnière* !… Avant de voir s'ouvrir devant moi les portes de la prison bénie après laquelle je soupirais, il me fallait encore lutter et souffrir, je le sentais en revenant en France, cependant ma confiance était si grande que je ne cessai pas d'espérer qu'il me serait permis d'entrer le 25 Décembre… À peine arrivés à Lisieux, notre première visite fut pour le Carmel[11]. Quelle entrevue que celle-là !… Nous avions tant de choses à nous dire, depuis un mois de séparation, mois qui m'a semblé plus long et pendant lequel j'ai plus appris que pendant plusieurs années…

Ô ma Mère chérie ! qu'il m'a été doux de vous revoir, de vous ouvrir ma pauvre petite âme blessée. À vous qui saviez si bien me comprendre, à qui une parole, un regard suffisaient pour tout deviner ! Je m'abandonnai complètement, j'avais fait tout ce qui dépendait de moi, tout, jusqu'à parler au St Père, aussi je ne savais ce que je devais encore faire. Vous me dîtes d'écrire à Monseigneur et de lui rappeler sa promesse ; je le fis aussitôt, le mieux qu'il me fut possible, mais dans des termes que mon Oncle trouva un peu trop [67 v°] simples, il refit ma lettre ; au moment où j'allais la faire partir, j'en reçus une de vous, me disant de ne pas écrire, d'attendre quelques jours, j'obéis aussitôt, car j'étais sûre que c'était le meilleur moyen de ne pas me tromper. Enfin 10 jours avant Noël, ma lettre partit ; bien convaincue que la réponse ne se ferait pas attendre, j'allais tout les matins après la messe à la poste avec Papa, croyant y trouver la permission de m'envoler, mais chaque matin amenait une nouvelle déception qui cependant n'ébranlait pas [ma] foi… Je demandais à Jésus de briser mes liens, Il les brisa, mais d'une manière toute différente de celle que j'attendais… La belle fête de Noël arriva et Jésus ne se réveilla pas… Il laissa par terre sa petite balle, sans même jeter sur elle un regard…

Mon cœur était brisé en me rendant à la messe de minuit, je comptais si bien y assister derrière les grilles du Carmel !… Cette épreuve fut bien grande pour ma foi, mais Celui dont le cœur veille pendant son sommeil, me fit comprendre qu'à ceux dont la foi égale un *grain* de *sénevé*, il accorde des *miracles* et fait changer de place les montagnes, afin d'affermir cette foi si *petite* ; mais pour ses *intimes*, pour sa *Mère*, il ne fait pas de miracles *avant d'avoir éprouvé leur foi.* Ne laissa-t-Il pas mourir Lazare, bien que Marthe et Marie Lui aient fait dire qu'il était malade ?… Aux noces de Cana, la Ste Vierge ayant demandé à Jésus de secourir ses hôtes, ne Lui répondit-Il pas que son heure n'était pas encore venue ?… Mais après l'épreuve, quelle récompense, l'eau se change en vin… Lazare ressuscite !… Ainsi Jésus agit-Il envers sa petite Thérèse : après l'avoir *longtemps* éprouvée, Il combla tous les désirs de son cœur…

L'après-midi de la radieuse fête passée pour moi dans les larmes, j'allai voir les carmélites ; ma surprise fut bien grande d'apercevoir lorsqu'on ouvrit la [68 r°] grille un ravissant petit Jésus tenant en sa main une balle sur laquelle était écrit mon nom. Les carmélites, à la place de Jésus, trop petit pour parler, me chantèrent un cantique composé par ma Mère chérie, chaque parole répandait en mon âme une bien douce consolation, jamais je n'oublierai cette délicatesse du cœur maternel qui toujours me combla des plus exquises tendresses… Après avoir remercié en répandant de douces larmes, je racontai la surprise que ma Céline chérie m'avait faite en revenant de la messe de minuit. J'avais trouvé dans ma chambre, au milieu d'un charmant bassin, un *petit* navire qui portait le *petit* Jésus dormant avec une *petite* balle auprès de Lui, sur la voile blanche Céline avait écrit ces mots : « Je dors mais mon cœur veille » et sur le vaisseau ce seul mot : « Abandon ! » Ah ! si Jésus ne parlait pas encore à sa petite fiancée, si toujours ses yeux divins restaient fermés, du moins, Il se révélait à elle par le moyen d'âmes comprenant toutes les délicatesses et l'amour de son cœur…

Le premier jour de l'année 1888 Jésus me fit encore présent de sa croix mais cette fois je fus seule à la porter, car elle fut d'autant plus douloureuse qu'elle était incomprise… Une *lettre de Pauline* vint m'annoncer que la réponse de Monseigneur était arrivée le 28, fête des Sts *Innocents*, mais qu'elle ne me l'avait pas fait savoir, ayant décidé que mon entrée n'aurait lieu qu'*après* le *carême*. Je ne pus retenir mes larmes à la pensée d'un si long délai. Cette épreuve eut pour moi un caractère tout particulier, je voyais mes *liens rompus* du côté du monde et cette fois c'était l'arche sainte qui refusait son entrée à la pauvre petite colombe… Je veux bien croire que je dus paraître déraisonnable en n'acceptant pas joyeusement mes trois mois d'exil, mais je crois aussi que, sans le paraître, cette épreuve fut *très grande* et me fit beaucoup *grandir* dans l'abandon et dans les autres vertus.

[68 v°] Comment se passèrent ces *trois mois* si riches en grâces pour mon âme ?... D'abord il me vint à la pensée de ne pas me gêner à mener une vie aussi bien réglée que j'en avais l'habitude, mais bientôt je compris le prix du temps qui m'était offert et je résolus de me livrer plus que jamais à une vie *sérieuse* et *mortifiée*. Lorsque je dis mortifiée, ce n'est pas afin de faire croire que je faisais des pénitences, hélas ! je n'en ai *jamais fait aucune*, bien loin de ressembler aux belles âmes qui dès leur enfance pratiquaient toute espèce de mortifications, je ne sentais pour elles aucun attrait ; sans doute cela venait de ma lâcheté, car j'aurais pu, comme Céline, trouver mille petites inventions pour me faire souffrir, au lieu de cela je me suis toujours laissée dorloter dans du coton et empâter comme un petit oiseau qui n'a pas besoin de faire pénitence... Mes mortifications consistaient à briser ma volonté, toujours prête à s'imposer, à retenir une parole de réplique, à rendre de petits services sans les faire valoir, à ne point m'appuyer le dos quand j'étais assise, etc., etc. Ce fut par la pratique de ces *riens* que je me préparai à devenir la fiancée de Jésus, et je ne puis dire combien cette attente m'a laissé de doux souvenirs... Trois mois passent bien vite, enfin le moment si ardemment désiré arriva.

Chapitre VII

PREMIÈRES ANNÉES AU CARMEL
(1888-1890)

Confession au Père Pichon

Thérèse et ses Supérieures

La Sainte Face

Prise d'habit

Maladie de Papa

Petites vertus

Le lundi 9 Avril, jour où le Carmel célébrait la fête de l'Annonciation, remise à cause du carême, fut choisi pour mon entrée. La veille toute la famille était réunie autour de la table où je devais m'asseoir une dernière fois. Ah ! que ces réunions intimes sont déchirantes !... alors qu'on voudrait se voir oubliée, les caresses, les paroles les plus tendres sont prodiguées et font sentir le sacrifice de la séparation... Mon Roi chéri ne disait presque rien mais son regard se fixait sur moi avec amour... Ma Tante pleurait de temps en temps et mon Oncle me faisait mille compliments affectueux. Jeanne et Marie étaient aussi remplies de délicatesses pour moi, surtout Marie qui me [69 r°] prenant à l'écart me demanda pardon des peines qu'elle croyait m'avoir causées. Enfin ma chère petite Léonie, revenue de la Visitation depuis quelques mois[1], me comblait plus encore de baisers et de caresses. Il n'y a que Céline dont je n'ai pas parlé, mais vous devinez, ma Mère chérie, comment se passa la dernière nuit où nous avons couché ensemble... Le matin du grand jour, après avoir jeté un dernier regard sur les Buissonnets, ce nid gracieux de mon enfance que je ne devais plus revoir, je partis au bras de mon Roi chéri pour gravir la montagne du Carmel... Comme la veille toute la famille se trouva réunie pour entendre la Ste Messe et y communier. Aussitôt que Jésus fut descendu dans le cœur de mes parents chéris, je n'entendis autour de moi que des sanglots, il n'y eut que moi qui ne versai pas de larmes, mais je sentis mon cœur battre avec une *telle violence* qu'il me sembla impossible d'avancer lorsqu'on vint nous faire signe de venir à la porte conventuelle, j'avançai cependant tout en me demandant si je n'allais pas mourir par la force des battements de mon cœur... Ah ! quel moment que celui-là, il faut y avoir passé pour savoir ce qu'il est...

Mon émotion ne se traduisit pas au dehors ; après avoir embrassé tous les membres de ma famille chérie, je me mis à genoux devant mon incomparable Père, lui demandant sa bénédiction ; pour me la donner il se mit *lui-même* à *genoux* et me bénit en pleurant... C'était un spectacle qui devait faire sourire les anges que celui de ce vieillard présentant au Seigneur son enfant encore au printemps de la vie !... Quelques instants après, les portes de l'arche sainte se fermaient sur moi et là je recevais les embrassements des *sœurs chéries* qui m'avaient servi de *mères* et que j'allais désormais prendre pour modèles de mes actions... Enfin mes désirs étaient accomplis, mon âme ressentait une PAIX si douce et si profonde qu'il me serait impossible [69 v°] de l'exprimer et depuis 7 ans et demi cette paix intime est restée mon partage, elle ne m'a pas abandonnée au milieu des plus grandes épreuves.

Comme toutes les postulantes je fus conduite au chœur aussitôt après mon entrée, il était sombre à cause du St Sacrement exposé[2] et ce qui frappa d'abord mes regards fut les yeux de notre sainte Mère Geneviève[3] qui se fixèrent sur moi, je restai un moment à genoux à ses pieds remerciant le bon Dieu de la grâce qu'Il m'accordait de connaître une sainte et puis je suivis notre Mère Marie de Gonzague[4] dans les différents endroits de la communauté ; tout me semblait ravissant, je me croyais transportée dans un désert, notre petite cellule surtout me charmait, mais la joie que je ressentais était *calme*, le plus léger zéphyr ne faisait pas onduler les eaux tranquilles sur lesquelles voguait ma petite nacelle, aucun nuage n'obscurcissait mon ciel d'azur... ah ! j'étais pleinement récompensée de toutes mes épreuves... Avec quelle joie profonde je répétais ces paroles : « C'est pour toujours, toujours que je suis ici !... »

Ce bonheur n'était pas éphémère, il ne devait point s'envoler avec les illusions des premiers jours. Les *illusions*, le bon Dieu m'a fait la grâce de *n'en avoir* AUCUNE en entrant au Carmel : j'ai trouvé la vie religieuse *telle* que je me l'étais figurée, aucun sacrifice ne m'étonna et cependant, vous le savez, ma Mère chérie, mes premiers pas ont rencontré plus d'épines que [de] roses !... Oui la souffrance m'a tendu les bras et je m'y suis jetée avec amour... Ce que je venais faire au Carmel, je l'ai déclaré aux pieds de Jésus-Hostie, dans l'examen qui précéda ma profession : « Je suis venue pour sauver les âmes et surtout afin de prier pour les prêtres. » Lorsqu'on veut atteindre un but, il faut en prendre les moyens ; Jésus me fit comprendre que c'était par la croix qu'Il voulait me donner des âmes et mon attrait pour la souffrance grandit à mesure que la souffrance augmentait. Pendant 5 années cette voie fut la mienne mais [70 r°] à l'extérieur, rien ne traduisait ma souffrance d'autant plus douloureuse que j'étais seule à la connaître. Ah ! quelle surprise à la fin du monde nous aurons en lisant l'histoire des âmes !... qu'il y aura de personnes étonnées en voyant la voie par laquelle la mienne a été conduite !...

Cela est si vrai que, deux mois après mon entrée, le Père Pichon étant venu pour la profession de Sr Marie du Sacré-Cœur[5], il fut étonné de voir ce que le bon Dieu faisait en mon âme et me dit que la veille, m'ayant considérée priant au chœur, il croyait ma ferveur tout enfantine et ma voie bien douce. Mon entrevue avec le bon Père fut pour moi une consolation bien grande, mais voilée de larmes à cause de la difficulté que j'éprouvais à ouvrir mon âme. Je fis cependant une confession générale, comme jamais je n'en avais faite ; à la fin le Père me dit ces paroles, les plus consolantes qui soient venues retentir à l'oreille de mon âme : « En présence du bon Dieu, de la Ste Vierge et de tous les Saints, je déclare que jamais vous n'avez commis un seul péché mortel. » Puis il ajouta : remerciez le bon Dieu de ce qu'il fait pour vous, car s'il vous abandonnait, au lieu d'être un petit ange, vous deviendriez un petit démon. Ah ! je n'avais pas de peine à le croire, je sentais combien j'étais faible et imparfaite, mais la reconnaissance remplissait mon âme, j'avais une si grande crainte d'avoir terni la robe de mon Baptême, qu'une telle assurance sortie de la bouche d'un directeur comme les désirait Notre Ste Mre Thérèse, c'est-à-dire unissant la *science* à la *vertu*[6], me paraissait sortie de la bouche même de Jésus... Le bon Père me dit encore ces paroles qui se sont doucement gravées en mon cœur : « Mon enfant, que Notre Seigneur soit toujours votre Supérieur et votre Maître des novices. » Il le fut en effet et aussi « Mon directeur ». Ce n'est pas que je veuille dire par là que mon âme ait été fermée pour mes Supérieures, ah ! loin de là j'ai toujours essayé qu'elle leur soit un *livre* [70 v°] *ouvert* ; mais notre Mère souvent malade avait peu le temps de s'occuper de moi. Je sais qu'elle m'aimait beaucoup et disait de moi tout le bien possible, cependant le bon Dieu permettait *qu'à son insu*, elle fût TRÈS SÉVÈRE ; je ne pouvais la rencontrer sans baiser la terre[7], il en était de même dans les rares directions que j'avais avec elle... Quelle grâce inappréciable !... Comme le bon Dieu agissait *visiblement* en celle qui tenait sa place !... Que serais-je devenue si comme le croyaient les personnes du monde j'avais été « le joujou » de la communauté ?... Peut-être au lieu de voir Notre Seigneur en mes Supérieures n'aurais-je considéré que les personnes et mon cœur si *bien gardé* dans le monde se serait attaché humainement dans le cloître... Heureusement je fus préservée de ce malheur. Sans doute *j'aimais beaucoup* notre Mère, mais d'une affection pure qui m'élevait vers l'Époux de mon âme...

Notre maîtresse[8] était une *vraie sainte*, le type achevé des premières carmélites ; toute la journée j'étais avec elle, car elle m'apprenait à travailler. Sa bonté pour moi était sans bornes et cependant, mon âme ne se dilatait pas... Ce n'était qu'avec effort qu'il m'était possible de faire direction, n'étant pas habituée à parler de mon âme je ne savais comment exprimer ce qui s'y passait. Une bonne vieille mère[9] comprit un jour ce que je ressentais, elle me dit en riant à la récréation : « Ma petite fille, il me semble que vous ne devez pas avoir grand'chose à dire à vos supérieures. » – Pourquoi, ma Mère, dites-vous cela ?... – « Parce que votre âme est extrêmement *simple*, mais quand vous serez parfaite, vous serez *encore* plus *simple*, plus on s'approche du bon Dieu, plus on se simplifie. » La bonne Mère avait raison, cependant la difficulté que j'avais à ouvrir mon âme tout en venant de ma simplicité était une véritable épreuve, je le reconnais maintenant, car sans cesser d'être simple [71 r°] j'exprime mes pensées avec une très grande facilité.

J'ai dit que Jésus avait été « mon Directeur » – En entrant au Carmel je fis connaissance avec celui qui devait m'en servir, mais à peine m'avait-il admise au nombre de ses enfants qu'il partit pour l'exil[10]... Ainsi je ne l'avais connu que pour en être aussitôt privée... Réduite à recevoir de lui une lettre par an sur 12 que je lui écrivais, mon cœur se tourna bien vite vers le Directeur des directeurs et ce fut Lui qui m'instruisit de cette science cachée aux savants et aux sages qu'Il daigne révéler aux *plus petits*...

La petite fleur transplantée sur la montagne du Carmel devait s'épanouir à l'ombre de la Croix, les larmes, le sang de Jésus devinrent sa rosée et son Soleil fut la Face Adorable voilée de pleurs... Jusqu'alors je n'avais pas sondé la profondeur des trésors cachés dans la Sainte Face[11], ce fut par vous, ma Mère chérie, que j'appris à les connaître, de même qu'autrefois vous nous aviez toutes précédées au Carmel, de même vous aviez pénétré la première les mystères d'amour cachés dans le Visage de notre Époux ; alors vous m'avez appelée et j'ai compris... J'ai compris ce qu'était la *véritable gloire*. Celui dont le royaume n'est pas de ce monde me montra que la vraie sagesse consiste à « vouloir être ignoré et compté pour rien[12], – À mettre sa joie dans le mépris de soi-même[13] »... Ah ! comme celui de Jésus, je voulais que : « Mon visage soit vraiment caché, que sur la terre personne ne me reconnaisse. » J'avais soif de souffrir et d'être oubliée...

Qu'elle est miséricordieuse la voie par laquelle le bon Dieu m'a toujours conduite, *jamais* Il ne m'a fait désirer quelque chose sans me le donner, aussi son calice amer me parut-il délicieux...

Après les radieuses fêtes du mois de Mai, fêtes de la profession et prise de voile [71 v°] de notre chère Marie, l'*aînée* de la famille que la *dernière* eut le bonheur de couronner au jour de ses noces, il fallait bien que l'épreuve vînt nous visiter... L'année précédente au mois de Mai, Papa avait été atteint d'une attaque de paralysie dans les jambes, notre inquiétude fut bien grande alors, mais le fort tempérament de mon Roi chéri prit bientôt le dessus et nos craintes disparurent, cependant plus d'une fois pendant le voyage de Rome, nous avions remarqué qu'il se fatiguait facilement, qu'il n'était plus aussi gai que d'habitude... Ce que surtout j'avais remarqué c'étaient les progrès que Papa faisait dans la perfection, à l'exemple de St François de Sales, il était parvenu à se rendre maître de sa vivacité naturelle au point qu'il paraissait avoir la nature la plus douce du monde[14]... Les choses de la terre semblaient à peine l'effleurer, il prenait facilement le dessus des contrariétés de cette vie, enfin le bon Dieu l'*inondait* de *consolations*, pendant ses visites journalières au St Sacrement ses yeux se remplissaient souvent de larmes et son visage respirait une béatitude céleste... Lorsque Léonie sortit de la Visitation, il ne s'affligea pas, ne fit aucun reproche au bon Dieu de n'avoir pas exaucé les prières qu'il Lui avait faites pour obtenir la vocation de sa chère fille, ce fut même avec une certaine joie qu'il partit la chercher...

Voici avec quelle foi Papa accepta la séparation de sa petite reine, il l'annonçait en ces termes à ses amis d'Alençon : – « Bien chers Amis, Thérèse, ma petite reine, est entrée hier au Carmel !... Dieu seul peut exiger un tel sacrifice... Ne me plaignez pas, car mon cœur surabonde de joie. »

Il était temps qu'un aussi fidèle serviteur reçût le prix de ses travaux, il était juste que son salaire ressemblât à celui que Dieu donna au Roi du Ciel, son Fils unique... Papa venait d'offrir à Dieu un *Autel*[15], ce fut lui la victime choisie pour y être immolée avec l'Agneau sans tache[16]. [72 r°] Vous connaissez, ma Mère chérie, nos amertumes du *mois* de *Juin* et surtout du *24* de l'année *1888*[17], ces souvenirs sont trop bien gravés au fond de nos cœurs pour qu'il soit nécessaire de les écrire… Ô ma Mère ! que nous avons souffert !… et ce n'était encore que le *commencement* de notre épreuve… Cependant l'époque de ma prise d'habit était arrivée ; je fus reçue par le chapitre, mais comment songer à faire une cérémonie ? Déjà l'on parlait de me donner le saint habit sans me faire sortir[18] lorsqu'on décida d'attendre. Contre toute espérance notre Père chéri se remit de sa seconde attaque et Monseigneur fixa la cérémonie au 10 janvier. L'attente avait été longue, mais aussi, quelle belle fête !… rien n'y manquait, rien, pas même la *neige*… Je ne sais pas si déjà je vous ai parlé de mon amour pour la neige ?… Toute petite, sa blancheur me ravissait ; un des plus grands plaisirs était de me promener sous les flocons neigeux. D'où me venait ce goût pour la neige ?… Peut-être de ce qu'étant une *petite fleur d'hiver* la première parure dont mes yeux d'enfant virent la nature embellie dut être son blanc manteau… Enfin j'avais toujours désiré que le jour de ma prise d'habit la nature fût comme moi parée de blanc. La veille de ce beau jour je regardais tristement le ciel gris d'où s'échappait de temps en temps une pluie fine et la température était si douce que je n'espérais plus la neige. Le matin suivant le Ciel n'avait [pas] changé[19], cependant la fête fut ravissante, et la plus belle, la plus ravissante fleur était mon Roi chéri, jamais il n'avait été plus beau, plus *digne*… Il fit l'admiration de tout le monde, ce jour fut son *triomphe*, sa dernière fête ici-bas. Il avait donné *tous* ses enfants au bon Dieu, car Céline lui ayant confié sa vocation, il avait *pleuré* de *joie* [et] était allé avec elle remercier Celui qui « lui faisait l'honneur de prendre tous ses enfants[20] ».

[72 v°] À la fin de la cérémonie Monseigneur entonna le Te Deum, un prêtre essaya de faire remarquer que ce cantique ne se chantait qu'aux professions, mais l'élan était donné et l'hymne d'*action* de *grâces* se continua jusqu'au bout. Ne fallait-il pas que la fête *fût complète* puisqu'en elle se réunissaient toutes les autres ?... Après avoir embrassé une dernière fois mon Roi chéri, je rentrai dans la clôture, la première chose que j'aperçus sous le cloître fut « mon petit Jésus rose » me souriant au milieu des fleurs et des lumières et puis aussitôt mon regard se porta sur des *flocons* de *neige*... le préau était blanc comme moi. Quelle délicatesse de Jésus ! Prévenant les désirs de sa petite fiancée, il lui donnait de la neige... De la neige, quel est donc le mortel si puissant fût-il qui puisse en faire tomber du Ciel pour charmer sa bien-aimée ?... Peut-être les personnes du monde se firent-elles cette question, ce qu'il y a de certain, c'est que la neige de ma prise d'habit leur parut un petit miracle et que toute la ville s'en étonna. On trouva que j'avais un drôle de goût d'aimer la neige... Tant mieux, cela fit encore ressortir davantage l'*incompréhensible condescendance* de l'Époux des vierges... de Celui qui chérit les *Lys blancs* comme la NEIGE !... Monseigneur entra après la cérémonie, il fut d'une bonté toute paternelle pour moi[21]. Je crois bien qu'il était fier de voir que j'avais réussi, il disait à tout le monde que j'étais « *sa* petite fille ». À chaque fois qu'il revint depuis cette belle fête, sa Grandeur fut toujours bien bonne pour moi, je me souviens surtout de sa visite à l'occasion du centenaire de N.P. St Jean de la Croix. Il me prit la tête dans ses mains, me fit mille caresses de toutes sortes, jamais je n'avais été aussi honorée ! en même temps le bon Dieu me fit penser aux caresses [73 r°] qu'Il voudra bien me prodiguer devant les anges et les

Saints et dont il me donnait une faible image dès ce monde, aussi la consolation que je ressentis fut bien grande…

Comme je viens de le dire la journée du *10* janvier fut le triomphe de mon Roi, je le compare à l'entrée de Jésus à Jérusalem le jour des rameaux, comme celle de Notre Divin Maître, sa gloire d'*un jour* fut suivie d'une passion douloureuse et cette passion ne fut pas pour lui seul ; de même que les douleurs de Jésus percèrent d'un glaive le cœur de sa Divine Mère, ainsi nos cœurs ressentirent les souffrances de celui que nous chérissions le plus tendrement sur la terre… Je me rappelle qu'au mois de Juin 1888 au moment de nos premières épreuves, je disais : « Je souffre beaucoup, mais je sens que [je] puis encore supporter de plus grandes épreuves. » Je ne pensais pas alors à celles qui m'étaient réservées… Je ne savais pas que le *12* Février, un mois après ma prise d'habit, notre Père chéri boirait à la *plus amère*, à la *plus humiliante* de toutes les coupes[22]…

Ah ! ce jour-là je n'ai pas dit pouvoir souffrir encore davantage !!!… Les paroles ne peuvent exprimer nos angoisses, aussi je ne vais pas essayer de les décrire. Un jour au Ciel nous aimerons à nous parler de nos *glorieuses* épreuves, déjà ne sommes-nous pas heureuses de les avoir souffertes ?… Oui les trois années du martyre de Papa me paraissent les plus aimables, les plus fructueuses de toute notre vie, je ne les donnerais pas pour toutes les extases et les révélations des Saints, mon cœur déborde de reconnaissance en pensant à ce *trésor* inestimable qui doit causer une sainte jalousie aux Anges de la Céleste cour…

Mon désir des souffrances était comblé, cependant mon attrait pour elles ne diminuait pas, aussi mon âme partagea-t-elle bientôt les souffrances de mon [73 v°]

cœur. La sécheresse était mon pain quotidien, privée de toute consolation j'étais cependant la plus heureuse des créatures, puisque tous mes désirs étaient satisfaits…

Ô ma Mère chérie ! qu'elle a été douce notre grande épreuve, puisque de tous nos cœurs ne sont sortis que des soupirs d'amour et de reconnaissance !… Nous ne marchions plus dans les sentiers de la perfection, nous volions toutes les 5. Les deux pauvres petites exilées de Caen[23] tout en étant encore dans le monde n'étaient plus du monde… Ah ! quelles merveilles l'épreuve a faites dans l'âme de ma Céline chérie !… Toutes les lettres qu'elle écrivait à cette époque sont empreintes de résignation et d'amour… Et qui pourra dire les parloirs que nous avions ensemble ?… Ah ! loin de nous séparer les grilles du Carmel unissaient plus fortement nos âmes, nous avions les mêmes pensées, les mêmes désirs, le même *amour* de *Jésus* et des *âmes*… Lorsque Céline et Thérèse se parlaient, jamais un mot des choses de la terre ne se mêlait à leurs conversations qui déjà étaient toutes dans le Ciel. Comme autrefois dans le *belvédère*, elles rêvaient les choses de l'*éternité* et pour jouir bientôt de ce bonheur sans fin, elles choisissaient ici-bas pour unique partage « La souffrance et le mépris[24] ».

Ainsi s'écoula le temps de mes fiançailles… il fut bien long pour la pauvre petite Thérèse ! Au bout de mon année, notre Mère me dit de ne pas songer à demander la profession, que certainement M^r le Supérieur repousserait ma prière, je dus attendre encore 8 mois… Au premier moment, il me fut bien difficile d'accepter ce grand sacrifice mais bientôt la lumière se fit dans mon âme, je méditais alors « les fondements de la vie spirituelle » par le Père Surin, un jour pendant l'oraison je compris que mon désir si vif de faire profession était mêlé d'un grand amour-propre ; puisque je m'étais *donnée* à Jésus pour lui faire plaisir, le consoler, [74 r°] je ne devais pas l'obliger à faire *ma volonté* au lieu de la sienne, je compris encore qu'une fiancée devait être parée pour le jour de ses noces et moi je n'avais rien fait dans ce but… alors je dis à Jésus : « Ô mon Dieu ! je ne vous demande pas de prononcer mes saints vœux, *j'attendrai autant que vous le voudrez*, seulement je ne veux pas que par ma faute mon union avec vous soit différée, aussi je vais mettre tous mes soins à me faire une belle robe enrichie de pierreries, quand vous la trouverez assez richement ornée je suis sûre que toutes les créatures ne vous empêcheront [pas] de descendre vers moi afin de m'unir pour toujours à vous, ô mon Bien-Aimé !… »

Depuis ma prise d'habit, j'avais déjà reçu d'abondantes lumières sur la perfection religieuse, principalement au sujet du vœu de Pauvreté. Pendant mon postulat, j'étais contente d'avoir de gentilles choses à mon usage et de trouver sous la main tout ce qui m'était nécessaire. « Mon *Directeur*[25] » souffrait cela patiemment, car Il n'aime pas à tout montrer aux âmes en même temps. Il donne ordinairement sa lumière petit à petit. (Au commencement de ma vie spirituelle, vers l'âge de 13 à 14 ans, je me demandais ce que plus tard j'aurais à gagner, car je croyais qu'il m'était impossible de mieux comprendre la perfection, j'ai reconnu bien vite que plus on avance dans ce chemin plus on se croit éloigné du terme, aussi maintenant je me résigne à me voir toujours imparfaite et j'y trouve ma joie…) Je reviens aux leçons que me donna « *mon Directeur* ». Un soir après complies je cherchai vainement notre petite lampe sur les planches réservées à cet usage, c'était grand silence, impossible de la réclamer… je compris qu'une sœur croyant prendre sa lampe avait pris la nôtre dont j'avais un très grand besoin, au lieu de ressentir du chagrin d'en être privée, je fus bien heureuse, sentant que la pauvreté consiste à se voir privée non pas seulement des choses agréables mais encore [74 v°] des choses indispensables, ainsi dans les *ténèbres extérieures* je fus illuminée intérieurement… Je fus prise à cette époque d'un véritable amour pour les objets les plus laids et les moins commodes, ainsi ce fut avec joie que je me vis enlever la jolie *petite cruche* de notre cellule et donner à sa place une *grosse* cruche *tout ébréchée*… Je faisais aussi bien des efforts pour ne pas m'excuser, ce qui me semblait bien difficile surtout avec notre Maîtresse à laquelle je n'aurais voulu rien cacher ; voici ma première victoire, elle n'est pas grande mais elle m'a bien coûté. – Un petit vase placé derrière une fenêtre se trouva brisé, notre Maîtresse croyant que c'était moi qui l'avais laissé traîner, me le montra en disant de faire plus attention une autre fois. Sans rien dire je baisai la terre, ensuite je promis d'avoir plus d'ordre à l'avenir. – À cause de mon peu de vertu ces petites pratiques me coûtaient beaucoup et j'avais besoin de penser qu'au jugement dernier tout serait révélé, car je faisais cette remarque : lorsqu'on fait son devoir, ne s'excusant jamais, personne ne le sait, au contraire, les imperfections paraissent tout de suite…

Je m'appliquais surtout à pratiquer les petites vertus, n'ayant pas la facilité d'en pratiquer de grandes, ainsi j'aimais à plier les manteaux oubliés par les sœurs et à leur rendre tous les petits services que je pouvais.

L'amour de la mortification me fut aussi donné, il fut d'autant plus grand que rien ne m'était permis pour le satisfaire… La seule petite mortification que je faisais dans le monde et qui consistait à ne pas m'appuyer le dos lorsque j'étais assise me fut défendue à cause de ma propension à me voûter. Hélas ! mon ardeur n'aurait sans doute pas été de longue durée si l'on m'avait accordé beaucoup de pénitences… Celles qu'on m'accordait sans que je les demande consistaient à mortifier mon amour-propre, ce qui me faisait beaucoup plus de bien que les pénitences corporelles…

[75 r°] Le réfectoire qui fut mon emploi aussitôt après ma prise d'habit me fournit plus d'une occasion de mettre mon amour-propre à sa place, c'est-à-dire sous les pieds… Il est vrai que j'avais une grande consolation d'être dans le même emploi que vous, ma Mère chérie, et de pouvoir contempler de près vos vertus, mais ce rapprochement était un sujet de souffrance, je ne me sentais pas *comme autrefois*, libre de tout vous dire, il y avait la règle à observer, je ne pouvais pas vous ouvrir mon âme, enfin j'étais au *Carmel* et non plus aux *Buissonnets* sous le *toit paternel* !…

Cependant, la Ste Vierge m'aidait à préparer la robe de mon âme, aussitôt qu'elle fut achevée les obstacles s'en allèrent d'eux-mêmes. Monseigneur m'envoya la permission que j'avais sollicitée, la communauté voulut bien me recevoir et ma profession fut fixée au *8 Septembre*…

Tout ce que je viens d'écrire en peu de mots demanderait bien des pages de détails, mais ces pages ne se liront jamais sur la terre, bientôt, ma Mère chérie, je vous parlerai de toutes ces choses dans *notre maison paternelle*, au beau Ciel vers lequel montent les soupirs de nos cœurs !…

Ma robe de noces était prête, elle était enrichie des *anciens* joyaux que m'avait donnés mon Fiancé, cela ne suffisait pas à sa libéralité. Il voulait me donner un *nouveau* diamant aux reflets sans nombre. L'épreuve de Papa était avec toutes ses douloureuses circonstances les *anciens* joyaux, et le *nouveau* fut une épreuve bien petite en apparence, mais qui me fit beaucoup souffrir. – Depuis quelque temps, notre pauvre petit Père, se trouvant un peu mieux, on le faisait sortir en voiture, il était même question de le faire voyager en chemin de fer pour venir nous voir. Naturellement *Céline* pensa tout de suite qu'il fallait choisir le jour de ma prise de voile. Afin de ne pas le fatiguer, disait-elle, je ne le ferai [75 v°] pas assister à toute la cérémonie, seulement à la fin, j'irai le chercher et je le conduirai tout doucement jusqu'auprès de la grille afin que Thérèse reçoive sa bénédiction. Ah ! je reconnais bien là le cœur de ma Céline chérie… c'est bien vrai que « jamais l'amour ne prétexte d'impossibilité parce qu'il se croit tout possible et tout permis[26] »… La *prudence humaine* au contraire tremble à chaque pas et n'ose pour ainsi dire poser le pied, aussi le bon Dieu qui voulait m'éprouver se servit-Il d'*elle* comme d'un instrument docile et le jour de mes noces je fus vraiment orpheline, n'ayant plus de Père sur la terre mais pouvant regarder le Ciel avec confiance et dire en toute vérité : « Notre *Père* qui êtes aux Cieux. »

Chapitre VIII

DE LA PROFESSION À L'OFFRANDE À L'AMOUR (1890-1895)

Prise de voile

Mère Geneviève de Sainte-Thérèse

Épidémie d'influenza

Retraite du Père Alexis

Priorat de Mère Agnès

Mort de Papa

Entrée de Céline

Fin du Manuscrit A

Avant de vous parler de cette épreuve j'aurais dû, ma Mère chérie, vous parler de la retraite qui précéda ma profession[1] ; elle fut loin de m'apporter des consolations, l'aridité la plus absolue et presque l'abandon furent mon partage. Jésus dormait comme toujours dans ma petite nacelle ; ah ! je vois bien que rarement les âmes Le laissent dormir tranquillement en elles. Jésus est si fatigué de toujours faire des frais et des avances qu'Il s'empresse de profiter du repos que je Lui offre, Il ne se réveillera pas sans doute avant ma grande retraite de l'éternité, mais au lieu de me faire de la peine cela me fait un extrême plaisir…

Vraiment je suis loin d'être une sainte, rien que cela en est une preuve ; je devrais au lieu de me réjouir de ma sécheresse l'attribuer à mon peu de ferveur et de fidélité, je devrais me désoler de dormir (depuis 7 ans) pendant mes oraisons et mes *actions* de *grâces*, eh bien, je ne me désole pas… je pense que les *petits enfants* plaisent autant à leurs parents lorsqu'ils dorment que lorsqu'ils sont éveillés, je pense que pour faire des opérations, les médecins [76 r°] endorment leurs malades. Enfin je pense que : « Le Seigneur voit notre fragilité, qu'Il se souvient que nous ne sommes que poussière. »

Ma retraite de profession fut donc comme toutes celles qui la suivirent une retraite de grande aridité, cependant le bon Dieu me montrait clairement sans que je m'en aperçoive, le moyen de Lui plaire et de pratiquer les plus sublimes vertus. J'ai remarqué bien des fois que Jésus ne veut pas me donner de *provisions*, il me nourrit à chaque instant d'une nourriture toute nouvelle, je la trouve en moi sans savoir comment elle y est… Je crois tout simplement que c'est Jésus Lui-même caché au fond de mon pauvre petit cœur qui me fait la grâce d'agir en moi et me fait penser tout ce qu'Il veut que je fasse au moment présent.

Quelques jours avant celui de ma profession, j'eus le bonheur de recevoir la bénédiction du Souverain Pontife ; je l'avais sollicitée par le bon Frère Siméon pour *Papa* et pour moi et ce me fut une grande consolation de pouvoir rendre à mon petit Père chéri la grâce qu'il m'avait procurée en me conduisant à Rome.

Enfin le *beau jour* de mes noces arriva[2], il fut sans nuages, mais la veille il s'éleva dans mon âme une tempête comme jamais je n'en avais vue… Pas un seul doute sur ma vocation ne m'était encore venu à la pensée, il fallait que je connaisse cette épreuve. Le soir en faisant mon chemin de la Croix après matines, ma vocation m'apparut comme un *rêve*, une chimère… je trouvais la vie du Carmel bien belle, mais le démon m'inspirait l'*assurance* qu'elle n'était pas faite pour moi, que je tromperais les supérieures en avançant dans une voie où je n'étais pas appelée… Mes ténèbres étaient si grandes que je ne voyais ni ne com-[76 v°]prenais qu'une chose : Je n'avais pas la *vocation* !… Ah ! comment dépeindre l'angoisse de mon âme ?… Il me semblait (chose absurde qui montre que cette tentation était du démon) que si je disais mes craintes à ma maîtresse elle allait m'empêcher de prononcer mes Saints Vœux, cependant je voulais faire la volonté du bon Dieu et retourner dans le monde plutôt que rester au Carmel en faisant la mienne, je fis donc sortir ma maîtresse et *remplie* de *confusion* je lui dis l'état de mon âme… Heureusement elle vit plus clair que moi et me rassura complètement, d'ailleurs l'acte d'humilité que j'avais fait venait de mettre en fuite le démon qui pensait peut-être que je n'allais pas oser avouer ma tentation ; aussitôt que j'eus fini de parler mes doutes s'en allèrent, cependant pour rendre plus complet mon acte d'humilité, je voulus encore confier mon étrange tentation à notre Mère qui se contenta de rire de moi.

Le matin du 8 septembre, je me sentis *inondée* d'un fleuve de *paix* et ce fut dans cette paix « surpassant tout sentiment » que je prononçai mes Saints Vœux… Mon union avec Jésus se fit, non pas au milieu des foudres et des éclairs, c'est-à-dire des grâces extraordinaires, mais au sein d'un *léger zéphyr* semblable à celui qu'entendit sur la montagne notre père St Elie… Que de grâces n'ai-je pas demandées ce jour-là !… Je me sentais vraiment la Reine, aussi je profitais de mon titre pour délivrer les captifs, obtenir les faveurs du *Roi* envers ses sujets ingrats, enfin je voulais délivrer toutes les âmes du purgatoire et convertir les pécheurs… J'ai beaucoup prié pour ma *Mère*, mes Sœurs chéries… pour toute la famille mais surtout pour mon petit Père si éprouvé et si saint… Je me suis offerte à Jésus afin qu'Il accomplisse parfaitement en moi sa *volonté* sans que jamais les créatures y mettent obstacle[3]…

[77 r°] Ce beau jour passa comme les plus tristes, puisque les plus radieux ont un lendemain, mais ce fut sans tristesse que je déposai ma couronne aux pieds de la Ste Vierge, je sentais que le temps n'emporterait pas mon bonheur… Quelle belle fête que la nativité de *Marie* pour devenir l'épouse de Jésus ! c'était la *petite*

Ste Vierge d'un jour qui présentait sa *petite* fleur au *petit* Jésus… ce jour-là tout était petit excepté les grâces et la paix que j'ai reçues, excepté la joie *paisible* que j'ai ressentie le soir en regardant les étoiles scintiller au firmament, en pensant que *bientôt* le beau Ciel s'ouvrirait à mes yeux ravis et que je pourrais m'unir à mon Époux au sein d'une allégresse éternelle…

Le 24 eut lieu la cérémonie de ma prise de *voile*, il fut tout entier *voilé* de larmes… Papa n'était pas là pour bénir sa Reine… Le Père était au Canada… Monseigneur qui devait venir et dîner chez mon Oncle se trouva malade et ne vint pas non plus, enfin tout fut tristesse et amertume… Cependant la *paix*, toujours la *paix*, se trouvait au fond du calice… Ce jour-là Jésus permit que je ne puisse retenir mes larmes et mes larmes ne furent pas comprises… en effet j'avais supporté sans pleurer de bien plus grandes épreuves, mais alors j'étais aidée d'une grâce puissante ; au contraire le 24, Jésus me laissa à mes propres forces et je montrai combien elles étaient petites.

Huit jours après ma prise de voile eut lieu le mariage de Jeanne[4], vous dire, ma Mère chérie, combien son exemple m'instruisit des délicatesses qu'une épouse doit prodiguer à son époux me serait impossible, j'écoutais avidement tout ce que je pouvais en apprendre, car je ne voulais pas faire moins pour mon Jésus bien-aimé que Jeanne pour Francis, une créature sans doute bien parfaite, mais enfin une *créature* !…

[77 v°] Je m'amusai même à composer une lettre d'invitation afin de la comparer à la sienne, voici comment elle était conçue :

Lettre d'Invitation aux Noces de sœur Thérèse de l'Enfant Jésus de la Sainte Face.

Le Dieu Tout-Puissant, Créateur du Ciel et de la terre, Souverain Dominateur du Monde et la Très glorieuse Vierge Marie, Reine de la Cour céleste, veulent bien vous faire part du Mariage de leur Auguste Fils, Jésus, Roi des Rois et Seigneur des seigneurs, avec Mademoiselle Thérèse Martin, maintenant Dame et Princesse des royaumes apportés en dot par son Divin Époux, savoir : L'Enfance de Jésus et sa Passion, ses titres de noblesse étant : de l'Enfant Jésus et de la Sainte Face.

Monsieur Louis Martin, Propriétaire et Maître des Seigneuries de la Souffrance et de l'Humiliation et Madame Martin, Princesse et Dame d'Honneur de la Cour Céleste, veulent bien vous faire part du Mariage de leur Fille, Thérèse, avec Jésus le Verbe de Dieu, seconde Personne de l'Adorable Trinité qui par l'opération du Saint Esprit s'est fait Homme et Fils de Marie, la Reine des Cieux.

N'ayant pu vous inviter à la bénédiction Nuptiale qui leur a été donnée sur la montagne du Carmel, le 8 septembre 1890 (la cour céleste seule y étant admise) vous êtes néanmoins priés de vous rendre au Retour de Noces qui aura lieu Demain, Jour de l'Éternité, auquel jour Jésus, Fils de Dieu, viendra sur les Nuées du Ciel dans l'éclat de sa Majesté, pour juger les Vivants et les Morts.

L'heure étant encore incertaine, vous êtes invités à vous tenir prêts et à veiller.

[78 r°] Maintenant, ma Mère chérie, que me reste-t-il à vous dire ? Ah ! je croyais avoir fini mais je ne vous ai encore rien dit de mon bonheur d'avoir connu notre Sainte Mère Geneviève... C'est une grâce inappréciable que celle-là ; eh bien, le bon Dieu qui m'en avait déjà tant accordé a voulu que je vive avec une *Sainte*, non point inimitable, mais une Sainte sanctifiée par des vertus cachées et ordinaires... Plus d'une fois j'ai reçu d'elle de grandes consolations, surtout un dimanche. – Me rendant comme à l'ordinaire afin de lui faire ma petite visite, je trouvai deux Sœurs auprès de Mère Geneviève, je la regardai en souriant et je m'apprêtais à sortir puisqu'on ne peut pas être trois auprès d'une malade[5], mais elle, me regardant avec un air inspiré, me dit : « Attendez, ma petite fille, je vais seulement vous dire un petit mot. À chaque fois que vous venez, vous me demandez de vous donner un bouquet spirituel ; eh bien, aujourd'hui je vais vous donner celui-ci : Servez Dieu avec paix et avec Joie, rappelez-vous, mon enfant, que notre Dieu, c'est le Dieu de la paix. » Après l'avoir simplement remerciée, je sortis émue jusqu'aux larmes et convaincue que le bon Dieu lui avait révélé l'état de mon âme, ce jour-là j'étais extrêmement éprouvée, presque triste, dans une nuit telle que je ne savais plus si j'étais aimée du bon Dieu, mais la joie et la consolation que je sentis, vous les devinez, ma Mère chérie !...

Le Dimanche suivant, je voulus savoir quelle révélation Mère Geneviève avait eue, elle m'assura n'en avoir reçu *aucune*, alors mon admiration fut encore plus grande, voyant à quel degré éminent Jésus vivait en elle et la faisait agir et parler. Ah ! cette *sainteté*-là me paraît la plus *vraie*, la plus *sainte* et c'est elle que je désire car il ne s'y rencontre aucune illusion...

[78 v°] Le jour de ma profession je fus aussi bien consolée d'apprendre de la bouche de Mère Geneviève qu'elle avait passé par la même épreuve que moi avant de prononcer ses vœux… Au moment de nos *grandes* peines, vous vous rappelez, ma Mère chérie, les consolations que nous avons trouvées auprès d'elle ? Enfin le souvenir que Mère Geneviève a laissé dans mon cœur est un souvenir embaumé… Le jour de son départ pour le Ciel[6] je me suis sentie particulièrement touchée, c'était la première fois que j'assistais à une mort, vraiment ce spectacle était ravissant… J'étais placée juste au pied du lit de la sainte mourante, je voyais parfaitement ses plus légers mouvements, il me semblait pendant les deux heures que j'ai passées ainsi que mon âme aurait dû se sentir remplie de ferveur, au contraire, une espèce d'insensibilité s'était emparée de moi, mais au *moment même* de la naissance au Ciel de notre Sainte Mère Geneviève, ma disposition intérieure a changé, en un clin d'œil je me suis sentie remplie d'une joie et d'une ferveur indicibles, c'était comme si Mère Geneviève m'avait donné une partie de la félicité dont elle jouissait car je suis bien persuadée qu'elle est allée droit au Ciel… Pendant sa vie je lui dis un jour : « Ô ma Mère ! vous n'irez pas en purgatoire !… » – « Je l'*espère* » me répondit-elle avec douceur… Ah ! bien sûr que le bon Dieu n'a pu tromper une espérance si remplie d'humilité, toutes les faveurs que nous avons reçues en sont la preuve… Chaque sœur s'empressa de réclamer quelque relique, vous savez, ma Mère chérie, celle que j'ai le bonheur de posséder… Pendant l'agonie de Mère Geneviève, j'ai remarqué une *larme* scintillant à sa paupière, comme un diamant, cette *larme*, la *dernière* de *toutes celles* qu'elle a répandues, ne tomba pas, je la vis encore *briller* au chœur sans que personne pense à la recueillir. Alors prenant un petit linge fin, j'osai m'approcher le soir sans être vue et prendre pour *relique* la *dernière larme* d'une Sainte… Depuis je l'ai toujours portée dans le petit [79 r°] sachet où mes vœux sont renfermés.

Je n'attache pas d'importance à mes rêves, d'ailleurs j'en ai rarement de symboliques et je me demande même comment il se fait que pensant toute la journée au bon Dieu, je ne m'en occupe pas davantage pendant mon sommeil… ordinairement je rêve les bois, les fleurs, les ruisseaux et la mer et presque toujours, je vois de jolis petits enfants, j'attrape des papillons et des oiseaux comme jamais je n'en ai vus. Vous voyez, ma Mère, que si mes rêves ont une apparence poétique ils sont loin d'être mystiques…

Une nuit après la mort de Mère Geneviève j'en fis un plus consolant, je rêvai qu'elle faisait son testament, donnant à chaque sœur une chose qui lui avait appartenu ; quand vint mon tour je croyais ne rien recevoir, car il ne lui restait plus rien, mais se soulevant elle me dit par trois fois avec un accent pénétrant : « À vous, je laisse mon *cœur.* »

Un mois après le départ de notre Sainte Mère, l'influenza se déclara dans la communauté, j'étais seule debout avec deux autres sœurs, jamais je ne pourrai dire tout ce que j'ai vu, ce que m'a paru la vie et tout ce qui passe…

Le jour de mes 19 ans fut fêté par une mort[7], bientôt suivie de deux autres. À cette époque j'étais seule à la sacristie, ma première d'emploi[8] étant très gravement malade, c'était moi qui devais préparer les enterrements, ouvrir les grilles du chœur à la messe, etc. Le bon Dieu m'a donné bien des grâces de force à ce moment, je me demande maintenant comment j'ai pu faire sans frayeur tout ce que j'ai fait, la mort régnait partout, les plus malades étaient soignées par celles qui se traînaient à peine, aussitôt qu'une sœur avait rendu le dernier soupir on était obligé de la laisser seule. Un matin en me levant, j'eus le pressentiment que Sr Madeleine était morte, le dortoir était dans l'obscurité, personne ne sortait des cellules, enfin je me décidai [79 v°] à entrer dans celle de ma Sr Madeleine dont la porte était ouverte ; je la vis en effet, habillée et couchée sur sa paillasse, je n'eus pas la moindre frayeur. Voyant qu'elle n'avait pas de cierge j'allai lui en chercher ainsi qu'une couronne de roses.

Le soir de la mort de Mère Sous-Prieure[9], j'étais seule avec l'infirmière, il est impossible de se figurer le triste état de la communauté à ce moment, celles qui étaient debout peuvent seules s'en faire une idée, mais au milieu de cet abandon, je sentais que le bon Dieu veillait sur nous. C'était sans effort que les mourantes passaient à une vie meilleure, aussitôt après leur mort une expression de joie et de paix se répandait sur leurs traits, on aurait dit un doux sommeil ; c'en était bien un véritablement puisque après que la figure de ce monde aura passé, elles se réveilleront pour jouir éternellement des délices réservées aux élus…

Tout le temps que la communauté fut ainsi éprouvée, je pus avoir l'ineffable consolation de faire *tous les jours*, la Ste Communion… Ah ! que c'était doux !… Jésus me gâta longtemps, plus longtemps que ses fidèles épouses, car il permit qu'on me *Le donnât* sans que les autres aient le bonheur de Le recevoir. J'étais aussi bien heureuse de toucher aux vases sacrés, de préparer les petits *langes* destinés à recevoir Jésus, je sentais qu'il me fallait être bien fervente et je me rappelais souvent cette parole adressée à un saint diacre : « Soyez saint, vous qui touchez les vases du Seigneur[10]. »

Je ne puis pas dire que j'aie souvent reçu des consolations pendant mes actions de grâces, c'est peut-être le moment où j'en ai le moins... Je trouve cela tout naturel puisque je me suis offerte à Jésus non comme une personne qui désire recevoir sa visite pour sa propre consolation, mais au contraire pour le plaisir de Celui qui se donne à moi. – Je me figure mon âme comme un terrain *libre* et je prie la Ste Vierge d'ôter les *décombres* qui pourraient l'empêcher [80 r°] d'être *libre*, ensuite je la supplie de dresser elle-même une vaste tente digne du *Ciel*, de l'orner de *ses propres* parures et puis j'invite tous les Saints et les Anges à venir faire un magnifique concert. Il me semble lorsque Jésus descend dans mon cœur qu'Il est content de se trouver si bien reçu et moi je suis contente aussi... Tout cela n'empêche pas les distractions et le sommeil de venir me visiter, mais au sortir de l'action de grâces voyant que je l'ai si mal faite je prends la résolution d'être tout le reste de la journée en action de grâces... Vous voyez, ma Mère chérie, que je suis loin d'être conduite par la voie de la crainte, je sais toujours trouver le moyen d'être heureuse et de profiter de mes misères... sans doute cela ne déplaît pas à Jésus, car Il semble m'encourager dans ce chemin. – Un jour, contrairement à mon habitude, j'étais un peu troublée en allant à la Communion, il me semblait que le bon Dieu n'était pas content de moi et je me disais : « Ah ! si je ne reçois aujourd'hui que la *moitié d'une hostie*, cela va me faire bien de la peine, je vais croire que Jésus vient comme à regret dans mon cœur. » Je m'approche... oh bonheur ! pour la première fois de ma vie, je vois le prêtre prendre *deux hosties* bien séparées et me les donner !... Vous comprenez ma joie et les douces larmes que j'ai répandues, en voyant une si grande miséricorde...

L'année qui suivit ma profession, c'est-à-dire deux mois avant la mort de mère Geneviève, je reçus de grandes grâces pendant la retraite[11].

Ordinairement les retraites prêchées me sont encore plus douloureuses que celles que je fais toute seule, mais cette année-là il en fut autrement. J'avais fait une neuvaine préparatoire avec beaucoup de ferveur, malgré le sentiment intime que j'avais, car il me semblait que le prédicateur ne pourrait me comprendre, étant surtout destiné à faire du bien aux grands pécheurs mais pas [80 v°] aux âmes religieuses. Le bon Dieu voulant me montrer que c'était Lui seul le directeur de mon âme se servit justement de ce Père qui ne fut apprécié que de moi... J'avais alors de grandes épreuves intérieures de toutes sortes (jusqu'à me demander parfois s'il y avait un Ciel). Je me sentais disposée à ne rien dire de mes dispositions intérieures, ne sachant comment les exprimer ; à peine entrée dans le confessionnal, je sentis mon âme se dilater. Après avoir dit peu de mots, je fus comprise d'une façon merveilleuse et même *devinée*... mon âme était comme un livre dans lequel le Père lisait mieux que moi-même... Il me lança à pleine voile sur les flots de la *confiance* et de *l'amour* qui m'attiraient si fort mais sur lesquels je n'osais avancer... Il me dit que *mes fautes ne faisaient pas de peine* au bon Dieu, que *tenant sa place* il me disait de *sa part* qu'Il était très content de moi...

Oh ! que je fus heureuse en écoutant ces consolantes paroles !... Jamais je n'avais entendu dire que les fautes pouvaient ne pas faire de peine au bon Dieu, cette assurance me combla de joie, elle me fit supporter patiemment l'exil de la vie... Je sentais bien au fond de mon cœur que c'était vrai car le bon Dieu est plus tendre qu'une Mère, eh bien, vous, ma Mère chérie, n'êtes-vous pas toujours prête à me pardonner les petites indélicatesses que je vous fais involontairement ?... Que de fois n'en ai-je pas fait la douce expérience !... Nul reproche ne m'aurait autant touchée qu'une seule de vos caresses. Je suis d'une nature telle que la crainte me fait reculer ; avec l'*amour* non seulement j'avance mais je *vole...*

Ô ma Mère ! ce fut surtout depuis le jour béni de votre élection[12] que je volai dans les voies de l'amour... Ce jour-là, Pauline devint mon Jésus vivant... elle devint pour la seconde fois : « Maman !... »

[81 r°] Depuis trois ans bientôt j'ai le bonheur de contempler les *merveilles* que Jésus opère par le moyen de ma Mère chérie... Je vois que la *souffrance seule* peut enfanter les âmes et plus que jamais ces sublimes paroles de Jésus me dévoilent leur profondeur : « En vérité, en vérité, je vous le dis, si le grain de blé étant tombé à terre ne vient à mourir, il demeure seul, mais s'il meurt il rapporte beaucoup de fruit. » Quelle abondante moisson n'avez-vous pas récoltée !... Vous avez semé dans les larmes, mais bientôt vous verrez le fruit de vos travaux, vous reviendrez remplie de joie portant des gerbes en vos mains... Ô ma *Mère*, parmi ces gerbes fleuries, la *petite fleur blanche* se tient cachée mais au Ciel elle aura une voix pour chanter la *douceur* et les *vertus* qu'elle vous voit pratiquer chaque jour dans l'ombre et le silence de la vie d'exil...

Oui, depuis trois ans, j'ai compris bien des mystères jusque-là cachés pour moi. Le bon Dieu m'a montré la même miséricorde qu'Il montra au roi Salomon. Il n'a pas voulu que j'aie un seul désir qui ne soit rempli, non seulement mes désirs de perfection, mais encore ceux dont je *comprenais* la vanité, sans l'avoir expérimentée.

Vous ayant toujours, ma Mère chérie, regardée comme mon *idéal*, je désirais vous ressembler en tout, vous voyant faire de belles peintures et de ravissantes poésies, je me disais : « Ah ! que je serais heureuse de pouvoir peindre, de savoir exprimer mes pensées en vers et de faire aussi du bien aux âmes... » Je n'aurais pas voulu *demander* ces dons naturels et mes désirs restaient *cachés* au fond de mon *cœur. Jésus caché* lui aussi dans ce pauvre petit *cœur* se plut à lui montrer que tout est vanité et affliction d'esprit sous le soleil... Au grand étonnement des sœurs, on me fit *peindre* et le bon Dieu permit que je sache profiter des leçons que ma Mère chérie me donna... Il voulut encore [81 v°] que je puisse à son exemple faire des poésies, composer des pièces qui furent trouvées jolies... De même que Salomon *se tournant vers les ouvrages de ses mains où il avait pris une peine si inutile, vit que tout est vanité et affliction d'esprit*, de même j'ai reconnu par EXPÉRIENCE que le bonheur ne consiste qu'à se cacher, à rester dans l'ignorance des choses créées. J'ai compris que sans l'*amour*, toutes les œuvres ne sont que néant, même les plus éclatantes, comme de ressusciter les morts ou de convertir les peuples...

Au lieu de me faire du mal, de me porter à la vanité, les dons que le bon Dieu m'a prodigués (sans que je les lui demande) me portent vers *Lui*, je vois que Lui seul est *immuable*, que Lui seul peut remplir mes immenses désirs...

Il est encore d'autres désirs d'un autre genre que Jésus s'est plu à combler, désirs enfantins semblables à ceux de la neige de ma prise d'habit.

Vous savez, ma Mère chérie, combien j'aime les fleurs ; en me faisant prisonnière à 15 ans, je renonçai pour toujours au bonheur de courir dans les campagnes émaillées des trésors du printemps : eh bien ! jamais je n'ai possédé plus de fleurs que depuis mon entrée au

Carmel… Il est d'usage que les fiancés offrent souvent des bouquets à leurs fiancées, Jésus ne l'oublia pas, il m'envoya à foison des gerbes de bluets, grandes pâquerettes, coquelicots, etc. toutes les fleurs qui me ravissent le plus. Il y avait même une petite fleur appelée la Nielle des blés, que je n'avais pas trouvée depuis notre séjour à Lisieux, je désirais beaucoup la revoir cette fleur de *mon enfance* cueillie par moi dans les campagnes d'Alençon ; ce fut au Carmel qu'elle vint me sourire et me montrer que dans les plus petites choses comme dans les grandes, le bon Dieu donne le centuple dès cette vie aux âmes qui pour son amour ont tout quitté.

Mais le plus intime de mes désirs, le plus grand de tous, que je pensais ne jamais [82 r°] voir se réaliser, était l'entrée de ma Céline chérie dans le même Carmel que nous… Ce *rêve* me semblait invraisemblable, vivre sous le même toit, partager les joies et les peines de la compagne de mon enfance, aussi j'avais fait complètement mon sacrifice, j'avais confié à Jésus l'avenir de ma sœur chérie étant résolue à la voir partir au bout du monde s'il le fallait. La seule chose que je ne pouvais accepter, c'était qu'elle ne soit pas l'épouse de Jésus, car l'aimant autant que moi-même, il m'était impossible de la voir donner son cœur à un mortel. J'avais déjà beaucoup souffert en la sachant exposée dans le monde à des dangers qui m'avaient été inconnus. Je puis dire que mon affection pour Céline était depuis mon entrée au Carmel un amour de mère autant que de sœur… Un jour qu'elle devait aller en soirée[13] cela me faisait tant de peine que je suppliai le bon Dieu de l'*empêcher* de *danser* et même (contre mon habitude) je versai un torrent de larmes. Jésus daigna m'exaucer, Il ne permit pas que sa petite fiancée *pût danser* ce soir-là (quoiqu'elle ne fût pas embarrassée pour le faire gracieusement lorsqu'il était nécessaire). Ayant été invitée sans qu'elle pût refuser, son cavalier se trouva dans l'impuissance totale de la faire *danser* ; à sa grande confusion, il fut condamné à *marcher* simplement pour la reconduire à sa place puis il s'esquiva et ne reparut pas de la soirée. Cette aventure unique en son genre me fit grandir en confiance et en amour de Celui qui posant *son signe* sur mon front, l'avait en même temps imprimé sur celui de ma Céline chérie...

Le 29 Juillet de l'année dernière, le bon Dieu rompant les liens de son incomparable serviteur[14] et l'appelant à la récompense éternelle, rompit en même temps ceux qui retenaient au monde sa fiancée chérie, elle avait rempli sa première mission ; chargée de nous *représenter toutes* auprès de notre Père si tendrement aimé, cette mission elle l'avait accomplie comme un ange... et les anges ne restent [82 v°] pas sur la terre, lorsqu'ils ont accompli la volonté du bon Dieu, ils retournent aussitôt vers lui, c'est pour cela qu'ils ont des ailes... Notre ange aussi secoua ses ailes blanches, il était prêt à voler *bien loin* pour trouver Jésus, mais Jésus le fit voler *tout près*... Il se contenta de l'acceptation du grand sacrifice qui fut bien *douloureux* pour la petite Thérèse... Pendant *deux ans* sa Céline lui avait caché un secret[15]... Ah ! qu'elle avait souffert elle aussi !... Enfin du haut du Ciel, mon Roi chéri, qui sur la terre n'aimait pas les lenteurs, se hâta d'arranger les affaires si embrouillées de sa Céline et le 14 septembre elle se réunissait à nous !...

Un jour que les difficultés semblaient insurmontables, je dis à Jésus pendant mon action de grâces : « Vous savez, mon Dieu, combien je désire savoir si Papa est allé *tout droit* au *Ciel*, je ne vous demande pas de me parler, mais donnez-moi un signe. Si ma Sr A. de J.[16]

consent à l'entrée de Céline ou n'y met pas d'obstacle, ce sera la réponse que Papa est allé *tout droit avec vous.* » Cette sœur, comme vous le savez, ma Mère chérie, trouvait que nous étions déjà trop de trois et par conséquent ne voulait pas en admettre une autre, mais le bon Dieu, qui tient en sa main le cœur des créatures et l'incline comme Il veut, changea les dispositions de la sœur ; la première personne que je rencontrai après l'action de grâces, ce fut elle qui m'appela d'un air aimable, me dit de monter chez vous et me parla de *Céline* les larmes aux yeux…

Ah ! combien de sujets n'ai-je pas de remercier Jésus qui sut combler tous mes désirs !…

Maintenant, je n'ai plus aucun désir, si ce n'est celui d'*aimer* Jésus à la folie… Mes désirs enfantins sont envolés, sans doute j'aime encore à parer de fleurs l'autel du Petit Jésus, mais depuis qu'il m'a donné la *Fleur* que je désirais, ma *Céline chérie*, je n'en désire plus d'autre, c'est elle que je lui [83 r°] offre comme mon plus ravissant bouquet…

Je ne désire pas non plus la souffrance ni la mort et cependant je les aime toutes les deux, mais c'est l'*amour* seul qui m'attire… Longtemps je les ai désirées ; j'ai possédé la souffrance et j'ai cru toucher au rivage du Ciel, j'ai cru que la petite fleur serait cueillie en son printemps… maintenant c'est l'abandon seul qui me guide, je n'ai point d'autre boussole !… Je ne puis plus rien demander avec ardeur excepté l'accomplissement parfait de la volonté du bon Dieu sur mon âme sans que les créatures puissent y mettre obstacle. Je puis dire ces paroles du cantique spirituel de N. Père St Jean de la Croix : « Dans le cellier intérieur de mon Bien-Aimé, j'ai bu et quand je suis sortie dans toute cette plaine je ne connaissais plus rien et je perdis le troupeau que je suivais auparavant… Mon âme s'est employée avec toutes ses ressources à son service, je ne garde plus de troupeau, je n'ai plus d'autre office, parce que maintenant tout mon exercice est d'*Aimer*[17] !… » ou bien encore : « Depuis que j'en ai l'expérience, l'AMOUR est si puissant en œuvres qu'il sait *tirer profit de tout*, du bien et du *mal* qu'il trouve en moi, et transformer mon âme en soi[18]. » Ô ma Mère chérie ! qu'elle est douce la voie de l'*amour.* Sans doute, on peut bien tomber, on peut commettre des infidélités, mais, l'amour sachant *tirer profit de tout*, a bien vite consumé *tout* ce qui peut déplaire à Jésus, ne laissant qu'une humble et profonde paix au fond du cœur…

Ah ! que de lumières n'ai-je pas puisées dans les œuvres de Notre P. St J. de la C. !… À l'âge de 17 et 18 ans je n'avais pas d'autre nourriture spirituelle mais plus tard tous les livres me laissèrent dans l'aridité et je suis encore dans cet état. Si j'ouvre un livre composé par un auteur spirituel (même le plus beau, le plus touchant), je sens aussitôt mon cœur se serrer et je lis sans pour ainsi dire comprendre, ou si je comprends mon esprit s'arrête sans pouvoir méditer… Dans cette impuissance l'Écriture Sainte et l'Imi-[83 v°]tation viennent à mon secours ; en elles je trouve une nourriture solide et toute *pure*. Mais c'est par-dessus tout l'*Évangile* qui m'entretient pendant mes oraisons, en lui je trouve tout ce qui est nécessaire à ma pauvre petite âme. J'y découvre toujours de nouvelles lumières, des sens cachés et mystérieux…

Je comprends et je sais par expérience « Que le royaume de Dieu est au-dedans de nous. » Jésus n'a point besoin de livres ni de docteurs pour instruire les âmes, Lui le Docteur des docteurs, il enseigne sans bruit de paroles[19]… Jamais je ne l'ai entendu parler, mais je sens qu'Il est en moi, à chaque instant, Il me guide, m'inspire ce que je dois dire ou faire. Je découvre juste au moment où j'en ai besoin des lumières que je n'avais pas encore vues, ce n'est pas le plus souvent pendant mes oraisons qu'elles sont le plus abondantes, c'est plutôt au milieu des occupations de ma journée…

Ô ma Mère chérie ! après tant de grâces ne puis-je pas chanter avec le psalmiste : « Que le Seigneur est *bon*, que sa *miséricorde* est éternelle. » Il me semble que si toutes [les] créatures avaient les mêmes grâces que moi, le bon Dieu ne serait craint de personne, mais aimé jusqu'à la folie, et que par *amour* et non pas en tremblant, jamais aucune âme ne consentirait à Lui faire de la peine… Je comprends cependant que toutes les âmes ne peuvent pas se ressembler, il faut qu'il y en ait de différentes familles afin d'honorer spécialement chacune des perfections du bon Dieu. À moi Il a donné sa *Miséricorde infinie* et c'est à *travers elle* que je contemple et adore les autres perfections Divines !… Alors toutes m'apparaissent rayonnantes d'*amour*, la Justice même (et peut-être encore plus que toute autre) me semble revêtue d'*amour*…

Quelle douce joie de penser que le bon Dieu est *Juste*, c'est-à-dire qu'Il tient compte de nos faiblesses, qu'Il connaît parfaitement la fragilité de notre nature. De quoi donc aurais-je peur ? Ah ! le Dieu infiniment juste qui daigna [84 r°] pardonner avec tant de bonté toutes les fautes de l'enfant prodigue, ne doit-Il pas être Juste aussi envers moi qui « suis toujours avec Lui » ?…

Cette année le 9 Juin fête de la Sainte Trinité, j'ai reçu la grâce de comprendre plus que jamais combien Jésus désire être aimé[20].

Je pensais aux âmes qui s'offrent comme victimes à la Justice de Dieu afin de détourner et d'attirer sur elles les châtiments réservés aux coupables, cette offrande me semblait grande et généreuse, mais j'étais loin de me sentir portée à la faire. « Ô mon Dieu ! m'écriai-je au fond de mon cœur, n'y aura-t-il que votre Justice qui recevra des âmes s'immolant en victimes ?... Votre *Amour* Miséricordieux n'en a-t-il pas besoin lui aussi ?... De toutes parts il est méconnu, rejeté ; les cœurs dans lesquels vous désirez le prodiguer se tournent vers les créatures leur demandant le bonheur avec leur misérable affection, au lieu de se jeter dans vos bras et d'accepter votre *Amour* infini... Ô mon Dieu ! votre Amour méprisé va-t-il rester en votre Cœur ? Il me semble que si vous trouviez des âmes s'offrant en Victimes d'holocaustes à votre Amour, vous les consumeriez rapidement, il me semble que vous seriez heureux de ne point comprimer les flots d'infinies tendresses qui sont en vous... Si votre Justice aime à se décharger, elle qui ne s'étend que sur la terre, combien plus votre Amour Miséricordieux désire-t-il *embraser* les âmes, puisque votre Miséricorde s'élève jusqu'aux Cieux... Ô mon Jésus ! que ce soit *moi* cette heureuse victime, consumez votre holocauste par le feu de votre Divin Amour !... »

Ma Mère chérie, vous qui m'avez permis de m'offrir ainsi au bon Dieu, vous savez les fleuves ou plutôt les océans de grâces qui sont venus inonder mon âme... Ah ! depuis cet heureux jour, il me semble que l'*Amour* me pénètre et m'environne, il me semble qu'à chaque instant cet *Amour Miséricordieux* me renouvelle, purifie mon âme et n'y laisse aucune trace de péché, aussi [84 v°] je ne puis craindre le purgatoire... Je sais que par moi-même je ne mériterais pas même d'entrer dans ce lieu d'expiation, puisque les âmes saintes peuvent seules y avoir accès, mais je sais aussi que le Feu de l'Amour est plus sanctifiant que celui du purgatoire, je sais que

Jésus ne peut désirer pour nous de souffrances inutiles et qu'Il ne m'inspirerait pas les désirs que je ressens, s'Il ne voulait les combler…

Oh ! qu'elle est douce la voie de l'Amour !… Comme je veux m'appliquer à faire toujours avec le plus grand abandon, la volonté du bon Dieu !…

Voilà, ma Mère chérie, tout ce que je puis vous dire de la vie de votre petite Thérèse, vous connaissez bien mieux par vous-même, ce qu'elle est et ce que Jésus a fait pour elle, aussi vous me pardonnerez d'avoir beaucoup abrégé l'histoire de sa vie religieuse…

Comment s'achèvera-t-elle, cette « histoire d'une petite fleur blanche » ?… Peut-être la petite fleur sera[-t-elle] cueillie dans sa fraîcheur ou bien transplantée sur d'autres rivages[21]… je l'ignore, mais ce dont je suis certaine c'est que la Miséricorde du bon Dieu l'accompagnera toujours, c'est que jamais elle ne cessera de bénir la Mère chérie qui l'a donnée à Jésus ; éternellement elle se réjouira d'être une des fleurs de sa couronne… Éternellement elle chantera avec cette Mère chérie le cantique toujours nouveau de l'Amour…

[85 v°] Explication des Armoiries

Le blason JHS est celui que Jésus a daigné apporter en dot à sa pauvre petite épouse. L'orpheline de la Bérésina[22] est devenue Thérèse de l'*ENFANT JÉSUS* de la *SAINTE FACE*, ce sont là ses titres de noblesse, sa richesse et son espérance. – La Vigne qui sépare en deux le blason est encore la figure de Celui qui daigna nous dire : « Je suis la Vigne et vous êtes les branches, je veux que vous me rapportiez beaucoup de fruit. » Les deux rameaux entourant, l'un la Ste Face, l'autre le petit Jésus sont l'image de Thérèse qui n'a qu'un désir ici-bas, celui de s'offrir comme une petite grappe de raisin pour rafraîchir Jésus enfant, l'amuser, se laisser presser par Lui au gré de ses caprices et de pouvoir aussi étancher la soif ardente qu'Il ressentit pendant sa passion. – La harpe représente encore Thérèse qui veut sans cesse chanter à Jésus des mélodies d'amour.

Le blason FMT est celui de Marie-Françoise-Thérèse, la petite fleur de la Sainte Vierge, aussi cette petite fleur est-elle représentée recevant les rayons bienfaisants de la Douce Étoile du matin. – La terre verdoyante représente la famille bénie au sein de laquelle la fleurette a grandi ; plus loin on voit une montagne qui représente le Carmel. C'est en ce lieu béni que Thérèse a choisi pour figurer en ses armoiries le dard enflammé de l'amour qui doit lui mériter la palme du martyre en attendant qu'elle puisse véritablement donner son sang pour Celui qu'elle aime. Car pour répondre à tout l'amour de Jésus elle voudrait faire pour Lui ce qu'Il a fait pour elle… mais Thérèse n'oublie pas qu'elle n'est qu'un faible *roseau* aussi l'a-t-elle placé sur son blason.

Le triangle lumineux représente l'Adorable Trinité qui ne cesse de répandre ses dons inestimables sur l'âme de la pauvre petite Thérèse, aussi dans sa reconnaissance elle n'oubliera jamais cette devise : « L'Amour ne se paie que par l'Amour[23]. »

LETTRE À
SŒUR MARIE DU SACRÉ CŒUR

Manuscrit « B »

CHAPITRE IX

MA VOCATION : L'AMOUR (1896)

Les secrets de Jésus

La vénérable Mère Anne de Jésus

Toutes les vocations

Jeter des fleurs

Le petit oiseau

L'Aigle divin

Fin du Manuscrit B

[1 r°] J.M.J.T.

Jésus+

Ô ma Sœur chérie ! vous me demandez de vous donner un souvenir de ma retraite[1], retraite qui peut-être sera la dernière[2]... Puisque notre Mère[3] le permet, c'est une joie pour moi de venir m'entretenir avec vous, qui êtes deux fois ma Sœur, avec vous qui m'avez prêté votre voix, promettant en mon nom que je ne voulais servir que Jésus, alors qu'il ne m'était pas possible de parler... Chère petite Marraine, c'est l'enfant que vous avez offerte au Seigneur qui vous parle ce soir, c'est elle qui vous aime comme une enfant sait aimer sa Mère... Au Ciel seulement vous connaîtrez toute la reconnaissance qui déborde de mon cœur... Ô ma Sœur chérie ! vous voudriez entendre les secrets que Jésus confie à votre petite fille, ces secrets Il vous les confie je le sais, car c'est vous qui m'avez appris à recueillir les enseignements Divins, cependant je vais essayer de balbutier quelques mots, bien que je sente qu'il est impossible à la parole humaine de redire des choses que le cœur humain peut à peine pressentir...

Ne croyez pas que je nage dans les consolations, oh non ! ma consolation c'est de n'en pas avoir sur la terre. Sans se montrer, sans faire entendre sa voix Jésus m'instruit dans le secret, ce n'est pas par le moyen des livres, car je ne comprends pas ce que je lis, mais parfois une parole comme celle-ci que j'ai tirée à la fin de l'oraison (après être restée dans le silence et la sécheresse) vient me consoler: « Voici le maître que je te donne, il t'apprendra tout ce que tu dois faire. Je veux te faire lire dans le livre de vie, où est contenue la science d'Amour[4]. » La science d'Amour, oh oui ! cette parole résonne doucement à l'oreille de mon âme, je ne désire que cette science-là, pour elle, ayant donné toutes mes richesses, j'estime comme l'épouse des sacrés cantiques n'avoir rien donné... Je comprends si bien qu'il n'y a que l'amour qui puisse nous rendre agréables au bon Dieu que cet amour est le seul bien que j'ambitionne. Jésus se plaît à me montrer l'unique chemin qui conduit à cette fournaise Divine, ce chemin c'est l'*abandon* du petit enfant qui s'endort sans crainte dans les bras de son Père... « Si quelqu'un est *tout petit* qu'il vienne à moi » a dit l'Esprit Saint par la bouche de Salomon et ce même Esprit d'Amour a dit encore que « La miséricorde est accordée aux petits ». En son nom, le prophète Isaïe nous révèle qu'au dernier jour « Le Seigneur conduira son troupeau dans les pâturages, qu'il rassemblera les *petits agneaux* et les pressera sur son sein », et comme si toutes ces promesses ne suffisaient pas, le même prophète dont le regard inspiré plongeait déjà dans les profondeurs éternelles s'écrie au nom du Seigneur « Comme une mère caresse son enfant, ainsi je vous consolerai, je vous porterai sur mon sein et je vous caresserai sur mes genoux. » Ô Marraine chérie ! après un pareil langage, il n'y a plus qu'à se taire, à pleurer de reconnaissance [1 v°] et d'amour... Ah ! si toutes les âmes faibles et imparfaites sentaient ce que sent la plus petite de toutes les âmes, l'âme de votre petite Thérèse, pas une seule ne désespérerait d'arriver au sommet de la montagne de l'amour, puisque Jésus ne demande pas de grandes actions, mais seulement l'abandon et la reconnaissance, puisqu'il a dit dans le Ps. XLIX « Je n'ai nul besoin des boucs de vos troupeaux, parce que toutes les bêtes des forêts m'appartiennent et les milliers d'animaux qui paissent sur les collines, je connais tous les oiseaux des montagnes… Si j'avais faim, ce n'est pas à vous que je le dirais : car la terre et tout ce qu'elle contient est à moi. Est-ce que je dois manger la chair des taureaux et boire le sang des boucs ?…

« *Immolez à Dieu* des *sacrifices* de *louanges* et *d'actions de grâces.* » Voilà donc tout ce que Jésus réclame de nous, il n'a point besoin de nos œuvres, mais seulement de notre amour, car ce même Dieu qui déclare n'avoir point besoin de nous dire s'il a faim, n'a pas craint de *mendier* un peu d'eau à la Samaritaine. Il avait soif… Mais en disant « donne-moi à boire » c'était *l'amour* de sa pauvre créature que le Créateur de l'univers réclamait. Il avait soif d'amour… Ah ! je le sens plus que jamais Jésus est *altéré*, il ne rencontre que des ingrats et des indifférents parmi les disciples du monde et parmi ses *disciples à lui*, il trouve, hélas ! peu de cœurs qui se livrent à lui sans réserve, qui comprennent toute la tendresse de son Amour infini.

Sœur chérie, que nous sommes heureuses de comprendre les intimes secrets de notre Époux, ah ! si vous vouliez écrire tout ce que vous en connaissez, nous aurions de belles pages à lire mais je le sais, vous aimez mieux garder au fond de votre cœur « Les secrets du Roi », à moi vous dites « Qu'il est honorable de publier les œuvres du Très-Haut ». Je trouve que vous avez raison de garder le silence et ce n'est uniquement qu'afin de vous faire plaisir que j'écris ces lignes, car je sens mon impuissance à redire avec des paroles terrestres les secrets du Ciel et puis, après avoir tracé des pages et des pages, je trouverais n'avoir pas encore commencé… Il y a tant d'horizons divers tant de nuances variées à l'infini, que la palette du Peintre Céleste pourra seule, après la nuit de cette vie, me fournir les couleurs capables de peindre les merveilles qu'il découvre à l'œil de mon âme.

Ma Sr Chérie, vous m'avez demandé de vous écrire mon rêve et « ma petite doctrine » comme vous l'appelez… Je l'ai fait dans les pages suivantes mais si mal qu'il me semble impossible que vous compreniez. Peut-être allez-vous trouver mes expressions exagérées… Ah ! pardonnez-moi, cela doit tenir à mon style peu agréable, je vous assure qu'il n'est aucune exagération dans ma *petite âme*, que tout y est calme et reposé…

(En écrivant, c'est à Jésus que je parle, cela m'est plus facile pour exprimer mes pensées… Ce qui, hélas ! n'empêche pas qu'elles soient bien mal exprimées !)

[2 r°] J.M.J.T. 8 Septembre 1896[5].

(À ma chère Sœur Marie du Sacré Cœur.)

Ô Jésus, mon Bien-Aimé ! qui pourra dire avec quelle tendresse, quelle douceur vous conduisez ma *petite âme* ? comment il vous plaît de faire luire le rayon de votre grâce au milieu même du plus sombre orage ?... Jésus, l'orage grondait bien fort dans mon âme depuis la belle fête de votre triomphe, la radieuse fête de Pâques, lorsqu'un samedi du mois de mai[6], pensant aux songes mystérieux qui sont parfois accordés à certaines âmes, je me disais que ce devait être une bien douce consolation, cependant je ne la demandais pas. Le soir, considérant les nuages qui couvraient son ciel, ma *petite âme* se disait encore que les beaux rêves n'étaient pas pour elle, et sous l'orage elle s'endormit... Le lendemain était le 10 mai, le deuxième *Dimanche* du mois de Marie, peut-être l'anniversaire du jour où la Sainte Vierge daigna *sourire* à sa petite fleur[7]...

Aux premières lueurs de l'aurore, je me trouvai (en rêve) dans une sorte de galerie, il y avait plusieurs autres personnes, mais éloignées, Notre Mère seule était auprès de moi, tout à coup sans avoir vu comment elles étaient entrées, j'aperçus trois carmélites revêtues de leurs manteaux et grands voiles, il me sembla qu'elles venaient pour notre Mère, mais ce que je compris clairement, c'est qu'elles venaient du Ciel. Au fond de mon cœur, je m'écriai : Ah ! que je serais heureuse de voir le visage d'une de ces carmélites. Alors comme si ma prière avait été entendue par elle, la plus grande des saintes s'avança vers moi ; aussitôt je tombai à genoux. Oh ! bonheur la Carmélite leva son voile ou plutôt le souleva et m'en couvrit… sans aucune hésitation je reconnus la vénérable Mère Anne de Jésus[8], la fondatrice du Carmel en France. Son visage était beau, d'une beauté immatérielle, aucun rayon ne s'en échappait et cependant malgré le voile qui nous enveloppait toutes les deux, je voyais ce céleste visage éclairé d'une lumière ineffablement douce, lumière qu'il ne recevait pas mais qu'il produisait de lui-même…

Je ne saurais redire l'allégresse de mon âme, ces choses se sentent et ne peuvent s'exprimer… Plusieurs mois se sont écoulés depuis ce doux rêve, cependant le souvenir qu'il laisse en mon âme n'a rien perdu de sa fraîcheur, de ses charmes Célestes… Je vois encore le regard et le sourire *pleins* d'*amour* de la V^ble^ Mère. Je crois sentir encore les caresses dont elle me combla.

… Me voyant si tendrement aimée, j'osai prononcer ces paroles : « Ô ma Mère ! je vous en supplie, dites-moi si le bon Dieu me laissera longtemps sur la terre ?… Viendra-t-Il bientôt me chercher ?… » Souriant avec tendresse, la Sainte murmura : « Oui bientôt, bientôt… Je vous le promets. » – « Ma Mère, ajoutai-je, dites-moi encore si le bon Dieu ne me demande pas quelque chose [2 v°] de plus que mes pauvres petites actions et mes désirs. Est-Il content de moi ? » La figure de la Sainte prit une expression *incomparablement plus tendre* que la première fois qu'elle me parla. Son regard et ses caresses étaient la plus douce des réponses. Cependant elle me dit : « Le bon Dieu ne demande rien autre chose de vous, Il est content, très content !... » Après m'avoir encore caressée avec plus d'amour que ne l'a jamais fait pour son enfant la plus tendre des mères, je la vis s'éloigner... Mon cœur était dans la joie, mais je me souvins de mes sœurs, et je voulus demander quelques grâces pour elles, hélas... je m'éveillai !...

Ô Jésus ! l'orage alors ne grondait pas, le ciel était calme et serein... je *croyais*, je *sentais* qu'il y a un Ciel et que ce Ciel est peuplé d'âmes qui me chérissent, qui me regardent comme leur enfant... Cette impression reste dans mon cœur, d'autant mieux que la V[ble] Mère Anne de Jésus m'avait été jusqu'alors *absolument indifférente*, je ne l'avais jamais invoquée et sa pensée ne me venait à l'esprit qu'en entendant parler d'elle, ce qui était rare. Aussi lorsque j'ai compris à quel point *elle m'aimait*, combien je lui étais peu *indifférente*, mon cœur s'est fondu d'amour et de reconnaissance, non seulement pour la Sainte qui m'avait visitée, mais encore pour tous les Bienheureux habitants du Ciel...

Ô mon Bien-Aimé ! cette grâce n'était que le prélude de grâces plus grandes dont tu voulais me combler, laisse-moi, mon unique Amour, te les rappeler aujourd'hui... aujourd'hui, le sixième anniversaire de *notre union*... Ah ! pardonne-moi Jésus, si je déraisonne en voulant redire mes désirs, mes espérances qui touchent à l'infini, pardonne-moi et guéris mon âme en lui donnant ce qu'elle espère !!!...

Être ton *épouse*, ô Jésus, être *carmélite*, être par mon union avec toi, la *mère* des âmes, devrait me suffire... il n'en est pas ainsi... Sans doute, ces trois privilèges sont bien ma vocation, Carmélite, Épouse et Mère, cependant je sens en moi d'autres vocations, je me sens la vocation de Guerrier, de Prêtre, d'Apôtre, de Docteur, de Martyr, enfin, je sens le besoin, le désir d'accomplir pour toi Jésus, toutes les œuvres les plus héroïques… Je sens en mon âme le courage d'un Croisé, d'un Zouave Pontifical, je voudrais mourir sur un champ de bataille pour la défense de l'Église…

Je sens en moi la vocation de *Prêtre*, avec quel amour, ô Jésus, je te porterais dans mes mains lorsque, à ma voix, tu descendrais du Ciel… Avec quel amour je te donnerais aux âmes !… Mais hélas ! tout en désirant d'être Prêtre, j'admire et j'envie l'humilité de St François d'Assise et je me sens la vocation de l'imiter en refusant la sublime dignité du Sacerdoce.

Ô Jésus ! mon amour, ma vie… comment allier ces contrastes ? [3 r°] Comment réaliser les désirs de ma pauvre *petite âme* ?…

Ah ! malgré ma petitesse, je voudrais éclairer les âmes comme les Prophètes, les Docteurs, j'ai la vocation d'être Apôtre… je voudrais parcourir la terre, prêcher ton nom et planter sur le sol infidèle ta Croix glorieuse, mais, ô mon *Bien-Aimé*, une seule mission ne me suffirait pas, je voudrais en même temps annoncer l'Évangile dans les cinq parties du monde et jusque dans les îles les plus reculées… Je voudrais être missionnaire non seulement pendant quelques années, mais je voudrais l'avoir été depuis la création du monde et l'être jusqu'à la consommation des siècles… Mais je voudrais par-dessus tout, ô mon Bien-Aimé Sauveur, je voudrais verser mon sang pour toi jusqu'à la dernière goutte…

Le Martyre, voilà le rêve de ma jeunesse, ce rêve il a grandi avec moi sous les cloîtres du Carmel… Mais là encore je sens que mon rêve est une folie, car je ne saurais me borner à désirer *un* genre de martyre… Pour me satisfaire il me les faudrait *tous*… Comme toi mon Époux Adoré, je voudrais être flagellée et crucifiée…

Je voudrais mourir dépouillée comme St Barthélemy… Comme St Jean, je voudrais être plongée dans l'huile bouillante, je voudrais subir tous les supplices infligés aux martyrs… Avec S[e] Agnès et S[e] Cécile je voudrais présenter mon cou au glaive et comme Jeanne d'Arc ma sœur chérie, je voudrais sur le bûcher murmurer ton nom, ô Jésus… En songeant aux tourments qui seront le partage des chrétiens au temps de l'Antéchrist, je sens mon cœur tressaillir et je voudrais que ces tourments me soient réservés[9]… Jésus, Jésus, si je voulais écrire tous mes désirs, il me faudrait emprunter *ton livre de vie*, là sont rapportées les actions de tous les Saints et ces actions, je voudrais les avoir accomplies pour toi…

Ô mon Jésus ! à toutes mes folies que vas-tu répondre ?… Y a-t-il une âme plus *petite*, plus impuissante que la mienne !… Cependant à cause même de ma faiblesse, tu t'es plu, Seigneur, à combler mes *petits désirs enfantins*, et tu veux aujourd'hui, combler d'autres *désirs* plus *grands* que l'univers…

À l'oraison mes désirs me faisant souffrir un véritable martyre j'ouvris les épîtres de St Paul afin de chercher quelque réponse. Les chap. XII et XIII de la première épître aux Corinthiens me tombèrent sous les yeux… J'y lus, dans le premier, que *tous* ne peuvent être apôtres, prophètes, docteurs, etc., que l'Église est composée de différents membres et que l'œil ne saurait être en *même temps* la main.

… La réponse était claire mais ne comblait pas mes désirs, elle ne me donnait pas la paix… Comme Madeleine se baissant toujours auprès du tombeau vide finit par trouver [3 v°] ce qu'elle cherchait, ainsi, m'abaissant jusque dans les profondeurs de mon néant je m'élevai si haut que je pus atteindre mon but[10]… Sans me décourager je continuai ma lecture et cette phrase me soulagea: « Recherchez avec ardeur les *dons* les *plus parfaits*, mais je vais encore vous montrer une voie plus excellente. » Et l'Apôtre explique comment tous les *dons* les plus *parfaits* ne sont rien sans l'Amour… Que la Charité est la *voie excellente* qui conduit sûrement à Dieu. Enfin j'avais trouvé le repos… Considérant le corps mystique de l'Église, je ne m'étais reconnue dans aucun des membres décrits par St Paul, ou plutôt je voulais me reconnaître en *tous*… La Charité me donna la clef de ma *vocation*. Je compris que si l'Église avait un corps, composé de différents membres, le plus nécessaire, le plus noble de tous ne lui manquait pas, je compris que l'Église avait un Cœur, et que ce Cœur était brûlant d'Amour. Je compris que l'Amour seul faisait agir les membres de l'Église, que si l'Amour venait à s'éteindre, les Apôtres n'annonceraient plus l'Évangile, les Martyrs refuseraient de verser leur sang… Je compris que l'*Amour* renfermait toutes les Vocations, que l'Amour était tout, qu'il embrassait tous les temps et tous les lieux… en un mot qu'il est Éternel !…

Alors dans l'excès de ma joie délirante je me suis écriée : Ô Jésus mon Amour… ma vocation enfin je l'ai trouvée, ma vocation, c'est l'Amour !…

Oui j'ai trouvé ma place, dans l'Église et cette place, ô mon Dieu, c'est vous qui me l'avez donnée… dans le Cœur de l'Église, ma Mère, je serai l'Amour… ainsi je serai tout… ainsi mon rêve sera réalisé !!!…

Pourquoi parler d'une joie délirante, non cette expression n'est pas juste, c'est plutôt la paix calme et sereine du navigateur apercevant le phare qui doit le conduire au port… Ô Phare lumineux de l'amour, je sais comment arriver jusqu'à toi, j'ai trouvé le secret de m'approprier ta flamme.

Je ne suis qu'une enfant, impuissante et faible, cependant c'est ma faiblesse même qui me donne l'audace de m'offrir en Victime à ton Amour, ô Jésus ! Autrefois les hosties pures et sans taches étaient seules agréées par le Dieu Fort et Puissant. Pour satisfaire la *Justice* Divine il fallait des victimes parfaites, mais à la loi de crainte a succédé la loi d'Amour, et l'Amour m'a choisie pour holocauste, moi, faible et imparfaite créature... Ce choix n'est-il pas digne de l'Amour ?... Oui, pour que l'Amour soit pleinement satisfait, il faut qu'Il s'abaisse, qu'il s'abaisse jusqu'au néant et qu'il transforme en *feu* ce néant...

[4 r°] Ô Jésus, je le sais, l'amour ne se paie que par l'amour[11], aussi j'ai cherché, j'ai trouvé le moyen de soulager mon cœur en te rendant Amour pour Amour. – « Employez les richesses qui rendent injustes à vous faire des amis qui vous reçoivent dans les tabernacles éternels. » Voilà, Seigneur, le conseil que tu donnes à tes disciples après leur avoir dit que « Les enfants de ténèbres sont plus habiles dans leurs affaires que les enfants de lumière. » Enfant de lumière, j'ai compris que mes *désirs* d'*être tout*, d'embrasser toutes les vocations, étaient des richesses qui pourraient bien me rendre injuste, alors je m'en suis servie à me faire des amis... Me souvenant de la prière d'Élisée à son Père Élie lorsqu'il osa lui demander *son double esprit*, je me suis présentée devant les Anges et les Saints, et je leur ai dit : « Je suis la plus petite des créatures, je connais ma misère et ma faiblesse, mais je sais aussi combien les cœurs nobles et généreux aiment à faire du bien, je vous supplie donc, ô Bienheureux habitants du Ciel, je vous supplie de *m'adopter pour enfant*, à *vous seuls* sera *la gloire* que vous me ferez acquérir mais daignez exaucer ma prière, elle est téméraire, je le sais, cependant j'ose vous demander de m'obtenir : *votre double Amour.* »

Jésus, je ne puis approfondir ma demande, je craindrais de me trouver accablée sous le poids de mes désirs audacieux… Mon excuse, c'est que je suis *une enfant*, les enfants ne réfléchissent pas à la portée de leurs paroles, cependant leurs parents lorsqu'ils sont placés sur le trône, qu'ils possèdent d'immenses trésors, n'hésitent pas à contenter les désirs des *petits êtres* qu'ils chérissent autant qu'eux-mêmes ; pour leur faire plaisir, ils font des folies, ils vont jusqu'à la *faiblesse*… Eh bien ! moi je suis l'ENFANT de l'*Église*, et l'Église est Reine puisqu'elle est ton Épouse, ô Divin Roi des Rois… Ce ne sont pas les richesses et la Gloire, (même la Gloire du Ciel) que réclame le cœur du petit enfant… La gloire, il comprend qu'elle appartient de droit à ses Frères, les Anges et les Saints… Sa gloire à lui sera le reflet de celle qui jaillira du front de sa Mère. Ce qu'il demande c'est l'Amour… Il ne sait plus qu'une chose, t'aimer, ô Jésus… Les œuvres éclatantes lui sont interdites, il ne peut prêcher l'Évangile, verser son sang… mais qu'importe, ses frères travaillent à sa place, et lui, *petit enfant*, il se tient tout près du *trône* du Roi et de la Reine, il aime pour ses frères qui combattent… Mais comment témoignera-t-il son Amour, puisque l'Amour se prouve par les œuvres ? Eh bien, le petit enfant *jettera* des *fleurs*, il embaumera de ses *parfums* le trône royal, il chantera de sa voix argentine le cantique de l'Amour…

Oui mon Bien-Aimé, voilà comment se consumera ma vie… Je n'ai d'autre moyen de te prouver mon amour, que de jeter des fleurs, c'est-à-dire de ne laisser échapper aucun petit sacrifice, aucun regard, [4 v°] aucune parole, de profiter de toutes les plus petites choses et de les faire par amour… Je veux souffrir par amour et même jouir par amour, ainsi je jetterai des fleurs devant ton trône, je n'en rencontrerai pas une sans *l'effeuiller* pour toi… puis en jetant mes fleurs je chanterai, (pourrait-on pleurer en faisant une aussi joyeuse action ?) je chanterai, même lorsqu'il me faudra cueillir mes fleurs au milieu des épines et mon chant sera d'autant plus mélodieux que les épines seront longues et piquantes.

Jésus, à quoi te serviront mes fleurs et mes chants ?… Ah ! je le sais bien, cette pluie embaumée, ces pétales fragiles et sans aucune valeur, ces chants d'amour du plus petit des cœurs te charmeront, oui, ces riens te feront plaisir, ils feront sourire l'Église Triomphante, elle recueillera mes fleurs effeuillées *par amour* et les faisant passer par tes Divines Mains, ô Jésus, cette Église du Ciel, voulant *jouer* avec son petit enfant, jettera, elle aussi, *ces fleurs* ayant acquis par ton attouchement divin une valeur infinie, elle les jettera sur l'Église souffrante afin d'en éteindre les flammes, elle les jettera sur l'Église combattante afin de lui faire remporter la victoire !…

Ô mon Jésus ! je t'aime, j'aime l'Église ma Mère, je me souviens que : « Le plus petit mouvement de *pur amour* lui est plus utile que toutes les autres œuvres réunies ensemble[12] » mais le *pur amour* est-il bien dans mon cœur ?… Mes immenses désirs ne sont-ils pas un rêve, une folie ?… Ah ! s'il en est ainsi, Jésus, éclaire-moi, tu le sais, je cherche la vérité… si mes désirs sont téméraires, fais-les disparaître car ces désirs sont pour moi le plus grand des martyres… Cependant, je le sens, ô Jésus, après avoir aspiré vers les régions les plus élevées de l'Amour, s'il me faut ne pas les atteindre un jour, j'aurai goûté plus de *douceur dans mon martyre, dans ma folie*, que je n'en goûterai au sein des *joies de la patrie*, à moins que par un miracle tu ne m'enlèves le souvenir de mes espérances terrestres. Alors laisse[-moi] jouir pendant mon exil des délices de l'amour. Laisse-moi savourer les douces amertumes de mon martyre…

Jésus, Jésus, s'il est si délicieux le *désir* de *t'Aimer*, qu'est-ce donc de posséder, de jouir de l'Amour ?…

Comment une âme aussi imparfaite que la mienne peut-elle aspirer à posséder la plénitude de l'Amour ?… Ô Jésus ! mon *premier, mon seul Ami*, toi que j'*aime* UNIQUEMENT, dis-moi quel est ce mystère ? Pourquoi ne réserves-tu pas ces immenses aspirations aux grandes âmes, aux Aigles qui planent dans les hauteurs ?… Moi je me considère comme un faible petit oiseau couvert seulement d'un léger duvet, je ne suis pas un aigle, j'en ai simplement *les yeux* et le *cœur* car malgré ma petitesse extrême j'ose fixer le Soleil Divin, le Soleil de l'Amour et mon cœur sent en lui toutes [5 r°] les aspirations de l'Aigle… Le petit oiseau voudrait *voler* vers ce brillant Soleil qui charme ses yeux, il voudrait imiter les Aigles ses frères qu'il voit s'élever jusqu'au foyer Divin de la Trinité Sainte… hélas ! tout ce qu'il peut faire, c'est de *soulever* ses *petites* ailes, mais s'envoler, cela n'est pas en son *petit* pouvoir ! que va-t-il devenir ? mourir de chagrin se voyant aussi impuissant ?… Oh non ! le petit oiseau ne va pas même s'affliger. Avec un audacieux abandon, il veut rester à fixer son Divin Soleil ; rien ne saurait l'effrayer, ni le vent ni la pluie et si de sombres nuages viennent à cacher l'Astre d'Amour, le petit oiseau ne change pas de place, il sait que par-delà les nuages son Soleil brille toujours, que son éclat ne saurait s'éclipser un seul instant. Parfois il est vrai, le cœur du petit oiseau se trouve assailli par la tempête, il lui semble ne pas croire qu'il existe autre chose que les nuages qui l'enveloppent ; c'est alors le moment de la *joie parfaite* pour le *pauvre petit être* faible. Quel bonheur pour lui de *rester* là quand même, de fixer l'invisible lumière qui se dérobe à sa foi !!!... Jésus, jusqu'à présent, je comprends ton amour pour le petit oiseau, puisqu'il ne s'éloigne pas de toi... mais je le sais et tu le sais aussi, souvent, l'imparfaite petite créature tout en restant à sa place (c'est-à-dire sous les rayons du Soleil), se laisse un peu distraire de son unique occupation, elle prend une petite graine à droite et à gauche, court après un petit ver... puis rencontrant une petite flaque d'eau elle *mouille* ses plumes à peine formées, elle voit une fleur qui lui plaît, alors son petit esprit s'occupe de cette fleur... enfin ne pouvant planer comme les aigles, le pauvre petit oiseau s'occupe encore des bagatelles de la terre. Cependant après tous ses méfaits, au lieu d'aller se cacher dans un coin pour pleurer sa misère et mourir de repentir, le petit oiseau se tourne vers son Bien Aimé Soleil, il présente à ses rayons bienfaisants ses petites ailes *mouillées*, il gémit comme l'hirondelle et dans son doux chant il confie, il raconte en détail ses infidélités, pensant dans son téméraire abandon acquérir ainsi plus d'empire, attirer plus pleinement l'amour de Celui qui n'est pas venu appeler les justes mais les pécheurs... Si l'Astre Adoré demeure sourd aux gazouillements plaintifs de sa petite créature, s'il reste *voilé*... eh bien ! la petite créature reste *mouillée*, elle accepte d'être transie de froid et se réjouit encore de cette souffrance qu'elle a cependant méritée... Ô Jésus ! que ton *petit oiseau* est heureux d'être *faible* et *petit*, que deviendrait-il s'il était grand ?... Jamais il n'aurait l'audace de paraître en ta présence, de *sommeiller* devant toi... oui, c'est là encore une faiblesse du petit oiseau lorsqu'il veut fixer le Divin Soleil et que les nuages l'empêchent de voir un seul rayon, malgré lui ses petits yeux se ferment, sa petite tête se cache sous la petite aile et le pauvre petit être s'endort, croyant toujours fixer son Astre Chéri. À son réveil, il ne se désole pas, son petit cœur reste en paix, il recommence son office d'*amour*, il invoque les Anges et les Saints qui s'élèvent comme des Aigles vers le Foyer dévorant, objet de son envie [5 v°] et les Aigles prenant en pitié leur petit frère, le protègent, le défendent et mettent en fuite les vautours qui voudraient le dévorer. Les vautours, images des démons, le petit oiseau ne les craint pas, il n'est point destiné à devenir leur *proie*, mais celle de l'*Aigle* qu'il contemple au centre du Soleil d'Amour. Ô Verbe Divin, c'est toi l'Aigle adoré que j'aime et qui m'*attire*, c'est toi qui t'élançant vers la terre d'exil as voulu souffrir et mourir afin d'*attirer* les âmes jusqu'au sein de l'Éternel Foyer de la Trinité Bienheureuse, c'est toi qui remontant vers l'inaccessible Lumière qui sera désormais ton séjour c'est toi qui restes encore dans la vallée des larmes, caché sous l'apparence d'une blanche hostie… Aigle Éternel, tu veux me nourrir de ta divine substance, moi, pauvre petit être, qui rentrerais dans le néant si ton divin regard ne me donnait la vie à chaque instant… Ô Jésus ! laisse-moi dans l'excès de ma reconnaissance, laisse-moi te dire que ton amour va jusqu'à la folie… Comment veux-tu devant cette Folie, que mon cœur ne s'élance pas vers toi ? Comment ma confiance aurait-elle des bornes… Ah ! pour toi, je le sais, les Saints ont fait aussi des *folies*, ils ont fait de grandes choses puisqu'ils étaient des *aigles*…

Jésus, je suis trop petite pour faire de grandes choses… et ma *folie* à moi, c'est d'espérer que ton Amour m'accepte comme victime… Ma *folie* consiste à supplier les Aigles mes frères de m'obtenir la faveur de voler vers le Soleil de l'Amour avec les propres ailes de l'Aigle Divin…

Aussi longtemps que tu le voudras, ô mon Bien-Aimé, ton petit oiseau restera sans forces et sans ailes, toujours il demeurera les yeux fixés sur toi, il veut être *fasciné* par ton regard divin, il veut devenir la *proie* de ton Amour… Un jour, j'en ai l'espoir, Aigle Adoré, tu viendras chercher ton petit oiseau, et remontant avec lui au Foyer de l'Amour, tu le plongeras pour l'éternité dans le brûlant Abîme de Cet Amour auquel il s'est offert en victime...

....

Ô Jésus ! que ne puis-je dire à toutes les *petites âmes* combien ta condescendance est ineffable… je sens que si par impossible tu trouvais une âme plus faible, plus petite que la mienne, tu te plairais à la combler de faveurs plus grandes encore, si elle s'abandonnait avec une entière confiance à ta miséricorde infinie. Mais pourquoi désirer communiquer tes secrets d'amour, ô Jésus, n'est-ce pas toi seul qui me les as enseignés et ne peux-tu pas les révéler à d'autres ?… Oui je le sais, et je te conjure de le faire, je te supplie d'abaisser ton regard divin sur un grand nombre de *petites âmes*… Je te supplie de choisir une légion de *petites* victimes dignes de ton AMOUR !…

La *toute petite* Sr Thérèse de l'Enfant Jésus
de la Ste Face rel. carm. ind[13].

MANUSCRIT ADRESSÉ
À MÈRE MARIE DE GONZAGUE

Manuscrit « C »

Chapitre X

L'ÉPREUVE DE LA FOI
(1896-1897)

Thérèse et sa prieure

L'ascenseur divin

Première hémoptysie

La table des pécheurs

L'appel des missions

Ce qu'est la charité

[1 r°] J.M.J.T.

Ma Mère bien-aimée[1], vous m'avez témoigné le désir que j'achève avec vous de Chanter les Miséricordes du Seigneur. Ce doux chant je l'avais commencé avec votre fille chérie, Agnès de Jésus, qui fut la mère chargée par le bon Dieu de me guider aux jours de mon enfance ; c'était donc avec elle que je devais chanter les grâces accordées à la petite fleur de la Ste Vierge, lorsqu'elle était au printemps de sa vie, mais c'est avec vous que je dois chanter le bonheur de cette petite fleurette maintenant que les timides rayons de l'aurore ont fait place aux brûlantes ardeurs du midi. Oui c'est avec vous, Mère bien-aimée, c'est pour répondre à votre désir[2] que je vais essayer de redire les sentiments de mon âme, ma reconnaissance envers le bon Dieu, envers vous qui me le représentez visiblement, n'est-ce pas entre vos mains maternelles que je me suis livrée entièrement à Lui ? Ô ma Mère, vous souvient-il de ce jour[3] ?… Oui je sens que votre cœur ne saurait l'oublier… Pour moi je dois attendre le beau Ciel, ne trouvant pas ici-bas de paroles capables de traduire ce qui se passa dans mon cœur en ce jour béni.

Mère bien-aimée, il est un autre jour où mon âme s'attacha plus encore à la vôtre si c'est chose possible, ce fut celui où Jésus vous imposa de nouveau le fardeau de la supériorité. En ce jour, ma Mère chérie, vous avez semé dans les larmes mais au Ciel, vous serez remplie de joie [1 v°] en vous voyant chargée de gerbes précieuses. Ô ma Mère, pardonnez ma simplicité enfantine, je sens que vous me permettez de vous parler sans rechercher ce qu'il est permis à une jeune religieuse de dire à sa Prieure. Peut-être ne me tiendrai-je pas toujours dans les bornes prescrites aux inférieurs, mais ma Mère, j'ose le dire, c'est votre faute, j'agis avec vous comme une enfant parce que vous n'agissez pas avec moi en Prieure mais en Mère...

Ah ! je le sens bien, Mère chérie, c'est le bon Dieu qui me parle toujours par vous. Bien des sœurs pensent que vous m'avez gâtée, que depuis mon entrée dans l'arche sainte, je n'ai reçu de vous que des caresses et des compliments, cependant il n'en est pas ainsi, vous verrez, ma Mère, dans le cahier contenant mes souvenirs d'enfance, ce que je pense de l'éducation *forte* et maternelle que j'ai reçue de vous. Du plus profond de mon cœur je vous remercie de ne m'avoir pas ménagée. Jésus savait bien qu'il fallait à sa petite fleur l'eau vivifiante de l'humiliation, elle était trop faible pour prendre racine sans ce secours, et c'est par vous, ma Mère, que ce bienfait lui fut dispensé.

Depuis un an et demi Jésus a voulu changer la manière de faire pousser sa petite fleur, il la trouvait sans doute assez *arrosée*, car maintenant c'est le *soleil* qui la fait grandir, Jésus ne veut plus pour elle que son sourire qu'Il lui donne encore par vous ma Mère bien-aimée. Ce doux soleil loin de flétrir la petite fleur la [2 r°] fait pousser merveilleusement, au fond de son calice elle conserve les précieuses gouttes de rosée qu'elle a reçues et ces gouttes lui rappellent toujours qu'elle est petite et faible... Toutes les créatures peuvent se pencher vers elle, l'admirer, l'accabler de leurs louanges, je ne sais pourquoi mais cela ne saurait ajouter une seule goutte de fausse joie à la véritable joie qu'elle savoure en son cœur, se voyant ce qu'elle est aux yeux du bon Dieu : un pauvre petit néant, rien de plus… Je dis ne pas comprendre pourquoi, mais n'est-ce pas parce qu'elle a été préservée de l'eau des louanges tout le temps que son petit calice n'était pas assez rempli de la rosée de l'humiliation? Maintenant il n'y a plus de danger, au contraire, la petite fleur trouve si délicieuse la rosée dont elle est remplie qu'elle se garderait bien de l'échanger pour l'eau si fade des compliments.

Je ne veux pas parler, ma Mère chérie, de l'amour et de la confiance que vous me témoignez, ne croyez pas que le cœur de votre enfant y soit insensible, seulement je sens bien que je n'ai rien à craindre maintenant, au contraire je puis en jouir, rapportant au bon Dieu ce qu'Il a bien voulu mettre de bon en moi. S'il lui plaît de me faire paraître meilleure que je [ne] suis, cela ne me regarde pas, Il est libre d'agir comme Il veut… Ô ma Mère, que les voies par lesquelles le Seigneur conduit les âmes sont différentes ! Dans la vie des Saints, nous voyons qu'il s'en trouve beaucoup qui n'ont rien voulu laisser d'eux [2 v°] après leur mort, pas le moindre souvenir, le moindre écrit, il en est d'autres au contraire, comme notre Mère Ste Thérèse, qui ont enrichi l'Église de leurs sublimes révélations ne craignant pas de révéler les secrets du Roi, afin qu'Il soit plus connu, plus aimé des âmes. Lequel de ces deux genres de saints plaisent le mieux au bon Dieu ? Il me semble, ma Mère, qu'ils lui sont également agréables, puisque tous ont suivi le mouvement de l'Esprit Saint et que le Seigneur a dit: Dites au Juste que *Tout* est bien. Oui tout est bien, lorsqu'on ne recherche que la volonté de Jésus, c'est pour cela que moi pauvre petite fleur j'obéis à Jésus en essayant de faire plaisir à ma Mère bien-aimée.

Vous le savez, ma Mère, j'ai toujours désiré d'être une sainte, mais hélas ! j'ai toujours constaté, lorsque je me suis comparée aux saints qu'il y a entre eux et moi la même différence qui existe entre une montagne dont le sommet se perd dans les cieux et le grain de sable obscur foulé sous les pieds des passants ; au lieu de me décourager, je me suis dit : le bon Dieu ne saurait inspirer des désirs irréalisables, je puis donc malgré ma petitesse aspirer à la sainteté ; me grandir, c'est impossible, je dois me supporter telle que je suis avec toutes mes imperfections, mais je veux chercher le moyen d'aller au Ciel par une petite voie bien droite, bien courte, une petite voie toute nouvelle. Nous sommes dans un siècle d'inventions, maintenant ce n'est plus la peine de gravir les marches d'un [3 r°] escalier, chez les riches un ascenseur le remplace avantageusement. Moi je voudrais aussi trouver un ascenseur pour m'élever jusqu'à Jésus, car je suis trop petite pour monter le rude escalier de la perfection. Alors j'ai recherché dans les livres saints l'indication de l'ascenseur objet de mon désir et j'ai lu ces mots sortis de la bouche de La Sagesse Éternelle : Si quelqu'un est *tout petit*, qu'il vienne à moi. Alors je suis venue devinant que j'avais trouvé ce que je cherchais et voulant savoir, ô mon Dieu ! ce que vous feriez au tout petit qui répondrait à votre appel j'ai continué mes recherches et voici ce que j'ai trouvé : – Comme une mère caresse son enfant, ainsi je vous consolerai, je vous porterai sur mon sein et je vous balancerai sur mes genoux ! Ah ! jamais paroles plus tendres, plus mélodieuses, ne sont venues réjouir mon âme, l'ascenseur qui doit m'élever jusqu'au Ciel, ce sont vos bras, ô Jésus ! Pour cela je n'ai pas besoin de grandir, au contraire il faut que je reste petite, que je le devienne de plus en plus. Ô mon Dieu, vous avez dépassé mon attente et moi je veux chanter vos miséricordes. « Vous m'avez instruite dès ma jeunesse et jusqu'à présent j'ai annoncé vos merveilles, je continuerai de les publier dans l'âge le plus avancé. Ps. LXX. » Quel sera-t-il pour moi cet âge avancé ? Il me semble que ce pourrait être maintenant, car 2000 ans ne sont pas plus aux yeux du Seigneur que 20 ans… qu'un seul jour… Ah ! ne croyez pas, Mère bien-aimée, que votre enfant désire vous quitter… ne croyez pas qu'elle estime comme une [3 v°] plus grande grâce de mourir à l'aurore plutôt qu'au déclin du jour. Ce qu'elle estime, ce qu'elle désire uniquement, c'est de *faire plaisir* à Jésus… Maintenant qu'Il semble s'approcher d'elle pour l'attirer au séjour de sa gloire, votre enfant se réjouit. Depuis longtemps elle a compris que le bon Dieu n'a besoin de personne (encore moins d'elle que des autres) pour faire du bien sur la terre.

Ma Mère, pardonnez-moi si je vous attriste… ah ! je voudrais tant vous réjouir… mais croyez-vous que si vos prières ne sont pas exaucées sur la terre, si Jésus pour *quelques jours* sépare l'enfant de sa Mère, ces prières ne le seront pas au Ciel ?…

Votre désir est, je le sais, que j'accomplisse près de vous une mission bien douce, bien facile[4], cette mission ne pourrai-je pas l'achever du haut des Cieux ?… Comme Jésus le dit un jour à Saint Pierre, vous avez dit à votre enfant : « Pais mes agneaux » et moi je me suis étonnée, je vous ai dit « être trop *petite* »… je vous ai suppliée de faire vous-même paître vos petits agneaux et de me garder, de me faire paître par grâce avec eux. Et vous, ma Mère bien-aimée, répondant *un peu* à mon juste désir, vous avez gardé les petits agneaux avec les brebis[5], mais en me commandant d'aller souvent les faire paître à l'*ombre*, de leur indiquer les herbes les meilleures et les plus fortifiantes, de bien leur montrer les fleurs brillantes auxquelles ils ne doivent jamais toucher si ce n'est pour les écraser sous leurs pas… Vous n'avez pas craint, ma Mère chérie, que j'égare vos petits agneaux ; mon inexpérience, ma [4 r°] jeunesse ne vous ont point effrayée, peut-être vous êtes-vous souvenue que souvent le Seigneur se plaît à accorder la sagesse aux petits et qu'un jour transporté de joie Il a béni son Père d'avoir caché ses secrets aux prudents et de les avoir révélés aux plus petits. Ma Mère, vous le savez, elles sont bien rares les âmes qui ne mesurent pas la puissance divine à leurs courtes pensées, elles veulent bien que partout sur la terre il y ait des exceptions, seul le bon Dieu n'a pas le droit d'en faire. Depuis bien longtemps, je le sais, cette manière de [mesurer] l'expérience aux années se pratique parmi les humains, car, en son adolescence, le Saint roi David chantait au Seigneur : – « Je suis *jeune* et méprisé. » Dans le même psaume CXVIII il ne craint pas de dire cependant : – « Je suis devenu plus prudent que les vieillards : parce que j'ai recherché votre volonté… Votre parole est la lampe qui éclaire mes pas… Je suis prêt d'accomplir vos ordonnances et je ne suis *troublé de rien…* »

Mère bien-aimée, vous n'avez pas craint de me dire un jour que le bon Dieu illuminait mon âme, qu'Il me donnait même l'expérience des *années*… Ô ma Mère ! je suis *trop petite* pour avoir de la vanité maintenant, je suis *trop petite* encore pour tourner de belles phrases afin de vous faire croire que j'ai beaucoup d'humilité, j'aime mieux convenir tout simplement que le Tout Puissant a fait de grandes choses en l'âme de l'enfant de sa divine Mère, et la plus grande c'est de lui avoir montré sa *petitesse*, son impuissance. [4 v°] Mère chérie, vous le savez bien, le bon Dieu a daigné faire passer mon âme par bien des genres d'épreuves, j'ai beaucoup souffert depuis que je suis sur la terre, mais si dans mon enfance j'ai souffert avec tristesse, ce n'est plus ainsi que je souffre maintenant, c'est dans la joie et la paix, je suis véritablement heureuse de souffrir. Ô ma Mère, il faut que vous connaissiez tous les secrets de mon âme pour ne pas sourire en lisant ces lignes, car y a-t-il une âme moins éprouvée que la mienne si l'on en juge aux apparences ? Ah ! si l'épreuve que je souffre depuis un an[6] apparaissait aux regards, quel étonnement !...

Mère bien-aimée, vous la connaissez cette épreuve, je vais cependant vous en parler encore, car je la considère comme une grande grâce que j'ai reçue sous votre Priorat béni.

L'année dernière, le bon Dieu m'a accordé la consolation d'observer le jeûne du carême dans toute sa rigueur, jamais je ne m'étais sentie aussi forte, et cette force se maintint jusqu'à Pâques. Cependant le jour du Vendredi saint Jésus voulut me donner l'espoir d'aller bientôt le voir au Ciel... Oh ! qu'il m'est doux ce souvenir !... Après être restée au Tombeau[7] jusqu'à minuit, je rentrai dans notre cellule, mais à peine avais-je eu le temps de poser ma tête sur l'oreiller que je sentis comme un flot qui montait, montait en bouillonnant jusqu'à mes lèvres. Je ne savais pas ce que c'était, mais je pensais que peut-être j'allais mourir et mon âme était inondée [5 r°] de joie... Cependant comme notre lampe était soufflée, je me dis qu'il fallait attendre au matin pour m'assurer de mon bonheur, car il me semblait que c'était du sang que j'avais vomi. Le matin ne se fit pas longtemps attendre, en m'éveillant, je pensai tout de suite que j'avais quelque chose de gai à apprendre, en m'approchant de la fenêtre je pus constater que je ne m'étais pas trompée… Ah ! mon âme fut remplie d'une grande consolation, j'étais intimement persuadée que Jésus au jour anniversaire de sa mort voulait me faire entendre un premier appel. C'était comme un doux et lointain murmure qui m'annonçait l'arrivée de l'Époux[8]…

Ce fut avec une bien grande ferveur que j'assistai à Prime et au chapitre des pardons[9]. J'avais hâte de voir mon tour arriver afin de pouvoir, en vous demandant pardon, vous confier, ma Mère bien-aimée, mon espérance et mon bonheur ; mais j'ajoutai que je ne souffrais pas du tout (ce qui était bien vrai) et je vous suppliai, ma Mère, de ne me donner rien de particulier. En effet j'eus la consolation de passer la journée du Vendredi Saint comme je le désirais. Jamais les austérités du Carmel ne m'avaient semblé aussi délicieuses, l'espoir d'aller au Ciel me transportait d'allégresse. Le soir de ce bienheureux jour étant arrivé, il fallut se reposer, mais comme la nuit précédente le bon Jésus me donna le même signe que mon entrée dans l'Éternelle vie n'était pas éloignée… Je jouissais alors d'une foi si vive, si claire, que la pensée du Ciel faisait tout mon bonheur, je ne pou-[5 v°]vais croire qu'il y eût des impies n'ayant pas la foi. Je croyais qu'ils parlaient contre leur pensée en niant l'existence du Ciel, du beau Ciel où Dieu Lui-Même voudrait être leur éternelle récompense. Aux jours si joyeux du temps pascal, Jésus m'a fait sentir qu'il y a véritablement des âmes qui n'ont pas la foi, qui par l'abus des grâces perdent ce précieux trésor, source des seules joies pures et véritables. Il permit que mon âme fût envahie des plus épaisses ténèbres et que la pensée du Ciel si douce pour moi ne soit plus qu'un sujet de combat et de tourment… Cette épreuve ne devait pas durer quelques jours, quelques semaines, elle devait ne s'éteindre qu'à l'heure marquée par le bon Dieu et…

cette heure n'est pas encore venue… Je voudrais pouvoir exprimer ce que je sens, mais hélas je crois que c'est impossible. Il faut avoir voyagé sous ce sombre tunnel pour en comprendre l'obscurité. Je vais cependant essayer de l'expliquer par une comparaison.

Je suppose que [je] suis née dans un pays environné d'un épais brouillard, jamais je n'ai contemplé le riant aspect de la nature, inondée, transfigurée par le brillant soleil ; dès mon enfance il est vrai, j'entends parler de ces merveilles, je sais que le pays où je suis n'est pas ma patrie, qu'il en est un autre vers lequel je dois sans cesse aspirer. Ce n'est pas une histoire inventée par un habitant du triste pays où je suis, c'est une réalité certaine car Le Roi de la patrie au brillant soleil est venu vivre 33 ans [6 r°] dans le pays des ténèbres, hélas ! les ténèbres n'ont point compris que ce Divin Roi était la lumière du monde… Mais Seigneur, votre enfant l'a comprise votre divine lumière, elle vous demande pardon pour ses frères, elle accepte de manger aussi longtemps que vous le voudrez le pain de la douleur et ne veut point se lever de cette table remplie d'amertume où mangent les pauvres pécheurs avant le jour que vous avez marqué… Mais aussi ne peut-elle pas dire en son nom, au nom de ses frères : Ayez pitié de nous Seigneur, car nous sommes de pauvres pécheurs !… Oh ! Seigneur, renvoyez-nous justifiés… Que tous ceux qui ne sont point éclairés du lumineux flambeau de la Foi le voient luire enfin… ô Jésus s'il faut que la table souillée par eux soit purifiée par une âme qui vous aime, je veux bien y manger seule le pain de l'épreuve jusqu'à ce qu'il vous plaise de m'introduire dans votre lumineux royaume. La seule grâce que je vous demande c'est de ne jamais vous offenser !…

Ma Mère bien-aimée, ce que je vous écris n'a pas de suite, ma petite histoire qui ressemblait à un conte de fée s'est tout à coup changée en prière, je ne sais pas quel intérêt vous pourrez trouver à lire toutes ces pensées confuses et mal exprimées. Enfin ma Mère, je n'écris pas pour faire une œuvre littéraire mais par obéissance, si je vous ennuie, du moins vous verrez que votre enfant a fait preuve de bonne volonté. Je vais donc [6 v°] sans me décourager continuer ma petite comparaison, au point où je l'avais laissée. Je disais que la certitude d'aller un jour loin du pays triste et ténébreux m'avait été donnée dès mon enfance ; non seulement je croyais d'après ce que j'entendais dire aux personnes plus savantes que moi, mais encore je sentais au fond de mon cœur des aspirations vers une région plus belle. De même que le génie de Christophe Colomb lui fit pressentir qu'il existait un nouveau monde alors que personne n'y avait songé, ainsi je sentais qu'une autre terre me servirait un jour de demeure stable, mais tout à coup les brouillards qui m'environnent deviennent plus épais, ils pénètrent dans mon âme et l'enveloppent de telle sorte qu'il ne m'est plus possible de retrouver en elle l'image si douce de ma Patrie, tout a disparu ! Lorsque je veux reposer mon cœur fatigué des ténèbres qui l'entourent par le souvenir du pays lumineux vers lequel j'aspire mon tourment redouble, il me semble que les ténèbres empruntant la voix des pécheurs me disent en se moquant de moi : « – Tu rêves la lumière, une patrie embaumée des plus suaves parfums, tu rêves la possession *éternelle* du Créateur de toutes ces merveilles, tu crois sortir un jour des brouillards qui t'environnent, avance, avance, réjouis-toi de la mort qui te donnera non ce que tu espères, mais une nuit plus profonde encore, la nuit du néant. »

[7 r°] Mère bien-aimée, l'image que j'ai voulu vous donner des ténèbres qui obscurcissent mon âme est aussi imparfaite qu'une ébauche comparée au modèle, cependant je ne veux pas en écrire plus long, je craindrais de blasphémer… j'ai peur même d'en avoir trop dit…

Ah ! que Jésus me pardonne si je Lui ai fait de la peine, mais Il sait bien que tout en n'ayant pas la jouissance de la Foi, je tâche au moins d'en faire les œuvres. Je crois avoir fait plus d'actes de foi depuis un an que pendant toute ma vie. À chaque nouvelle occasion de combat, lorsque mes ennemis viennent me provoquer, je me conduis en brave, sachant que c'est une lâcheté de se battre en duel, je tourne le dos à mes adversaires sans daigner les regarder en face, mais je cours vers mon Jésus, je Lui dis être prête à verser jusqu'à la dernière goutte de mon sang pour confesser qu'il y a un Ciel. Je Lui dis que je suis heureuse de ne pas jouir de ce beau Ciel sur la terre afin qu'Il l'ouvre pour l'éternité aux pauvres incrédules. Aussi malgré cette épreuve qui m'enlève *toute jouissance* je puis cependant m'écrier : – « Seigneur vous me comblez de *joie* par *tout* ce que vous faites » (Ps. XCI). Car est-il une *joie* plus grande que celle de souffrir pour votre amour ?… Plus la souffrance est intime, moins elle paraît aux yeux des créatures, plus elle vous réjouit, ô mon Dieu, mais si par impossible vous-mêmes deviez ignorer ma souffrance, je serais encore heureuse de la posséder si par elle je pouvais empêcher ou réparer une seule faute commise contre la Foi…

[7 v°] Ma Mère bien-aimée, je vous parais peut-être exagérer mon épreuve, en effet si vous jugez d'après les sentiments que j'exprime dans les petites poésies que j'ai composées cette année, je dois vous sembler une âme remplie de consolations et pour laquelle le voile de la foi s'est presque déchiré, et cependant… ce n'est plus un voile pour moi, c'est un mur qui s'élève jusqu'aux cieux et couvre le firmament étoilé… Lorsque je chante le bonheur du Ciel, l'éternelle possession de Dieu, je n'en ressens aucune joie, car je chante simplement ce que *je veux croire.* Parfois il est vrai, un tout petit rayon de soleil vient illuminer mes ténèbres, alors l'épreuve cesse *un instant*, mais ensuite le souvenir de ce rayon au lieu de me causer de la joie rend mes ténèbres plus épaisses encore.

Ô ma Mère, jamais je n'ai si bien senti combien le Seigneur est doux et miséricordieux, il ne m'a envoyé cette épreuve qu'au moment où j'ai eu la force de la supporter, plus tôt je crois bien qu'elle m'aurait plongée dans le découragement… Maintenant elle enlève tout ce qui aurait pu se trouver de satisfaction naturelle dans le désir que j'avais du Ciel… Mère bien-aimée, il me semble maintenant que rien ne m'empêche de m'envoler, car je n'ai plus de grands désirs si ce n'est celui d'aimer jusqu'à mourir d'amour… (9 Juin[10])

[8 r°] Ma Mère chérie, je suis tout étonnée en voyant ce que je vous ai écrit hier, quel griffonnage !… ma main tremblait de telle sorte qu'il m'a été impossible de continuer et maintenant je regrette même d'avoir essayé d'écrire, j'espère qu'aujourd'hui je vais le faire plus lisiblement, car je ne suis plus dans le dodo mais dans un joli petit fauteuil tout blanc.

Ô ma Mère, je sens bien que tout ce que je vous dis n'a pas de suite, mais je sens aussi le besoin avant de vous parler du passé de vous dire mes sentiments présents, plus tard peut-être en aurai-je perdu le souvenir. Je veux d'abord vous dire combien je suis touchée de toutes vos délicatesses maternelles, ah ! croyez-le, ma Mère bien-aimée, le cœur de votre enfant est rempli de reconnaissance, jamais il n'oubliera tout ce qu'il vous doit…

Ma Mère, ce qui me touche par-dessus tout, c'est la neuvaine que vous faites à N.D. des Victoires[11], ce sont les messes que vous faites dire pour obtenir ma guérison. Je sens que tous ces trésors spirituels font un grand bien à mon âme : au commencement de la neuvaine, je vous disais, ma Mère, qu'il fallait que la Ste Vierge me guérisse ou bien qu'elle m'emporte dans les Cieux, car je trouvais cela bien triste pour vous et la communauté d'avoir la charge d'une jeune religieuse malade ; maintenant je veux bien être malade toute ma vie si cela fait plaisir au bon Dieu et je consens même à ce que ma vie soit très longue, la seule grâce [8 v°] que je désire, c'est qu'elle soit brisée par l'amour.

Oh ! non je ne crains pas une longue vie, je ne refuse pas le combat car Le Seigneur est la roche où je suis élevée, qui dresse mes mains au combat et mes doigts à la guerre. Il est mon bouclier, j'espère en Lui – Ps. CXLIII – aussi jamais je n'ai demandé au bon Dieu de mourir jeune, il est vrai que j'ai toujours espéré que c'est là sa volonté. Souvent le Seigneur se contente du désir de travailler pour sa gloire et vous savez, ma Mère, que mes désirs sont bien grands, vous savez aussi que Jésus m'a présenté plus d'un calice amer qu'il a éloigné de mes lèvres avant que je le boive, mais pas avant de m'en avoir fait savourer l'amertume. Mère bien-aimée, le Saint roi David avait raison lorsqu'il chantait : Qu'il est bon, qu'il est doux à des frères d'habiter ensemble dans une parfaite union. C'est vrai je l'ai senti bien souvent, mais c'est au sein des sacrifices que cette union doit avoir lieu sur la terre. Ce n'est point pour vivre avec mes sœurs que je suis venue au Carmel, c'est uniquement pour répondre à l'appel de Jésus ; ah ! je pressentais bien que ce devait être un sujet de souffrance continuelle de vivre avec ses sœurs, lorsqu'on ne veut rien accorder à la nature. Comment peut-on dire que c'est plus parfait de s'éloigner des siens ?... A-t-on jamais reproché à des frères de combattre sur le même champ de bataille, leur a-t-on reproché de voler ensemble pour cueillir la palme du martyre ?... Sans doute, on a jugé [9 r°] avec raison qu'ils s'encourageaient mutuellement, mais aussi que le martyre de chacun devenait celui de tous. Ainsi en est-il dans la vie religieuse que les théologiens appellent un martyre. – En se donnant à Dieu le cœur ne perd pas sa tendresse naturelle, cette tendresse au contraire grandit en devenant plus pure et plus divine.

Mère bien-aimée, c'est de cette tendresse que je vous aime, que j'aime mes sœurs ; je suis heureuse de combattre *en famille* pour la gloire du Roi des Cieux, mais je suis prête aussi à voler sur un autre champ de bataille si Le Divin Général m'en exprimait le désir. Un commandement ne serait pas nécessaire mais un regard, un simple signe.

Depuis mon entrée dans l'arche bénie, j'ai toujours pensé que si Jésus ne m'emportait bien vite au Ciel, le sort de la petite colombe de Noé serait le mien ; qu'un jour le Seigneur ouvrirait la fenêtre de l'arche et me dirait de voler bien loin, bien loin, vers des rivages infidèles portant avec moi la petite branche d'olivier. Ma Mère, cette pensée a fait grandir mon âme, elle m'a fait planer plus haut que tout le créé. J'ai compris que même au Carmel il pouvait encore y avoir des séparations, qu'au Ciel seulement l'union sera complète et éternelle, alors j'ai voulu que mon âme habite dans les Cieux, qu'elle ne regarde les choses de la terre que de loin. J'ai accepté non seulement de m'exiler au milieu d'un peuple inconnu, mais ce qui m'était *bien plus amer*, j'ai accepté l'exil [9 v°] pour mes sœurs. Jamais je n'oublierai le 2 Août 1896, ce jour-là qui se trouvait justement celui du départ des missionnaires[12], il fut sérieusement question de celui de Mère Agnès de Jésus. Ah ! je n'aurais pas voulu faire un mouvement pour l'empêcher de partir ; je sentais cependant une grande tristesse dans mon cœur, je trouvais que son âme si sensible, si délicate n'était pas faite pour vivre au milieu d'âmes qui ne sauraient la comprendre, mille autres pensées se pressaient en foule dans mon esprit et Jésus se taisait, il ne commandait pas à la tempête… Et moi je lui disais : Mon Dieu, pour votre amour j'accepte tout : si vous le voulez je veux bien souffrir jusqu'à mourir de chagrin. Jésus se contenta de l'acceptation, mais quelques mois après, on parla du départ de Sr Geneviève et de Sr Marie de la Trinité ; alors ce fut un autre genre de souffrance bien intime bien profonde, je me représentais toutes les épreuves, les déceptions qu'elles auraient à souffrir, enfin mon ciel était chargé de nuages… seul le fond de mon cœur restait dans le calme et la paix.

Ma Mère bien-aimée, votre prudence sut découvrir la volonté du bon Dieu et de sa part vous avez défendu à vos novices de penser maintenant à quitter le berceau de leur enfance religieuse, mais leurs aspirations vous les compreniez puisque vous-même, ma Mère, aviez demandé dans votre jeunesse d'aller à Saïgon, c'est ainsi que souvent les désirs des mères trouvent un écho dans l'âme [10 r°] de leurs enfants. Ô ma Mère chérie, votre désir apostolique trouve en mon âme, vous le savez, un écho bien fidèle, laissez-moi vous confier pourquoi j'ai désiré et désire encore si la Ste Vierge me guérit quitter pour une terre étrangère la délicieuse oasis où je vis si heureuse sous votre regard maternel.

Il faut, ma Mère, (vous me l'avez dit) pour vivre dans les Carmels étrangers, une vocation toute spéciale, beaucoup d'âmes s'y croient appelées sans l'être en effet, vous m'avez dit aussi que j'avais cette vocation et que ma santé seule était un obstacle, je sais bien que cet obstacle disparaîtrait si le bon Dieu m'appelait au loin, aussi je vis sans aucune inquiétude. S'il me fallait un jour quitter mon cher Carmel, ah ! ce ne serait pas sans blessure, Jésus ne m'a pas donné un cœur insensible et c'est justement parce qu'il est capable de souffrir que je désire qu'il donne à Jésus tout ce qu'il peut donner. *Ici*, Mère bien-aimée, je vis sans aucun embarras des soins de la misérable terre, je n'ai qu'à remplir la douce et facile mission que vous m'avez confiée. *Ici* je suis comblée de vos prévenances maternelles, je ne sens pas la pauvreté n'ayant jamais manqué de rien. Mais surtout, *ici* je suis aimée, de vous et de toutes les sœurs, et cette affection m'est bien douce. Voilà pourquoi je rêve un monastère où je serais inconnue, où j'aurais à souffrir la pauvreté, le manque d'affection, enfin l'exil du cœur.

Ah ! ce n'est pas dans l'intention de rendre des services au Carmel qui [10 v°] voudrait bien me recevoir, que je quitterais tout ce qui m'est cher ; sans doute, je ferais tout ce qui dépendrait de moi, mais je connais mon incapacité et je sais qu'en faisant de mon mieux je n'arriverais pas à bien faire, n'ayant comme je le disais tout à l'heure aucune connaissance des choses de la terre. Mon seul but serait donc d'accomplir la volonté du bon Dieu, de me sacrifier pour Lui de la manière qu'il lui plairait.

Je sens bien que je n'aurais aucune déception, car lorsqu'on s'attend à une souffrance pure et sans aucun mélange, la plus petite joie devient une surprise inespérée, et puis vous le savez, ma Mère, la souffrance ellemême devient la plus grande des joies lorsqu'on la recherche comme le plus précieux des trésors.

Oh non ! ce n'est pas avec l'intention de jouir du fruit de mes travaux que je voudrais partir, si c'était là mon but je ne sentirais pas cette douce paix qui m'inonde et je souffrirais même de ne pouvoir réaliser ma vocation pour les missions lointaines. Depuis longtemps je ne m'appartiens plus, je suis livrée totalement à Jésus, Il est donc libre de faire de moi ce qu'il lui plaira. Il m'a donné l'attrait d'un exil complet, Il m'a fait *comprendre toutes* les *souffrances* que j'y rencontrerais, me demandant si je voulais boire ce calice jusqu'à la lie ; aussitôt j'ai voulu saisir cette coupe que Jésus me présentait, mais Lui, retirant sa main, me fit comprendre que l'acceptation Le contentait.

[11 r°] Ô ma Mère, de quelles inquiétudes on se délivre en faisant vœu d'obéissance ! Que les simples religieuses sont heureuses, leur unique boussole étant la volonté des supérieurs, elles sont toujours assurées d'être dans le droit chemin, elles n'ont pas à craindre de se tromper même s'il leur paraît certain que les supérieurs se trompent. Mais lorsqu'on cesse de regarder la boussole infaillible, lorsqu'on s'écarte de la voie qu'elle dit de suivre sous prétexte de faire la volonté de Dieu qui n'éclaire pas bien ceux qui pourtant tiennent sa place, aussitôt l'âme s'égare dans des chemins arides où l'eau de la grâce lui manque bientôt.

Mère bien-aimée, vous êtes la boussole que Jésus m'a donnée pour me conduire sûrement au rivage éternel. Qu'il m'est doux de fixer sur vous mon regard et d'accomplir ensuite la volonté du Seigneur. Depuis qu'Il a permis que je souffre des tentations contre la foi, Il a beaucoup augmenté dans mon cœur l'esprit de foi qui me fait voir en vous, non seulement une Mère qui m'aime et que j'aime, mais surtout qui me fait voir Jésus vivant en votre âme et me communiquant par vous sa volonté. Je sais bien ma

Mère, que vous me traitez en âme faible, en enfant gâtée, aussi je n'ai pas de mal à porter le fardeau de l'obéissance, mais il me semble d'après ce que je sens au fond de mon cœur, que je ne changerais pas de conduite et que mon amour pour vous ne souffrirait aucune diminution s'il [11 v°] vous plaisait de me traiter sévèrement, car je verrais encore que c'est la volonté de Jésus que vous agissiez ainsi pour le plus grand bien de mon âme.

Cette année, ma Mère chérie, le bon Dieu m'a fait la grâce de comprendre ce que c'est que la charité, avant je le comprenais, il est vrai, mais d'une manière imparfaite, je n'avais pas approfondi cette parole de Jésus : « Le second commandement est *semblable* au premier : Tu aimeras ton prochain comme toi-même. » Je m'appliquais surtout à aimer Dieu et c'est en l'aimant que j'ai compris qu'il ne fallait pas que mon amour se traduise seulement par des paroles, car : « Ce ne sont pas ceux qui disent : Seigneur, Seigneur ! qui entreront dans le royaume des Cieux, mais ceux qui font la volonté de Dieu. » Cette volonté, Jésus l'a fait connaître plusieurs fois, je devrais dire presque à chaque page de son Évangile, mais à la dernière cène, lorsqu'Il sait que le cœur de ses disciples brûle d'un plus ardent amour pour Lui qui vient de se donner à eux dans l'ineffable mystère de son Eucharistie, ce doux Sauveur veut leur donner un commandement nouveau. Il leur dit avec une inexprimable tendresse : Je vous fais un commandement nouveau, c'est de vous entr'aimer, et que *comme je vous ai aimés, vous vous aimiez les uns les autres*. La marque à quoi tout le monde connaîtra que vous êtes mes disciples, c'est si vous vous entr'aimez.

[12 r°] Comment Jésus a-t-Il aimé ses disciples et pourquoi les a-t-Il aimés ? Ah ! ce n'étaient pas leurs qualités naturelles qui pouvaient l'attirer, il y avait entre eux et Lui une distance infinie, Il était la science, la Sagesse Éternelle, ils étaient de pauvres pêcheurs ignorants et remplis de pensées terrestres. Cependant Jésus les appelle ses amis, ses frères, Il veut les voir régner avec Lui dans le royaume de son Père et pour leur ouvrir ce royaume Il veut mourir sur une croix car Il a dit : Il n'y a pas de plus grand amour que de donner sa vie pour ceux qu'on aime.

Mère bien-aimée, en méditant ces paroles de Jésus, j'ai compris combien mon amour pour mes sœurs était imparfait, j'ai vu que je ne les aimais pas comme le bon Dieu les aime. Ah ! je comprends maintenant que la charité parfaite consiste à supporter les défauts des autres, à ne point s'étonner de leurs faiblesses, à s'édifier des plus petits actes de vertus qu'on leur voit pratiquer, mais surtout j'ai compris que la charité ne doit point rester enfermée dans le fond du cœur : Personne, a dit Jésus, n'allume un flambeau pour le mettre sous le boisseau, mais on le met sur le chandelier, afin qu'il éclaire *tous* ceux qui sont dans la maison. Il me semble que ce flambeau représente la charité qui doit éclairer, réjouir, non seulement ceux qui me sont les plus chers, mais *tous* ceux qui sont dans la maison, sans excepter personne.

Lorsque le Seigneur avait ordonné à son peuple d'aimer son prochain [12 v°] comme soi-même Il n'était pas encore venu sur la terre, aussi sachant bien à quel degré l'on aime sa propre personne, Il ne pouvait demander à ses créatures un amour plus grand pour le prochain. Mais lorsque Jésus fit à ses apôtres un commandement nouveau, *son commandement à Lui*, comme Il le dit plus loin, ce n'est plus d'aimer le prochain comme soi-même qu'Il parle mais de l'aimer comme *Lui, Jésus, l'a aimé*, comme Il l'aimera jusqu'à la consommation des siècles…

Ah ! Seigneur, je sais que vous ne commandez rien d'impossible, vous connaissez mieux que moi ma faiblesse, mon imperfection, vous savez bien que jamais je ne pourrais aimer mes sœurs comme vous les aimez, si *vous-même*, ô mon Jésus, ne les *aimiez* encore *en moi.* C'est parce que vous vouliez m'accorder cette grâce que vous avez fait un commandement *nouveau.* – Oh ! que je l'aime puisqu'il me donne l'assurance que votre volonté est d'*aimer en moi* tous ceux que vous me commandez d'aimer !…

Oui je le sens lorsque je suis charitable, c'est Jésus seul qui agit en moi ; plus je suis unie à Lui, plus aussi j'aime toutes mes sœurs. Lorsque je veux augmenter en moi cet amour, lorsque surtout le démon essaie de me mettre devant les yeux de l'âme les défauts de telle ou telle sœur qui m'est moins sympathique, je m'empresse de rechercher ses vertus, ses bons désirs, je me dis que si je l'ai vue tomber une fois elle peut bien avoir remporté un grand [13 r°] nombre de victoires qu'elle cache par humilité, et que même ce qui me paraît une faute peut très bien être à cause de l'intention un acte de vertu. Je n'ai pas de peine à me le persuader, car j'ai fait un jour une petite expérience qui m'a prouvé qu'il ne faut jamais juger. – C'était pendant une récréation, la portière sonne deux coups, il fallait ouvrir la grande porte des ouvriers pour faire entrer des arbres destinés à la crèche, la récréation n'était pas gaie, car vous n'étiez pas là, ma Mère chérie, aussi je pensais que si l'on m'envoyait servir de tierce[13], je serais bien contente, justement mère Sous-Prieure me dit d'aller en servir, ou bien la sœur qui se trouvait à côté de moi, aussitôt je commence à défaire notre tablier, mais assez doucement pour que ma compagne ait quitté le sien avant moi, car je pensais lui faire plaisir en la laissant être tierce. La sœur qui remplaçait la dépositaire nous regardait en riant et voyant que je m'étais levée la dernière, elle me dit : Ah ! j'avais bien pensé que ce n'était pas vous qui alliez gagner une perle à votre couronne, vous alliez trop lentement…

Bien certainement toute la communauté crut que j'avais agi par nature et je ne saurais dire combien une aussi petite chose me fit de bien à l'âme et me rendit indulgente pour les faiblesses des autres. Cela m'empêche aussi d'avoir de la vanité lorsque je suis jugée favorablement car je me dis ceci : Puisqu'on prend mes petits actes de vertus pour des imperfections, on peut tout aussi bien se [13 v°] tromper en prenant pour vertu ce qui n'est qu'imperfection. Alors je dis avec St Paul : Je me mets fort peu en peine d'être jugée par aucun tribunal humain. Je ne me juge pas moi-même, Celui qui me juge c'est Le Seigneur. Aussi pour me rendre ce jugement favorable, ou plutôt afin de n'être pas jugée du tout, je veux toujours avoir des pensées charitables car Jésus a dit : Ne jugez pas et vous ne serez pas jugés.

Ma Mère, en lisant ce que je viens d'écrire vous pourriez croire que la pratique de la charité ne m'est pas difficile. C'est vrai, depuis quelques mois je n'ai plus à combattre pour pratiquer cette belle vertu, je ne veux pas dire par là qu'il ne m'arrive jamais de faire des fautes, ah ! je suis trop imparfaite pour cela, mais je n'ai pas beaucoup de mal à me relever lorsque je suis tombée parce qu'en un certain combat, j'ai remporté la victoire, aussi la milice céleste vient-elle maintenant à mon secours, ne pouvant souffrir de me voir vaincue après avoir été victorieuse dans la glorieuse guerre que je vais essayer de décrire.

Il se trouve dans la communauté une sœur qui a le talent de me déplaire en toutes choses, ses manières, ses paroles, son caractère me semblaient *très désagréables*, cependant c'est une sainte religieuse qui doit être *très agréable* au bon Dieu, aussi ne voulant pas céder à l'antipathie naturelle que j'éprouvais, je me suis dit que la charité ne devait pas consister dans les sentiments, mais dans les œuvres, alors [14 r°] je me suis appliquée à faire pour cette sœur ce que j'aurais fait pour la personne que j'aime le plus. À chaque fois que je la rencontrais je priais le bon Dieu pour elle, Lui offrant toutes ses vertus et ses mérites. Je sentais bien que cela faisait plaisir à Jésus, car il n'est pas d'artiste qui n'aime à recevoir des louanges de ses œuvres et Jésus l'Artiste des âmes est heureux lorsqu'on ne s'arrête pas à l'extérieur mais que pénétrant jusqu'au sanctuaire intime qu'il s'est choisi pour demeure, on en admire la beauté. Je ne me contentais pas de prier beaucoup pour la sœur qui me donnait tant de combats, je tâchais de lui rendre tous les services possibles et quand j'avais la tentation de lui répondre d'une façon désagréable, je me contentais de lui faire mon plus aimable sourire et je tâchais de détourner la conversation, car il est dit dans l'Imitation : il vaut mieux laisser chacun dans son sentiment que de s'arrêter à contester[14].

Souvent aussi lorsque je n'étais pas à la récréation (je veux dire pendant les heures de travail), ayant quelques rapports d'emploi avec cette sœur, lorsque mes combats étaient trop violents, je m'enfuyais comme un déserteur. Comme elle ignorait absolument ce que je sentais pour elle, jamais elle n'a soupçonné les motifs de ma conduite et demeure persuadée que son caractère m'est agréable. Un jour à la récréation elle me dit à peu près ces paroles d'un air très content : « Voudriez-vous me dire, ma S^t^ Th.

de l'Enf. Jésus, ce qui vous attire tant vers moi, à chaque fois que vous me regardez, je vous vois sourire ? » Ah ! ce qui m'attirait, c'était Jésus caché au fond de son âme… Jésus qui rend doux ce qu'il y a de plus amer[15]… Je lui répondis que je souriais parce que j'étais contente de la voir (bien entendu je n'ajoutai pas que c'était au point de vue spirituel).

[14 v°] Ma Mère bien-aimée, je vous l'ai dit, mon *dernier moyen* de ne pas être vaincue dans les combats, c'est la désertion, ce moyen, je l'employais déjà pendant mon noviciat, il m'a toujours parfaitement réussi. Je veux, ma Mère, vous en citer un exemple qui je crois vous fera sourire. Pendant une de vos bronchites, je vins un matin tout doucement remettre chez vous les clefs de la grille de communion, car j'étais sacristine ; au fond je n'étais pas fâchée d'avoir cette occasion de vous voir, j'en étais même très contente mais je me gardais bien de le faire paraître ; une sœur, animée d'un saint zèle et qui cependant m'aimait beaucoup, me voyant entrer chez vous, ma Mère, crut que j'allais vous réveiller, elle voulut me prendre les clefs, mais j'étais trop maligne pour les lui donner et céder *mes droits*. Je lui dis le plus poliment possible que je désirais autant qu'elle de ne point vous éveiller et que c'était *à moi* de rendre les clefs… Je comprends maintenant qu'il aurait été bien plus parfait de céder à cette sœur, jeune il est vrai, mais enfin plus ancienne que moi. Je ne le comprenais pas alors, aussi voulant absolument entrer à sa suite malgré elle qui poussait la porte pour m'empêcher de passer, bientôt le malheur que nous redoutions arriva : le bruit que nous faisions vous fit ouvrir les yeux… Alors, ma Mère, tout retomba sur moi, la pauvre sœur à laquelle j'avais résisté se mit à débiter tout un discours dont le fond était ceci : C'est sœur Th. de l'Enf. Jésus qui a fait du bruit… mon Dieu, qu'elle est désagréable… etc. [15 r°] Moi qui sentais tout le contraire j'avais bien envie de me défendre, heureusement il me vint une idée lumineuse, je me dis que certainement si je commençais à me justifier je n'allais pas pouvoir garder la paix de mon âme, je sentais aussi que je n'avais pas assez de vertu pour me laisser accuser sans rien dire, ma dernière planche de salut était donc la fuite. Aussitôt pensé aussitôt fait, je partis sans tambour ni trompette, laissant la sœur continuer son discours qui ressemblait aux imprécations de Camille contre Rome. Mon cœur battait si fort qu'il me fut impossible d'aller loin et je m'assis dans l'escalier pour jouir en paix des fruits de ma victoire. Ce n'était pas là de la bravoure, n'est-ce pas, Mère chérie, mais je crois cependant qu'il vaut mieux ne pas s'exposer au combat lorsque la défaite est certaine ? Hélas ! quand je me reporte au temps de mon noviciat comme je vois combien j'étais imparfaite… Je me faisais des peines pour si peu de chose que j'en ris maintenant. Ah ! que Le Seigneur est bon d'avoir fait grandir mon âme, de lui avoir donné des ailes… Tous les filets des chasseurs ne sauraient m'effrayer car : « C'est en vain que l'on jette le filet devant les yeux de ceux qui ont des ailes » (Prov.). Plus tard sans doute, le temps où je suis me paraîtra encore rempli d'imperfections, mais maintenant je ne m'étonne plus de rien, je ne me fais pas de peine en voyant que je suis la *faiblesse* même, au contraire c'est en elle que je me glorifie et je m'attends chaque jour à découvrir en moi de nouvelles imperfections. Me souvenant que la Charité couvre la multitude des [15 v°] péchés, je puise à cette mine féconde que Jésus a ouverte devant moi. Dans l'Évangile, Le Seigneur explique en quoi consiste : son commandement nouveau. Il dit en St Matthieu : « Vous avez appris qu'il a été dit : Vous aimerez votre ami et vous haïrez votre ennemi. Pour moi, je vous dis : aimez vos ennemis, priez pour ceux qui vous persécutent. » Sans doute, au Carmel on ne rencontre pas d'ennemis, mais enfin il y a des sympathies, on se sent attirée vers telle sœur au lieu que telle autre vous ferait faire un long détour pour éviter de la rencontrer, ainsi sans même le savoir, elle devient un sujet de persécution. Eh bien ! Jésus me dit que cette sœur, il faut l'aimer, qu'il faut prier pour elle, quand même sa conduite me porterait à croire qu'elle ne m'aime pas : « Si vous aimez ceux qui vous aiment, quel gré vous en saura-t-on ? car les pécheurs aiment aussi ceux qui les aiment. » St Luc, VI. Et ce n'est pas assez d'aimer, il faut le prouver. On est naturellement heureux de faire un présent à un ami, on aime surtout à faire des surprises, mais cela, ce n'est point de la charité car les pécheurs le font aussi. Voici ce que Jésus m'enseigne encore : « Donnez à *quiconque* vous demande ; et si l'*on prend* ce qui vous appartient, ne le redemandez pas. » Donner à toutes celles qui *demandent*, c'est moins doux que d'offrir soi-même par le mouvement de son cœur ; encore lorsqu'on demande gentiment cela ne coûte pas de donner, mais si par malheur on n'use pas de paroles assez délicates, aussitôt l'âme se révolte si elle n'est pas affermie sur la charité. Elle trouve mille raisons pour refuser [16 r°] ce qu'on lui demande et ce n'est qu'après avoir convaincu la demandeuse de son indélicatesse qu'elle lui donne enfin *par grâce* ce qu'elle réclame, ou qu'elle lui rend un léger service qui aurait demandé vingt fois moins de temps à remplir qu'il n'en a fallu pour faire valoir des droits imaginaires. Si c'est difficile de donner à quiconque demande, ce l'est encore bien plus de laisser prendre ce qui appartient sans le redemander. Ô ma Mère, je dis que c'est difficile, je devrais plutôt dire que cela *semble* difficile, car Le joug du Seigneur est suave et léger, lorsqu'on l'accepte, on sent aussitôt sa douceur et l'on s'écrie avec le Psalmiste: «J'ai *couru* dans la voie de vos commandements depuis que vous avez dilaté mon cœur.» Il n'y a que la charité qui puisse dilater mon cœur, ô Jésus, depuis que cette douce flamme le consume je cours avec joie dans la voie de votre commandement *nouveau*... Je veux y courir jusqu'au jour bienheureux où, m'unissant au cortège virginal, je pourrai vous suivre dans les espaces infinis, chantant votre cantique *nouveau* qui doit être celui de l'Amour.

Je disais: Jésus ne veut pas que je réclame ce qui m'appartient; cela devrait me sembler facile et naturel puisque rien n'est à moi. Les biens de la terre j'y ai renoncé par le vœu de pauvreté, je n'ai donc pas le droit de me plaindre si on m'enlève une chose qui ne m'appartient pas, je dois au contraire me réjouir lorsqu'il m'arrive de sentir la pauvreté. Autrefois il me semblait que je ne tenais à rien, mais depuis que j'ai compris les paroles de Jésus, je vois que dans les occasions [16 v°] je suis bien imparfaite. Par exemple dans l'emploi de peinture rien n'est à moi, je le sais bien, mais si, me mettant à l'ouvrage, je trouve pinceaux et peintures tout en désordre, si une règle ou un canif ont disparu, la patience est bien près de m'abandonner et je dois prendre mon courage à deux mains pour ne pas réclamer avec amertume les objets qui me manquent. Il faut bien parfois demander les choses indispensables, mais en le faisant avec humilité on ne manque pas au commandement de Jésus, au contraire, on agit comme les pauvres qui tendent la main afin de recevoir ce qui leur est nécessaire, s'ils sont rebutés ils ne s'étonnent pas, personne ne leur doit rien. Ah! quelle paix inonde l'âme lorsqu'elle s'élève au-dessus des sentiments de la nature... Non il n'est pas de joie comparable à celle que goûte le véritable pauvre d'esprit. S'il demande avec détachement une chose nécessaire, et que non seulement cette chose lui soit refusée, mais encore qu'on essaye de prendre ce qu'il a, il suit le conseil de Jésus: Abandonnez même votre manteau à celui qui veut plaider pour avoir votre robe... Abandonner son manteau c'est, il me semble, renoncer à ses derniers droits, c'est se considérer comme la servante, l'esclave des autres. Lorsqu'on a quitté son manteau, c'est plus facile de marcher, de courir, aussi Jésus ajoute-t-Il: Et qui que ce soit qui vous force de faire mille pas, faites-en deux mille de plus avec lui. Ainsi [17 r°] ce n'est pas assez de donner à quiconque me demande, il faut aller au-devant des désirs, avoir l'air très obligée et très honorée de rendre service et si l'on prend une chose à mon usage, je ne dois pas avoir l'air de la regretter, mais au contraire paraître heureuse d'en être *débarrassée.*

Ma Mère chérie, je suis bien loin de pratiquer ce que je comprends et cependant le seul désir que j'en ai me donne la paix.

Plus encore que les autres jours je sens que je me suis extrêmement mal expliquée. J'ai fait une *espèce* de *discours* sur la charité qui doit vous avoir fatiguée à lire, pardonnez-moi, ma Mère bien-aimée, et songez qu'en ce moment les infirmières pratiquent à mon égard ce que je viens d'écrire, elles ne craignent pas de faire deux mille pas là où vingt suffiraient[16], j'ai donc pu contempler la charité en action ! Sans doute mon âme doit s'en trouver embaumée, pour mon esprit j'avoue qu'il s'est un peu paralysé devant un pareil dévouement et ma plume a perdu de sa légèreté. Pour qu'il me soit possible de traduire mes pensées, il faut que je sois comme le passereau solitaire, et c'est rarement mon sort, lorsque je commence à prendre la plume, voilà une bonne sœur qui passe près de moi, la fourche sur l'épaule. Elle croit me distraire en me faisant un peu la causette. Foin, canards, poules, visite du docteur, tout vient sur le tapis ; à dire vrai cela ne dure pas longtemps, mais il est *plus* d'*une bonne sœur charitable* et tout à coup une autre faneuse dépose des fleurs sur mes genoux, croyant peut-être m'inspirer des idées poétiques. Moi qui ne les recherche [17 v°] pas en ce moment j'aimerais mieux que les fleurs restent à se balancer sur leurs tiges. Enfin, fatiguée d'ouvrir et de fermer ce fameux cahier, j'ouvre un livre (qui ne veut pas rester ouvert) et je dis résolument que je copie des pensées des psaumes et de l'Évangile pour la fête de Notre Mère[17]. C'est bien vrai car je n'économise pas les citations… Mère chérie, je vous amuserais, je crois, en vous racontant toutes mes aventures dans les bosquets du Carmel, je ne sais pas si j'ai pu écrire dix lignes sans être dérangée, cela ne devrait pas me faire rire, ni m'amuser, cependant pour l'amour du bon Dieu et de mes sœurs (si charitables envers moi) je tâche d'avoir l'air contente et surtout de *l'être*… Tenez, voici une faneuse qui s'éloigne après m'avoir dit d'un ton compatissant : « Ma pauvr'ptite sœur, ça doit vous fatiguer d'écrire comme ça toute la journée. » – « Soyez tranquille, lui ai-je répondu, je parais écrire beaucoup mais véritablement je n'écris presque rien. » – « Tant mieux » m'a-t-elle dit d'un air rassuré, « mais c'est égal, j'suis bin contente qu'on soit en train d'faner car ça vous distrait toujours un peu. » En effet c'est une si grande distraction pour moi (sans compter les visites des infirmières) que je ne mens pas en disant n'écrire presque rien.

Heureusement je ne suis pas facile à décourager, pour vous le montrer, ma Mère, je vais finir de vous expliquer ce que Jésus m'a fait comprendre au sujet de la charité. Je ne vous ai encore parlé que de l'extérieur, maintenant je voudrais vous confier comment je comprends la [18 r°] charité purement spirituelle. Je suis bien sûre que je ne vais pas tarder à mêler l'une avec l'autre mais, ma Mère, puisque c'est à vous que je parle, il est certain qu'il ne vous sera pas difficile de saisir ma pensée et de débrouiller l'écheveau de votre enfant.

Ce n'est pas toujours possible, au Carmel, de pratiquer à la lettre les paroles de l'Évangile, on est parfois obligé à cause des emplois de refuser un service, mais lorsque la charité a jeté de profondes racines dans l'âme elle se montre à l'extérieur. Il y a une façon si gracieuse de refuser ce qu'on ne peut donner, que le refus fait autant de plaisir que le don. Il est vrai qu'on se gêne moins de réclamer un service à une sœur toujours disposée à obliger, cependant Jésus a dit : « N'évitez point celui qui veut emprunter de vous. » Ainsi sous prétexte qu'on serait forcée de refuser, il ne faut pas s'éloigner des sœurs qui ont l'habitude de toujours demander des services. Il ne faut pas non plus être obligeante afin de le *paraître* ou dans l'espoir qu'une autre fois la sœur qu'on oblige vous rendra service à son tour, car Notre Seigneur a dit encore : « Si vous prêtez à ceux de qui vous espérez recevoir quelque chose, quel gré vous en saura-t-on ? car les pécheurs mêmes prêtent aux pécheurs afin d'en recevoir autant. Mais pour vous, faites du bien, *prêtez sans en rien espérer* et votre récompense sera grande. » Oh oui ! la récompense est grande même sur la terre… dans cette voie il n'y a que le premier pas qui coûte. *Prêter* sans en *rien espérer*, cela paraît dur à la nature, on aimerait mieux *donner*, car une chose donnée [18 v°] n'appartient plus. Lorsqu'on vient vous dire d'un air tout à fait convaincu : « Ma sœur, j'ai besoin de votre aide pendant quelques heures mais soyez tranquille j'ai permission de notre Mère et je vous *rendrai* le temps que vous me donnez, car je sais combien vous êtes pressée. » Vraiment lorsqu'on sait très bien que jamais le temps qu'on *prête* ne sera rendu, on aimerait mieux dire : Je vous le donne. Cela contenterait l'amour-propre car donner c'est un acte plus généreux que de prêter et puis on fait sentir à la sœur qu'on ne compte pas sur ses services… Ah ! que les enseignements de Jésus sont contraires aux sentiments de la nature, sans le secours de sa grâce il serait impossible non seulement de les mettre en pratique mais encore de les comprendre.

Chapitre XI

CEUX QUE VOUS M'AVEZ DONNÉS (1896-1897)

Novices et frères spirituels

Instruments de Dieu

Le petit pinceau

Puissance de la prière et du sacrifice

Sœur Saint-Pierre

Deux missionnaires

Attirez-moi, nous courrons

Fin du Manuscrit C

Ma Mère, Jésus a fait cette grâce à votre enfant de lui faire pénétrer les mystérieuses profondeurs de la charité ; si elle pouvait exprimer ce qu'elle comprend, vous entendriez une mélodie du Ciel, mais hélas ! je n'ai que des bégaiements enfantins à vous faire entendre… Si les paroles mêmes de Jésus ne me servaient pas d'appui je serais tentée de vous demander grâce et de laisser la plume… Mais non, il faut que je continue par obéissance ce que j'ai commencé par obéissance.

Mère bien-aimée, j'écrivais hier que les biens d'ici-bas n'étant pas à moi je ne devrais pas trouver difficile de ne jamais les réclamer si quelquefois on me les prenait. Les biens du Ciel ne m'appartiennent pas davantage, ils me sont *prêtés* par le bon Dieu qui peut me les [19 r°] retirer sans que j'aie le droit de me plaindre. Cependant les biens qui viennent directement du bon Dieu, les élans de l'intelligence et du cœur, les pensées profondes tout cela forme une richesse à laquelle on s'attache comme à un bien propre auquel personne n'a le droit de toucher… Par exemple si en licence on dit à une sœur quelque lumière reçue pendant l'oraison et que, peu de temps après, cette sœur parlant avec une autre lui dise comme l'ayant pensée d'elle-même la chose qu'on lui avait confiée, il semble qu'elle prend ce qui n'est pas à elle. Ou bien en récréation on dit tout bas à sa compagne une parole pleine d'esprit et d'à-propos ; si elle la répète tout haut sans faire connaître la source d'où elle vient, cela paraît encore un vol à la propriétaire qui ne réclame pas, mais aurait bien envie de le faire et saisira la première occasion pour faire savoir finement qu'on s'est emparé de ses pensées.

Ma Mère, je ne pourrais si bien vous expliquer ces tristes sentiments de nature, si je ne les avais sentis dans mon cœur et j'aimerais à me bercer de la douce illusion qu'ils n'ont visité que le mien si vous ne m'aviez ordonné d'écouter les tentations de vos chères petites novices. J'ai beaucoup appris en remplissant la mission que vous m'avez confiée, surtout je me suis trouvée forcée de pratiquer ce que j'enseignais aux autres ; ainsi maintenant je puis le dire, Jésus m'a fait la grâce de n'être pas plus attachée aux biens de l'esprit et du cœur qu'à ceux de la terre. S'il m'arrive de penser et de dire une chose [19 v°] qui plaise à mes sœurs, je trouve tout naturel qu'elles s'en emparent comme d'un bien à elles. Cette pensée appartient à l'Esprit Saint et non à moi puisque St Paul dit que nous ne pouvons sans cet Esprit d'Amour donner le nom de « Père » à notre Père qui est dans les Cieux. Il est donc bien libre de se servir de moi pour donner une bonne pensée à une âme ; si je croyais que cette pensée m'appartient je serais comme « L'âne portant des reliques[1] » qui croyait que les hommages rendus aux Saints s'adressaient à lui.

Je ne méprise pas les pensées profondes qui nourrissent l'âme et l'unissent à Dieu, mais il y a longtemps que j'ai compris qu'il ne faut pas s'appuyer sur elles et faire consister la perfection à recevoir beaucoup de lumières. Les plus belles pensées ne sont rien sans les œuvres, il est vrai que les autres peuvent en retirer beaucoup de profit si elles s'humilient et témoignent au bon Dieu leur reconnaissance de ce qu'il leur permet de partager le festin d'une âme qu'il Lui plaît d'enrichir de ses grâces, mais si cette âme se complaît dans ses *belles pensées* et fait la prière du pharisien, elle devient semblable à une personne mourant de faim devant une table bien garnie pendant que tous ses invités y puisent une abondante nourriture et parfois jettent un regard d'envie sur le personnage possesseur de tant de biens. Ah ! comme il n'y a bien que le bon Dieu tout seul qui connaisse le fond des cœurs… que les créatures ont de courtes pensées !… Lorsqu'elles voient une âme plus éclairée que les autres, aussitôt [20 r°] elles en concluent que Jésus les aime moins que cette âme et [qu'elles] ne peuvent être appelées à la même perfection. – Depuis quand le Seigneur n'a-t-Il *plus* le *droit* de se servir d'une de ses créatures pour dispenser aux âmes qu'Il aime la nourriture qui leur est nécessaire ? Au temps de Pharaon le Seigneur avait encore *ce droit*, car dans l'Écriture Il dit à ce monarque : « Je vous ai élevé tout exprès pour faire éclater en vous *ma puissance*, afin qu'on annonce mon nom par toute la terre. » Les siècles ont succédé aux siècles depuis que le Très-Haut prononça ces paroles et depuis, sa conduite n'a pas changé, toujours Il s'est servi de ses créatures comme d'instruments pour faire son œuvre dans les âmes.

Si la toile peinte par un artiste pouvait penser et parler, certainement elle ne se plaindrait pas d'être sans cesse touchée et retouchée par un *pinceau* et n'envierait pas non plus le sort de cet instrument car elle saurait que ce n'est point au pinceau mais à l'artiste qui le dirige qu'elle doit la beauté dont elle est revêtue. Le pinceau de son côté ne pourrait se glorifier du chef-d'œuvre fait par lui, il sait que les artistes ne sont pas embarrassés, qu'ils se jouent des difficultés, se plaisant à choisir parfois les instruments faibles et défectueux…

Ma Mère bien-aimée, je suis un petit pinceau que Jésus a choisi pour peindre son image dans les âmes que vous m'avez confiées. Un artiste ne se sert pas que d'un pinceau, il lui en faut au moins deux, le premier est le plus utile, c'est avec lui qu'il donne les teintes générales, [20 v°] qu'il couvre complètement la toile en très peu de temps, l'autre, plus petit, lui sert pour les détails.

Ma Mère, c'est vous qui me représentez le précieux pinceau que la main [de] Jésus saisit avec amour lorsqu'Il veut faire un *grand travail* dans l'âme de vos enfants, et moi je suis le *tout petit* dont Il daigne se servir ensuite pour les moindres détails.

La première fois que Jésus se servit de son petit pinceau, ce fut vers le 8 Décembre 1892. Toujours je me rappellerai cette époque comme un temps de grâces. Je vais, ma Mère chérie, vous confier ces doux souvenirs.

À 15 ans lorsque j'eus le bonheur d'entrer au Carmel, je trouvai une compagne de noviciat[2] qui m'avait précédée de quelques mois, elle était plus âgée que moi de 8 ans mais son caractère enfant faisait oublier la différence des années, aussi bientôt vous avez eu, ma Mère, la joie de voir vos deux petites postulantes s'entendre à merveille et devenir inséparables. Pour favoriser cette affection naissante qui vous semblait devoir porter des fruits, vous nous avez permis d'avoir ensemble de temps en temps de petits entretiens spirituels. Ma chère petite compagne me charmait par son innocence, son caractère expansif, mais d'un autre côté je m'étonnais de voir combien l'affection qu'elle avait pour vous était différente de la mienne. Il y avait aussi bien des choses dans sa conduite envers les sœurs que j'aurais désiré qu'elle changeât... Dès cette époque le bon Dieu me fit [21 r°] comprendre qu'il est des âmes que sa miséricorde ne se lasse pas d'attendre, auxquelles Il ne donne sa lumière que par degré, aussi je me gardais bien d'avancer son heure et j'attendais patiemment qu'il plaise à Jésus de la faire arriver.

Réfléchissant un jour à la permission que vous nous aviez donnée de nous entretenir ensemble comme il est dit dans nos saintes constitutions : Pour nous enflammer davantage en l'amour de notre Époux, je pensai avec tristesse que nos conversations n'atteignaient pas le but désiré, alors le bon Dieu me fit sentir que le moment était venu et qu'il ne fallait plus craindre de parler ou bien que je devais cesser des entretiens qui ressemblaient à ceux des amies du monde. Ce jour était un samedi, le lendemain pendant mon action de grâces, je suppliai le bon Dieu de me mettre à la bouche des paroles douces et convaincantes ou plutôt de parler Lui-Même par moi. Jésus exauça ma prière, il permit que le résultat comble entièrement mon espérance car : Ceux qui tourneront leurs regards vers lui en seront éclairés (Ps. XXXIII) et La Lumière s'est levée dans les ténèbres pour ceux qui ont le cœur droit. La première parole s'adresse à moi et la seconde à ma compagne, qui véritablement avait le cœur droit…

L'heure à laquelle nous avions résolu d'être ensemble étant arrivée, la pauvre petite sœur en jetant les yeux sur moi, vit tout de suite que je n'étais plus la même ; elle s'assit à mes côtés en rougissant et moi appuyant sa tête sur mon cœur, je lui dis avec des larmes dans la [21 v°] voix *tout ce que je pensais d'elle*, mais avec des expressions si tendres, en lui témoignant une si grande affection que bientôt ses larmes se mêlèrent aux miennes. Elle convint avec beaucoup d'humilité que tout ce [que] je disais était vrai, me promit de commencer une nouvelle vie et me demanda comme une grâce de l'avertir toujours de ses fautes. Enfin au moment de nous séparer notre affection était devenue toute spirituelle, il n'y avait plus rien d'humain. En nous se réalisait ce passage de l'Écriture: «Le frère qui est aidé par son frère est comme une ville fortifiée.»

Ce que Jésus fit avec son petit pinceau aurait été bientôt effacé s'Il n'avait agi par vous, ma Mère, pour accomplir son œuvre dans l'âme qu'Il voulait tout à Lui. L'épreuve sembla bien amère à ma pauvre compagne mais votre fermeté triompha et c'est alors que je pus, en essayant de la consoler, expliquer à celle que vous m'aviez donnée pour sœur entre toutes, en quoi consiste le véritable amour. Je lui montrai que c'était *elle-même* qu'elle aimait et non pas vous, je lui dis comment je vous aimais et les sacrifices que j'avais été obligée de faire au commencement de ma vie religieuse pour ne point m'attacher à vous d'une façon toute matérielle comme le chien qui s'attache à son maître. L'amour se nourrit de sacrifices, plus l'âme se refuse de satisfactions naturelles, plus sa tendresse devient forte et désintéressée.

Je me souviens qu'étant postulante, j'avais parfois de si violentes [22 r°] tentations d'entrer chez vous pour me satisfaire, trouver quelques gouttes de joie, que j'étais obligée de passer rapidement devant le dépôt[3] et de me cramponner à la rampe de l'escalier. Il me venait à l'esprit une foule de permissions à demander, enfin, ma Mère bien-aimée, je trouvais mille raisons pour contenter ma nature... Que je suis heureuse maintenant de m'être privée dès le début de ma vie religieuse, je jouis déjà de la récompense promise à ceux qui combattent courageusement. Je ne sens plus qu'il soit nécessaire de me refuser toutes les consolations du cœur, car mon âme est affermie par Celui que je voulais aimer uniquement. Je vois avec bonheur qu'en l'aimant, le cœur s'agrandit, qu'il peut donner incomparablement plus de tendresse à ceux qui lui sont chers, que s'il s'était concentré dans un amour égoïste et infructueux.

Ma Mère chérie, je vous ai rappelé le premier travail que Jésus et vous avez daigné accomplir par moi ; ce n'était que le prélude de ceux qui devaient m'être confiés. Lorsqu'il me fut donné de pénétrer dans le sanctuaire des âmes[4], je vis tout de suite que la tâche était au-dessus de mes forces, alors je me suis mise dans les bras du bon Dieu, comme un petit enfant et cachant ma figure dans ses cheveux, je Lui ai dit : Seigneur je suis trop petite pour nourrir vos enfants ; si vous voulez leur donner par moi ce qui convient à chacune, emplissez ma petite main et sans quitter vos bras, sans détourner la tête, [22 v°] je donnerai vos trésors à l'âme qui viendra me demander sa nourriture. Si elle la trouve à son goût, je saurai que ce n'est pas à moi, mais à vous qu'elle la doit ; au contraire, si elle se plaint et trouve amer ce que je lui présente, ma paix ne sera pas troublée, je tâcherai de lui persuader que cette nourriture vient de vous et me garderai bien d'en chercher une autre pour elle.

Ma Mère, depuis que j'ai compris qu'il m'était impossible de rien faire par moi-même, la tâche que vous m'avez imposée ne me parut plus difficile, j'ai senti que l'unique chose nécessaire était de m'unir de plus en plus à Jésus et que Le reste me serait donné par surcroît. En effet jamais mon espérance n'a été trompée, le bon Dieu a daigné remplir ma petite main autant de fois qu'il a été nécessaire pour que je nourrisse l'âme de mes sœurs. Je vous avoue, Mère bien-aimée, que si je m'étais appuyée le moins du monde sur mes propres forces, je vous aurais bientôt rendu les armes... *De loin* cela paraît tout rose de faire du bien aux âmes, de leur faire aimer Dieu davantage, enfin de les modeler d'après ses vues et ses pensées personnelles. *De près* c'est tout le contraire, le rose a disparu… on sent que faire du bien c'est chose aussi impossible sans le secours du bon Dieu que de faire briller le soleil dans la nuit… On sent qu'il faut absolument oublier ses goûts, ses conceptions personnelles et guider les âmes par le chemin que Jésus leur a tracé, sans essayer de les faire marcher [23 r°] par sa propre voie. Mais ce n'est pas encore le plus difficile, ce qui me coûte par-dessus tout, c'est d'observer les fautes, les plus légères imperfections et de leur livrer une guerre à mort. J'allais dire : malheureusement pour moi, (mais non, ce serait de la lâcheté) je dis donc : heureusement pour mes sœurs, depuis que j'ai pris place dans les bras de Jésus, je suis comme le veilleur observant l'ennemi de la plus haute tourelle d'un château fort. Rien n'échappe à mes regards ; souvent je suis étonnée d'y voir si clair et je trouve le prophète Jonas bien excusable de s'être enfui au lieu d'aller annoncer la ruine de Ninive. J'aimerais mille fois mieux recevoir des reproches que d'en faire aux autres, mais je sens qu'il est très nécessaire que cela me soit une souffrance car lorsqu'on agit par nature, c'est impossible que l'âme à laquelle on veut découvrir ses fautes comprenne ses torts, elle ne voit qu'une chose : La sœur chargée de me diriger est fâchée et tout retombe sur moi qui suis pourtant remplie des meilleures intentions.

Je sais bien que vos petits agneaux me trouvent sévère. S'ils lisaient ces lignes, ils diraient que cela n'a pas l'air de me coûter le moins du monde de courir après eux, de leur parler d'un ton sévère en leur montrant leur belle toison salie ou bien de leur apporter quelque léger flocon de laine qu'ils ont laissé déchirer par les épines du chemin. Les petits agneaux peuvent dire tout ce qu'ils voudront ; dans le fond, ils sentent que je les aime d'un véritable amour, que jamais je n'imiterai Le mercenaire qui voyant venir le loup laisse le troupeau et [23 v°] s'enfuit. Je suis prête à donner ma vie pour eux, mais mon affection est si pure que je ne désire pas qu'ils la connaissent. Jamais avec la grâce de Jésus, je n'ai essayé de m'attirer leurs cœurs, j'ai compris que ma mission était de les conduire à Dieu et de leur faire comprendre qu'ici-bas, vous étiez, ma Mère, le Jésus visible qu'ils doivent aimer et respecter.

Je vous ai dit, Mère chérie, qu'en instruisant les autres j'avais beaucoup appris. J'ai vu d'abord que toutes les âmes ont à [peu] près les mêmes combats, mais qu'elles sont si différentes d'un autre côté que je n'ai pas de peine à comprendre ce que disait le Père Pichon : « Il y a bien plus de différence entre les âmes qu'il n'y en a entre les visages. » Aussi est-il impossible d'agir avec toutes de la même manière. Avec certaines âmes, je sens qu'il faut me faire petite, ne point craindre de m'humilier en avouant mes combats, mes défaites ; voyant que j'ai les mêmes faiblesses qu'elles, mes petites sœurs m'avouent à leur tour les fautes qu'elles se reprochent et se réjouissent que je les comprenne *par expérience*. Avec d'autres j'ai vu qu'il faut au contraire pour leur faire du bien avoir beaucoup de fermeté et ne jamais revenir sur une chose dite. S'abaisser ne serait point alors de l'humilité, mais de la faiblesse. Le bon Dieu m'a fait la grâce de ne pas craindre la guerre, à tout prix il faut que je fasse mon devoir. Plus d'une fois j'ai entendu ceci : – « Si vous voulez obtenir quelque chose de moi, il faut me prendre par la douceur, par [24 r°] la force, vous n'aurez rien. » Moi je sais que nul n'est bon juge dans sa propre cause et qu'un enfant auquel le médecin fait subir une douloureuse opération ne manquera pas de jeter les hauts cris et de dire que le remède est pire que le mal ; cependant s'il se trouve guéri peu de jours après, il est tout heureux de pouvoir jouer et courir. Il en est de même pour les âmes, bientôt elles reconnaissent qu'un peu d'amertume est parfois préférable au sucre et ne craignent pas de l'avouer. Quelquefois je ne puis m'empêcher de sourire intérieurement en voyant quel changement s'opère du jour au lendemain, c'est féerique... On vient me dire : – « Vous aviez raison hier d'être sévère, au commencement cela m'a révoltée, mais après je me suis souvenue de tout et j'ai vu que vous étiez très juste... Écoutez : en m'en allant je pensais que c'était fini, je me disais : "Je vais aller trouver notre Mère et lui dire que je n'irai plus avec ma Sr Th. de l'Enf. Jésus." Mais j'ai senti que c'était le démon qui m'inspirait cela et puis il m'a semblé que vous priiez pour moi, alors je suis restée tranquille et la lumière a commencé à briller, mais maintenant il faut que vous m'éclairiez tout à fait et c'est pour cela que je viens. » La conversation s'engage bien vite ; moi je suis tout heureuse de pouvoir suivre le penchant de mon cœur, en ne servant aucun mets amer. Oui mais... je m'aperçois vite qu'il ne faut pas trop s'avancer, un *mot* pourrait détruire le bel édifice construit dans les larmes. Si j'ai le malheur de dire une parole qui semble atténuer ce que j'ai dit la veille, je vois ma petite sœur [24 v°] essayer de se raccrocher aux branches, alors je fais intérieurement une petite prière et la vérité triomphe toujours. Ah ! c'est la prière, c'est le sacrifice qui font toute ma force, ce sont les armes invincibles que Jésus m'a données, elles peuvent bien plus que les paroles toucher les âmes, j'en ai fait bien souvent l'expérience. Il en est une entre toutes qui m'a fait une douce et profonde impression.

C'était pendant le carême, je ne m'occupais alors que de l'unique novice[5] qui se trouvait ici et dont j'étais l'ange. Elle vint me trouver un matin toute rayonnante : « Ah ! si vous saviez, me dit-elle, ce que j'ai rêvé cette nuit, j'étais auprès de ma sœur et je voulais la détacher de toutes les vanités qu'elle aime tant, pour cela je lui expliquais ce couplet de : Vivre d'amour. – T'aimer Jésus, quelle perte féconde – Tous mes parfums sont à toi sans retour. Je sentais bien que mes paroles pénétraient dans son âme et j'étais ravie de joie. Ce matin en m'éveillant j'ai pensé que le bon Dieu voulait peut-être que je lui donne cette âme. Si je lui écrivais après le carême pour lui raconter mon rêve et lui dire que Jésus la veut tout à Lui ? »

Moi, sans en penser plus long je lui dis qu'elle pouvait bien essayer mais avant, qu'il fallait en demander la permission à Notre Mère. Comme le carême était encore loin de toucher à sa fin, vous avez été, Mère bien-aimée, très surprise d'une demande qui vous parut trop prématurée ; et certainement inspirée par le bon Dieu, vous avez répondu que ce n'était point par des lettres que les carmélites [25 r°] doivent sauver les âmes mais par la prière.

En apprenant votre décision je compris tout de suite que c'était celle de Jésus et je dis à Sr Marie de la Trinité : « Il faut nous mettre à l'œuvre, prions beaucoup. Quelle joie si *à la fin du carême* nous étions exaucées… ! » Oh ! miséricorde infinie du Seigneur, qui veut bien écouter la prière de ses enfants… *À la fin du carême*, une âme de plus se consacrait à Jésus. C'était un véritable miracle de la grâce, miracle obtenu par la ferveur d'une humble novice !

Qu'elle est donc grande la puissance de la Prière ! on dirait une reine ayant à chaque instant libre accès auprès du roi et pouvant obtenir tout ce qu'elle demande. Il n'est point nécessaire pour être exaucée de lire dans un livre une belle formule composée pour la circonstance ; s'il en était ainsi… hélas ! que je serais à plaindre !… En dehors de l'*Office Divin* que [je] suis *bien indigne* de réciter, je n'ai pas le courage de m'astreindre à chercher dans les livres de *belles* prières, cela me fait mal à la tête, il y en a tant !... et puis elles sont toutes plus *belles* les unes que les autres... Je ne saurais les réciter toutes et ne sachant laquelle choisir, je fais comme les enfants qui ne savent pas lire, je dis tout simplement au bon Dieu ce que je veux lui dire, sans faire de belles phrases, et toujours Il me comprend... Pour moi la prière, c'est un élan du cœur, c'est un simple regard jeté vers le Ciel, c'est un cri de reconnaissance et d'amour au sein de l'épreuve comme au sein de la joie ; enfin c'est quelque chose [25 v°] de grand, de surnaturel qui me dilate l'âme et m'unit à Jésus.

Je ne voudrais pas cependant, ma Mère bien-aimée, que vous croyiez que les prières faites en commun au chœur, ou dans les ermitages, je les récite sans dévotion. Au contraire j'aime beaucoup les prières communes car Jésus a promis de se trouver au milieu de ceux qui s'assemblent en son nom, je sens alors que la ferveur de mes sœurs supplée à la mienne, mais toute seule (j'ai honte de l'avouer) la récitation du chapelet me coûte plus que de mettre un instrument de pénitence... Je sens que je le dis si mal, j'ai beau m'efforcer de méditer les mystères du rosaire, je n'arrive pas à fixer mon esprit... Longtemps je me suis désolée de ce manque de dévotion qui m'étonnait, car *j'aime tant* la *Sainte Vierge* qu'il devrait m'être facile de faire en son honneur des prières qui lui sont agréables. Maintenant je me désole moins, je pense que la Reine des Cieux étant *ma Mère*, elle doit voir ma bonne volonté et qu'elle s'en contente.

Quelquefois lorsque mon esprit est dans une si grande sécheresse qu'il m'est impossible d'en tirer une pensée pour m'unir au bon Dieu, je récite *très lentement* un « Notre Père » et puis la salutation angélique ; alors ces prières me ravissent, elles nourrissent mon âme bien plus que si je les avais récitées précipitamment une centaine de fois…

La Sainte Vierge me montre qu'elle n'est pas fâchée contre [26 r°] moi, jamais elle ne manque de me protéger aussitôt que je l'invoque. S'il me survient une inquiétude, un embarras, bien vite je me tourne vers elle et toujours comme la plus tendre des Mères elles se charge de mes intérêts… Que de fois en parlant aux novices, il m'est arrivé de l'invoquer et de ressentir les bienfaits de sa maternelle protection !…

Souvent les novices me disent : « Mais vous avez une réponse à tout, je croyais cette fois vous embarrasser… où donc allez-vous chercher ce que vous dites ? » Il en est même d'assez candides pour croire que je lis dans leur âme parce qu'il m'est arrivé de les prévenir en leur disant ce qu'elles pensaient. Une nuit une de mes compagnes[6] avait résolu de me cacher une peine qui la faisait beaucoup souffrir. Je la rencontre dès le matin, elle me parle avec un visage souriant et moi, sans répondre à ce qu'elle me disait, je lui dis avec un accent convaincu : Vous avez du chagrin. Si j'avais fait tomber la lune à ses pieds je crois qu'elle ne m'aurait pas regardée avec plus d'étonnement. Sa stupéfaction était si grande qu'elle me gagna, je fus un instant saisie d'un effroi surnaturel. J'étais bien sûre de n'avoir pas le don de lire dans les âmes et cela m'étonnait d'autant plus d'être tombée si juste. Je sentais bien que le bon Dieu était tout près, que, sans m'en apercevoir, j'avais dit, comme un enfant, des paroles qui ne venaient pas de moi mais de Lui.

Ma Mère bien-aimée, vous comprenez qu'aux novices tout est permis [26 v°] il faut qu'elles puissent dire ce qu'elles pensent sans aucune restriction, le bien comme le mal. Cela leur est d'autant plus facile avec moi qu'elles ne me doivent pas le respect qu'on rend à une maîtresse. Je ne puis dire que Jésus me fait marcher *extérieurement* par la voie des humiliations, Il se contente de m'humilier au *fond* de mon âme ; aux yeux des créatures tout me réussit, je suis le chemin des honneurs, autant comme cela est possible en religion. Je comprends que ce n'est pas pour moi, mais pour les autres, qu'il me faut marcher par ce chemin qui paraît si périlleux. En effet si je passais aux yeux de la communauté pour une religieuse remplie de défauts, incapable, sans intelligence ni jugement, il vous serait impossible, ma Mère, de vous faire aider par moi. Voilà pourquoi le bon Dieu a jeté un voile sur tous mes défauts intérieurs et extérieurs. Ce voile, parfois, m'attire quelques compliments de la part des novices, je sens bien qu'elles ne me les font pas par flatterie mais que c'est l'expression de leurs sentiments naïfs ; vraiment cela ne saurait m'inspirer de vanité, car j'ai sans cesse présent à la pensée le souvenir de ce que je suis. Cependant, quelquefois il me vient un désir bien grand d'entendre autre chose que des louanges. Vous savez, ma Mère bien-aimée, que je préfère la vinaigrette au sucre ; mon âme aussi se fatigue d'une nourriture trop sucrée, et Jésus permet alors qu'on lui serve une bonne petite salade, [27 r°] bien vinaigrée, bien épicée, rien n'y manque excepté l'*huile*, ce qui lui donne une saveur de plus... Cette bonne petite salade m'est servie par les novices au moment où je m'y attends le moins. Le bon Dieu soulève le voile qui cache mes imperfections, alors mes chères petites sœurs me voyant telle que je suis ne me trouvent plus tout à fait à leur goût. Avec une simplicité qui me ravit, elles me disent tous les combats que je leur donne, ce qui leur déplaît en moi ; enfin, elles ne se gênent pas davantage que s'il était question d'une autre, sachant qu'elles me font un grand plaisir en agissant ainsi. Ah ! vraiment c'est plus qu'un plaisir, c'est un festin délicieux qui comble mon âme de joie. Je ne puis m'expliquer comment une chose qui déplaît tant à la nature peut causer un si grand bonheur ; si je ne l'avais expérimenté, je ne pourrais le croire… Un jour que j'avais particulièrement désiré d'être humiliée, il arriva qu'une novice[7] se chargea si bien de me satisfaire qu'aussitôt je pensai à Séméï maudissant David et je me disais : Oui, c'est bien le Seigneur qui lui ordonne de me dire toutes ces choses… Et mon âme savourait délicieusement la nourriture amère qui lui était servie avec tant d'abondance.

C'est ainsi que le bon Dieu daigne prendre soin de moi, Il ne peut toujours me donner le pain fortifiant de l'humiliation extérieure, mais de temps en temps, Il me permet de me nourrir des miettes qui tombent de la table *des enfants*. Ah ! que sa miséricorde est grande, je ne pourrai la [27 v°] chanter qu'au Ciel…

Mère bien-aimée, puisqu'avec vous j'essaie de commencer à la chanter sur la terre, cette miséricorde infinie, je dois encore vous dire un grand bienfait que j'ai retiré de la mission que vous m'avez confiée. Autrefois lorsque je voyais une sœur qui faisait quelque chose qui me déplaisait et me paraissait irrégulier, je me disais : Ah ! si je pouvais lui dire ce que je pense, lui montrer qu'elle a tort, que cela me ferait de bien ! Depuis que j'ai pratiqué un peu le métier, je vous assure, ma Mère, que j'ai tout à fait changé de sentiment. Lorsqu'il m'arrive de voir une sœur faire une action qui me paraît imparfaite, je pousse un soupir de soulagement et je me dis : Quel bonheur ! ce n'est pas une novice, je ne suis pas obligée de la reprendre. Et puis bien vite je tâche d'excuser la sœur et de lui prêter de bonnes intentions qu'elle a sans doute. Ah ! ma Mère, depuis que je suis malade, les soins que vous me prodiguez m'ont encore beaucoup instruite sur la charité. Aucun remède ne vous semble trop cher, et s'il ne réussit pas, sans vous lasser vous essayez autre chose. Lorsque j'allais à la récréation, quelle attention ne faisiez-vous pas à ce que je sois bien placée à l'abri des courants d'air, enfin, si je voulais tout dire, je ne terminerais pas.

En pensant à toutes ces choses, je me suis dit que je devrais être aussi compatissante pour les infirmités spirituelles de mes sœurs, que vous l'êtes, ma Mère chérie, en me soignant avec tant d'amour.

J'ai remarqué (et c'est tout naturel) que les sœurs les plus saintes sont les [28 r°] plus aimées, on recherche leur conversation, on leur rend des services sans qu'elles les demandent, enfin ces âmes capables de supporter des manques d'égards, de délicatesses, se voient entourées de l'affection de toutes. On peut leur appliquer cette parole de notre Père St Jean de la Croix : Tous les biens m'ont été donnés quand je ne les ai plus recherchés par amour-propre[8].

Les âmes imparfaites au contraire, ne sont point recherchées, sans doute on se tient à leur égard dans les bornes de la politesse religieuse, mais craignant peut-être de leur dire quelques paroles peu aimables, on évite leur compagnie. – En disant les âmes imparfaites, je ne veux pas seulement parler des imperfections spirituelles, puisque les plus saintes ne seront parfaites qu'au Ciel, je veux parler du manque de jugement, d'éducation, de la susceptibilité de certains caractères, toutes choses qui ne rendent pas la vie très agréable. Je sais bien que ces infirmités morales sont chroniques, il n'y a pas d'espoir de guérison, mais je sais bien aussi que ma Mère ne cesserait pas de me soigner, d'essayer de me soulager si je restais malade toute ma vie. Voici la conclusion que j'en tire : Je dois rechercher en récréation, en licence, la compagnie des sœurs qui me sont le moins agréables, remplir près de ces âmes blessées l'office du bon Samaritain. Une parole, un sourire aimable, suffisent souvent pour épanouir une âme triste ; mais ce n'est pas absolument pour atteindre ce but que je veux pratiquer la charité car je sais que bientôt je serais découragée : un mot que j'aurai dit avec la meilleure intention sera peut-être interprété tout de travers. Aussi pour ne pas perdre mon temps, je veux être aimable avec tout le monde [28 v°] (et particulièrement avec les sœurs les moins aimables) pour réjouir Jésus et répondre au conseil qu'Il donne dans l'Évangile à peu près en ces termes : – « Quand vous faites un festin n'invitez pas vos parents et vos amis de peur qu'ils ne vous invitent à leur tour et qu'ainsi vous ayez reçu votre récompense ; mais invitez les pauvres, les boiteux, les paralytiques et vous serez heureux de ce qu'ils ne pourront vous rendre, car votre Père qui voit dans le secret vous en récompensera. »

Quel festin pourrait offrir une carmélite à ses sœurs si ce n'est un festin spirituel composé de charité aimable et joyeuse ? Pour moi, je n'en connais pas d'autre et je veux imiter St Paul qui se réjouissait avec ceux qu'il trouvait dans la joie : il est vrai qu'il pleurait aussi avec les affligés et les larmes doivent quelquefois paraître dans le festin que je veux servir, mais toujours j'essaierai qu'à la fin ces larmes se changent en joie, puisque le Seigneur aime ceux qui donnent avec joie.

Je me souviens d'un acte de charité que le bon Dieu m'inspira de faire étant encore novice, c'était peu de chose, cependant notre Père qui voit dans le secret, qui regarde plus à l'intention qu'à la grandeur de l'action, m'en a déjà récompensée sans attendre l'autre vie. C'était du temps que S[r] St Pierre allait encore au chœur et au réfectoire. À l'oraison du soir elle était placée devant moi : 10 minutes avant 6 heures, il fallait qu'une sœur se dérange pour la conduire au réfectoire, car les infirmières avaient alors trop de malades pour venir [29 r°] la chercher. Cela me coûtait beaucoup de me proposer pour rendre ce petit service, car je savais que ce n'était pas facile de contenter cette pauvre Sr St Pierre qui souffrait tant qu'elle n'aimait pas à changer de conductrice. Cependant je ne voulais pas manquer une si belle occasion d'exercer la charité, me souvenant que Jésus avait dit : Ce que vous ferez au plus petit des miens c'est à moi que vous l'aurez fait. Je m'offris donc bien humblement pour la conduire : ce ne fut pas sans mal que je parvins à faire accepter mes services ! Enfin je me mis à l'œuvre et j'avais tant de bonne volonté que je réussis parfaitement.

Chaque soir quand je voyais ma Sr St Pierre secouer son sablier, je savais que cela voulait dire : partons. C'est incroyable comme cela me coûtait de me déranger surtout dans le commencement, je le faisais pourtant immédiatement, et puis, toute une cérémonie commençait. Il fallait remuer et porter le banc d'une certaine manière, surtout ne pas se presser, ensuite la promenade avait lieu, il s'agissait de suivre la pauvre infirme en la soutenant par sa ceinture, je le faisais avec le plus de douceur qu'il m'était possible ; mais si, par malheur, elle faisait un faux pas, aussitôt il lui semblait que je la tenais mal et qu'elle allait tomber. – « Ah ! mon Dieu ! vous allez trop vite, j'vais m'briser. » Si j'essayais d'aller encore plus doucement – « Mais suivez-moi donc, je n'sens pus vot'main, vous m'avez lâchée, j'vais tomber, ah ! j'avais bien dit qu'vous étiez trop jeune pour me conduire. » Enfin nous arrivions sans accident au réfectoire ; là survenaient d'autres difficultés, il s'agissait de faire asseoir Sr St Pierre et d'agir adroitement pour [29 v°] ne pas la blesser, ensuite il fallait relever ses manches (encore d'une certaine manière), puis j'étais libre de m'en aller. Avec ses pauvres mains estropiées, elle arrangeait son pain dans son godet, comme elle pouvait. Je m'en aperçus bientôt et, chaque soir, je ne la quittai qu'après lui avoir encore rendu ce petit service. Comme elle ne me l'avait pas demandé, elle fut très touchée de mon attention et ce fut par ce moyen que je n'avais pas cherché exprès, que je gagnai tout à fait ses bonnes grâces et surtout (je l'ai su plus tard) parce que après avoir coupé son pain je lui faisais avant de m'en aller mon plus beau sourire.

Ma Mère bien-aimée, peut-être êtes-vous étonnée que je vous écrive ce petit acte de charité, passé depuis si longtemps. Ah ! si je l'ai fait c'est que je sens qu'il me faut chanter, à cause de lui, les miséricordes du Seigneur, Il a daigné m'en laisser le souvenir, comme un parfum qui me porte à pratiquer la charité. Je me souviens parfois de certains détails qui sont pour mon âme comme une brise printanière. En voici un qui se présente à ma mémoire : Un soir d'hiver j'accomplissais comme d'habitude mon petit office, il faisait froid, il faisait nuit… tout à coup j'entendis dans le lointain le son harmonieux d'un instrument de musique, alors je me représentai un salon bien éclairé, tout brillant de dorures, des jeunes filles élégamment vêtues se faisant mutuellement des compliments et des politesses mondaines ; puis mon regard se porta sur la pauvre malade que je soutenais ; au lieu d'une mélodie j'entendais de temps en temps ses gémissements plaintifs, au lieu de dorures, [30 r°] je voyais les briques de notre cloître austère, à peine éclairé par une faible lueur. Je ne puis exprimer ce qui se passa dans mon âme, ce que je sais c'est que le Seigneur l'illumina des rayons de la vérité qui surpassèrent tellement l'éclat ténébreux des fêtes de la terre, que je ne pouvais croire à mon bonheur… Ah ! pour jouir mille ans des fêtes mondaines, je n'aurais pas donné les dix minutes employées à remplir mon humble office de charité… Si déjà dans la souffrance, au sein du combat, on peut jouir un instant d'un bonheur qui surpasse tous les bonheurs de la terre, en pensant que le bon Dieu nous a retirées du monde, que sera-ce dans le Ciel lorsque nous verrons, au sein d'une allégresse et d'un repos éternel la grâce incomparable que le Seigneur nous a faite en nous choisissant pour habiter dans sa maison, véritable portique des Cieux ?…

Ce n'est pas toujours avec ces transports d'allégresse que j'ai pratiqué la charité, mais au commencement de ma vie religieuse, Jésus voulut me faire sentir combien il est doux de le voir dans l'âme de ses épouses ; aussi lorsque je conduisais ma Sr St Pierre, je le faisais avec tant d'amour qu'il m'aurait été impossible de mieux faire si j'avais dû conduire Jésus lui-même. La pratique de la charité ne m'a pas toujours été si douce, je vous le disais à l'instant, ma Mère chérie ; pour vous le prouver, je vais vous raconter certains petits combats qui certainement vous feront sourire. Longtemps, à l'oraison du soir, je fus placée devant une sœur qui avait une drôle de manie, et je pense… beaucoup de lumières, car elle se servait rarement d'un livre, voici comment je [30 v°] m'en apercevais : Aussitôt que cette sœur était arrivée, elle se mettait à faire un étrange petit bruit qui ressemblait à celui qu'on ferait en frottant deux coquillages l'un contre l'autre. Il n'y avait que moi qui m'en apercevais, car j'ai l'oreille extrêmement fine (un peu trop parfois). Vous dire, ma Mère, combien ce petit bruit me fatiguait c'est chose impossible : j'avais grande envie de tourner la tête et de regarder la coupable qui, bien sûr, ne s'apercevait pas de son tic, c'était l'unique moyen de l'éclairer ; mais au fond du cœur je sentais qu'il valait mieux souffrir cela pour l'amour du bon Dieu et pour ne pas faire de la peine à la sœur. Je restais donc tranquille, j'essayais de m'unir au bon Dieu, d'oublier le petit bruit... tout était inutile, je sentais la sueur qui m'inondait et j'étais obligée de faire simplement une oraison de souffrance, mais tout en souffrant, je cherchais le moyen de le faire non pas avec agacement, mais avec joie et paix, au moins dans l'intime de l'âme, alors je tâchai d'aimer le petit bruit si désagréable ; au lieu d'essayer de ne pas l'entendre (chose impossible) je mettais mon attention à le bien écouter comme s'il eût été un ravissant concert et toute mon oraison (qui n'était pas celle de quiétude) se passait à offrir ce concert à Jésus.

Une autre fois, j'étais au lavage devant une sœur qui me lançait de l'eau sale à la figure à chaque fois qu'elle soulevait les mouchoirs sur son banc, mon premier mouvement fut de me reculer en [31 r°] m'essuyant la figure, afin de montrer à la sœur qui m'aspergeait qu'elle me rendrait service en se tenant tranquille, mais aussitôt je pensai que j'étais bien sotte de refuser des trésors qui m'étaient donnés si généreusement et je me gardai bien de faire paraître mon combat. Je fis tous mes efforts pour désirer de recevoir beaucoup d'eau sale, de sorte qu'à la fin j'avais vraiment pris goût à ce nouveau genre d'aspersion et je me promis de revenir une autre fois à cette heureuse place où l'on recevait tant de trésors.

Mère bien-aimée, vous voyez que je suis une *très petite âme* qui ne peut offrir au bon Dieu que de *très petites choses*, encore m'arrive-t-il souvent de laisser échapper de ces petits sacrifices qui donnent tant de paix à l'âme ; cela ne me décourage pas, je supporte d'avoir un peu moins de paix et je tâche d'être plus vigilante une autre fois.

Ah ! le Seigneur est si bon pour moi qu'il m'est impossible de le craindre, toujours Il m'a donné ce que j'ai désiré ou plutôt Il m'a fait désirer ce qu'Il voulait me donner, ainsi peu de temps avant que mon épreuve contre la foi commence, je me disais : Vraiment je n'ai pas de grandes épreuves extérieures et pour en avoir d'intérieures il faudrait que le bon Dieu change ma voie, je ne crois pas qu'Il le fasse, pourtant je ne puis toujours vivre ainsi dans le repos... quel moyen donc Jésus trouvera-t-Il pour m'éprouver ? La réponse ne se fit pas attendre et me montra que Celui que j'aime n'est pas à court de moyens ; sans changer ma voie, Il m'envoya l'épreuve qui devait mêler une salutaire amertume à toutes mes joies. Ce n'est pas seulement lorsqu'il veut m'éprouver [31 v°] que Jésus me le fait pressentir et désirer. Depuis bien longtemps j'avais un désir qui me paraissait tout à fait irréalisable, celui d'avoir *un frère prêtre*, je pensais souvent que si mes petits frères ne s'étaient pas envolés au Ciel j'aurais eu le bonheur de les voir monter à l'autel ; mais puisque le bon Dieu les a choisis pour en faire des petits anges je ne pouvais plus espérer de voir mon rêve se réaliser ; et voilà que non seulement Jésus m'a fait la grâce que je désirais, mais Il m'a unie par les liens de l'âme à *deux* de ses apôtres, qui sont devenus mes frères... Je veux, ma Mère bien-aimée, vous raconter en détails comment Jésus combla mon désir et même le dépassa, puisque je ne désirais qu'*un* frère prêtre qui chaque jour pense à moi au saint autel.

Ce fut notre Ste Mère Thérèse qui m'envoya pour bouquet de fête en 1895 mon premier petit frère[9]. J'étais au lavage bien occupée de mon travail lorsque mère Agnès de Jésus me prenant à l'écart me lut une lettre qu'elle venait de recevoir. C'était un jeune séminariste inspiré, disait-il, par Ste Thérèse qui venait demander une sœur qui se dévouât spécialement au salut de son âme et l'aidât de ses prières et sacrifices lorsqu'il serait missionnaire afin qu'il puisse sauver beaucoup d'âmes. Il promettait d'avoir toujours un souvenir pour celle qui deviendrait sa sœur, lorsqu'il pourrait offrir le Saint Sacrifice. Mère Agnès de Jésus me dit qu'elle voulait que ce soit moi qui devinsse la sœur de ce futur missionnaire.

[32 r°] Ma Mère, vous dire mon bonheur serait chose impossible, mon désir comblé d'une façon inespérée fit naître dans mon cœur une joie que j'appellerai enfantine, car il me faut remonter aux jours de mon enfance pour trouver le souvenir de ces joies si vives que l'âme est trop petite pour les contenir, jamais depuis des années je n'avais goûté ce genre de bonheur. Je sentais que de ce côté mon âme était neuve, c'était comme si l'on avait touché pour la première fois des cordes musicales restées jusque-là dans l'oubli.

Je comprenais les obligations que je m'imposais, aussi je me mis à l'œuvre en essayant de redoubler de ferveur. Il faut avouer que d'abord je n'eus pas de consolations pour stimuler mon zèle ; après avoir écrit une charmante lettre pleine de cœur et de nobles sentiments pour remercier mère Agnès de Jésus, mon petit frère ne donna plus signe de vie qu'au mois de juillet suivant, excepté qu'il envoya sa carte au mois de Novembre pour dire qu'il entrait à la caserne. C'était à vous, ma Mère Bien-aimée, que le bon Dieu avait réservé d'achever l'œuvre commencée, sans doute c'est par la prière et le sacrifice qu'on peut aider les missionnaires, mais parfois lorsqu'il plaît à Jésus d'unir deux âmes pour sa gloire, il permet que de temps en temps elles puissent se communiquer leurs pensées et s'exciter à aimer Dieu davantage, mais il faut pour cela une *volonté expresse* de l'autorité, car il me semble qu'autrement cette correspondance ferait plus de mal que de bien, sinon au missionnaire du moins à la carmélite continuellement portée par son genre de vie [32 v°] à se replier sur elle-même, alors au lieu de l'unir au bon Dieu, cette correspondance (même éloignée) qu'elle aurait sollicitée lui occuperait l'esprit ; en s'imaginant faire monts et merveilles, elle ne ferait rien du tout que de se procurer, sous couleur de zèle, une distraction inutile. Pour moi il en est de cela comme du reste, je sens qu'il faut pour que mes lettres fassent du bien qu'elles soient écrites par obéissance et que j'éprouve plutôt de la répugnance que du plaisir à les écrire. Ainsi quand je parle avec une novice, je tâche de le faire en me mortifiant, j'évite de lui adresser des questions qui satisferaient ma curiosité ; si elle commence une chose intéressante et puis passe à une autre qui m'ennuie sans achever la première, je me garde bien de lui rappeler le sujet qu'elle a laissé de côté, car il me semble qu'on ne peut faire aucun bien lorsqu'on se recherche soi-même.

Ma Mère bien-aimée, je m'aperçois que je ne me corrigerai jamais, me voici encore partie bien loin de mon sujet, avec toutes mes dissertations, excusez-moi je vous en prie et permettez que je recommence à la prochaine occasion puisque je ne puis faire autrement !... Vous agissez comme le bon Dieu qui ne se fatigue pas de m'entendre, lorsque je Lui dis tout simplement mes peines et mes joies comme s'Il ne les connaissait pas... Vous aussi, ma Mère, vous connaissez depuis longtemps ce que je pense et tous les événements un peu mémorables de ma vie, je ne saurais donc vous apprendre rien de nouveau. Je ne puis m'empêcher de rire en pensant que je vous écris scrupuleusement tant de choses [33 r°] que vous savez aussi bien que moi. Enfin, Mère chérie, je vous obéis et si maintenant vous ne trouvez pas d'intérêt à lire ces pages, peut-être qu'elles vous distrairont dans vos vieux jours et serviront ensuite pour allumer votre feu, ainsi je n'aurai pas perdu mon temps... Mais je m'amuse à parler comme un enfant, ne croyez pas, ma Mère, que je recherche quelle utilité peut avoir mon pauvre travail, puisque je le fais par obéissance cela me suffit et je n'éprouverais aucune peine si vous le brûliez sous mes yeux avant de l'avoir lu.

Il est temps que je reprenne l'histoire de mes frères qui tiennent maintenant une si grande place dans ma vie. – L'année dernière à la fin du mois de mai[10], je me souviens qu'un jour vous m'avez fait appeler avant le réfectoire. Le cœur me battait bien fort lorsque j'entrai chez vous, ma Mère chérie ; je me demandais ce que vous pouviez avoir à me dire, car c'était la première fois que vous me faisiez demander ainsi. Après m'avoir dit de m'asseoir, voici la proposition que vous m'avez faite : – « Voulez-vous vous charger des intérêts spirituels d'un missionnaire qui doit être ordonné prêtre et partir prochainement[11] » et puis, ma Mère, vous m'avez lu la lettre de ce jeune Père afin que je sache au juste ce qu'il demandait. Mon premier sentiment fut un sentiment de joie qui fit aussitôt place à la crainte. Je vous expliquai, ma Mère bien-aimée, qu'ayant déjà offert mes pauvres mérites pour un futur apôtre, je croyais ne pouvoir le faire encore aux intentions d'un autre et que, d'ailleurs, il y avait beaucoup de sœurs meilleures que moi qui pourraient répondre à son désir. Toutes mes objections furent inutiles, vous [33 v°] m'avez répondu qu'on pouvait avoir plusieurs frères. Alors je vous ai demandé si l'obéissance ne pourrait pas doubler mes mérites. Vous m'avez répondu que oui, en me disant plusieurs choses qui me faisaient voir qu'il me fallait accepter sans scrupule un nouveau frère. Dans le fond, ma Mère, je pensais comme vous et même, puisque « le zèle d'une carmélite doit embraser le monde[12] », j'espère avec la grâce du bon Dieu être utile à plus de *deux* missionnaires et je ne pourrais oublier de prier pour tous, sans laisser de côté les simples prêtres dont la mission parfois est aussi difficile à remplir que celle des apôtres prêchant les infidèles. Enfin je veux être fille de l'Église[13] comme l'était notre Mère Ste Thérèse et prier dans les intentions de notre St Père le Pape, sachant que ses intentions embrassent l'univers. Voilà le but général de ma vie, mais cela ne m'aurait pas empêchée de prier et de m'unir spécialement aux œuvres de mes petits anges chéris s'ils avaient été prêtres. Eh bien ! voilà comment je me suis unie spirituellement aux apôtres que Jésus m'a donnés pour frères : tout ce [qui] m'appartient, appartient à chacun d'eux, je sens bien que le *bon* Dieu est trop *bon* pour faire des partages, Il est si riche qu'Il donne sans mesure tout ce que je lui demande... Mais ne croyez pas, ma Mère, que je me perde dans de longues énumérations.

Depuis que j'ai deux frères et mes petites sœurs les novices, si je voulais demander pour chaque âme ce qu'elle a besoin et bien le détailler, les journées seraient trop courtes et je craindrais fort d'oublier quelque chose d'important. Aux âmes simples, il ne faut pas de moyens compliqués, comme je suis de ce nombre, un matin pendant mon action de grâces, Jésus m'a donné un moyen *simple* d'accomplir ma mission. Il m'a fait [34 r°] comprendre cette parole des Cantiques : « *Attirez-moi, nous courrons* à l'odeur de vos parfums. » Ô Jésus, il n'est donc même pas nécessaire de dire : En m'attirant, attirez les âmes que j'aime. Cette simple parole : « Attirez-moi » suffit. Seigneur, je le comprends, lorsqu'une âme s'est laissée captiver par l'odeur enivrante de vos parfums, elle ne saurait courir seule, toutes les âmes qu'elle aime sont entraînées à sa suite ; cela se fait sans contrainte, sans effort, c'est une conséquence naturelle de son attraction vers vous. De même qu'un torrent se jetant avec impétuosité dans l'océan entraîne après lui tout ce qu'il a rencontré sur son passage, de même, ô mon Jésus, l'âme qui se plonge dans l'océan sans rivages de votre amour attire avec elle tous les trésors qu'elle possède… Seigneur, vous le savez, je n'ai point d'autres trésors que les âmes qu'il vous a plu d'unir à la mienne ; ces trésors, c'est vous qui me les avez confiés, aussi j'ose emprunter les paroles que vous avez adressées au Père Céleste le dernier soir qui vous vit encore sur notre terre, voyageur et mortel. Jésus, mon Bien-Aimé, je ne sais pas quand mon exil finira… plus d'un soir doit me voir encore chanter dans l'exil vos miséricordes, mais enfin, pour moi aussi viendra le dernier soir ; alors je voudrais pouvoir vous dire, ô mon Dieu : « Je vous ai glorifié sur la terre ; j'ai accompli l'œuvre que vous m'avez donnée à faire ; j'ai fait connaître votre nom à ceux que vous m'avez donnés : ils étaient à vous, et vous me les avez donnés. C'est maintenant qu'ils connaissent que tout ce que vous m'avez donné vient de vous ; car je leur ai communiqué les paroles que vous m'avez communiquées, ils les ont reçues et ils ont cru que c'est vous qui m'avez envoyée. Je prie pour ceux que vous m'avez donnés parce qu'ils sont à vous. [34 v°] Je ne suis plus dans le monde ; pour eux, ils y sont et moi je retourne à vous. Père Saint, conservez à cause de votre nom ceux que vous m'avez donnés. Je vais maintenant à vous, et c'est afin que la joie qui vient de vous soit parfaite en eux, que je dis ceci pendant que je suis dans le monde. Je ne vous prie pas de les ôter du monde, mais de les préserver du mal. Ils ne sont point du monde, de même que moi je ne suis pas du monde non plus. Ce n'est pas seulement pour eux que je prie, mais c'est encore pour ceux qui croiront en vous sur ce qu'ils leur entendront dire.

« Mon Père, je souhaite qu'où je serai, ceux que vous m'avez donnés y soient avec moi, et que le monde connaisse que vous les avez aimés comme vous m'avez aimée moi-même[14]. »

Oui Seigneur, voilà ce que je voudrais répéter après vous, avant de m'envoler en vos bras. C'est peut-être de la témérité ? Mais non depuis longtemps vous m'avez permis d'être audacieuse avec vous, comme le père de l'enfant prodigue parlant à son fils aîné, vous m'avez dit : « *Tout* ce qui est à moi est à toi. » Vos paroles, ô Jésus, sont donc à moi et je puis m'en servir pour attirer sur les âmes qui me sont unies les faveurs du Père Céleste. Mais, Seigneur, lorsque je dis qu'où je serai je désire que ceux qui m'ont été donnés par vous y soient aussi, je ne prétends pas qu'ils ne puissent arriver à une gloire bien plus élevée que celle qu'il vous plaira de me donner, je veux demander simplement qu'un jour nous soyons tous réunis dans votre beau Ciel. Vous le savez, ô mon Dieu, je n'ai jamais désiré que vous aimer, je n'ambitionne pas d'autre gloire. [35 r°] Votre amour m'a prévenue dès mon enfance, il a grandi avec moi, et maintenant c'est un abîme dont je ne puis sonder la profondeur. L'amour attire l'amour, aussi, mon Jésus, le mien s'élance vers vous, il voudrait combler l'abîme qui l'attire, mais hélas ! ce n'est pas même une goutte de rosée perdue dans l'océan !… Pour vous aimer comme vous m'aimez, il me faut emprunter votre propre amour, alors seulement je trouve le repos. Ô mon Jésus, c'est peut-être une illusion, mais il me semble que vous ne pouvez combler une âme de plus d'amour que vous n'en avez comblé la mienne ; c'est pour cela que j'ose vous demander d'aimer ceux que vous m'avez donnés comme vous m'avez aimée moi-même. Un jour, au Ciel, si je découvre que vous les aimez plus que moi, je m'en réjouirai, reconnaissant dès maintenant que ces âmes méritent votre amour bien plus que la mienne, mais ici-bas je ne puis concevoir une plus grande immensité d'amour que celui qu'il vous a plu de me prodiguer gratuitement sans aucun mérite de ma part.

Ma Mère chérie, enfin je reviens à vous, je suis tout étonnée de ce que je viens d'écrire, car je n'en avais pas l'intention, puisque c'est écrit il faut que ça reste, mais avant de revenir à l'histoire de mes frères, je veux vous dire, ma Mère, que je n'applique pas à eux, mais à mes petites sœurs, les premières paroles empruntées à l'Évangile : Je leur ai communiqué les paroles que vous m'avez communiquées, etc. car je ne me crois pas capable d'instruire des missionnaires, heureusement je ne suis pas encore assez orgueilleuse pour cela ! Je n'aurais pas davantage été capable [35 v°] de donner quelques conseils à mes sœurs, si vous, ma Mère, qui me représentez le bon Dieu, ne m'aviez donné grâce pour cela.

C'est au contraire à vos chers fils spirituels qui sont mes frères que je pensais en écrivant ces paroles de Jésus et celles qui les suivent – « Je ne vous prie pas de les ôter du monde… je vous prie encore pour ceux qui croiront en vous sur ce qu'ils leur entendront dire. » Comment en effet pourrais-je ne pas prier pour les âmes qu'ils sauveront dans leurs missions lointaines par la souffrance et la prédication ?

Ma Mère, je crois qu'il est nécessaire que je vous donne encore quelques explications sur le passage du

Cant. des cant. : – « Attirez-moi, nous courrons » car ce que j'en ai voulu dire me semble peu compréhensible. « Personne, a dit Jésus, ne peut venir après moi, si *mon Père* qui m'a envoyé ne l'attire. » Ensuite par de sublimes paraboles, et souvent sans même user de ce moyen si familier au peuple, Il nous enseigne qu'il suffit de frapper pour qu'on ouvre, de chercher pour trouver et de tendre humblement la main pour recevoir ce que l'on demande… Il dit encore que tout ce que l'on demande à *son Père* en son nom Il l'accorde. C'est pour cela sans doute que l'Esprit Saint, avant la naissance de Jésus, dicta cette prière prophétique : Attirez-moi, nous courrons.

Qu'est-ce donc de demander d'être *Attiré*, sinon de s'unir d'une manière intime à l'objet qui captive le cœur ? Si le feu et le fer avaient la raison et que ce dernier disait à l'autre : Attire-moi, ne prouverait-il pas qu'il désire s'identifier au feu de manière qu'il le pénètre [36 r°] et l'imbibe de sa brûlante substance et semble ne faire qu'un avec lui. Mère bien-aimée, voici ma prière, je demande à Jésus de m'attirer dans les flammes de son amour, de m'unir si étroitement à Lui, qu'Il vive et agisse en moi. Je sens que plus le feu de l'amour embrasera mon cœur, plus je dirai : Attirez-moi, plus aussi les âmes qui s'approcheront de moi (pauvre petit débris de fer inutile, si je m'éloignais du brasier divin), plus ces âmes courront avec vitesse à l'odeur des parfums de leur Bien-Aimé, car une âme embrasée d'amour ne peut rester inactive, sans doute comme Ste Madeleine elle se tient aux pieds de Jésus, elle écoute sa parole douce et enflammée. Paraissant ne rien donner, elle donne bien plus que Marthe qui se tourmente de beaucoup de choses et voudrait que sa sœur l'imite. Ce ne sont point les travaux de Marthe que Jésus blâme, ces travaux, sa divine

Mère s'y est humblement soumise toute sa vie puisqu'il lui fallait préparer les repas de la Ste Famille. C'est l'inquiétude seule de[15] son ardente hôtesse qu'il voudrait corriger. Tous les saints l'ont compris et plus particulièrement peut-être ceux qui remplirent l'univers de l'illumination de la doctrine évangélique. N'est-ce point dans l'oraison que les Sts Paul, Augustin, Jean de la Croix, Thomas d'Aquin, François, Dominique et tant d'autres illustres Amis de Dieu ont puisé cette science Divine qui ravit les plus grands génies ? Un Savant a dit : « Donnez-moi un levier, un point d'appui, et je soulèverai le monde. » Ce qu'Archimède n'a pu obtenir parce que sa demande ne s'adressait point à Dieu et qu'elle n'était faite qu'au point de vue matériel, Les Saints l'ont obtenu [36 v°] dans toute sa plénitude. Le Tout-Puissant leur a donné pour point d'appui : *Lui-même*, et *Lui seul*. Pour levier : L'oraison, qui embrase d'un feu d'amour, et c'est ainsi qu'ils ont soulevé le monde, c'est ainsi que les Saints encore militants le soulèvent et que jusqu'à la fin du monde les Saints à venir le soulèveront aussi.

Ma Mère chérie, maintenant je voudrais vous dire ce que j'entends par l'odeur des parfums du Bien-Aimé. – Puisque Jésus est remonté au Ciel, je ne puis le suivre qu'aux traces qu'Il a laissées, mais que ces traces sont lumineuses, qu'elles sont embaumées ! Je n'ai qu'à jeter les yeux dans le St Évangile, aussitôt je respire les parfums de la vie de Jésus et je sais de quel côté courir… Ce n'est pas à la première place, mais à la dernière que je m'élance, au lieu de m'avancer avec le pharisien, je répète, remplie de confiance, l'humble prière du publicain, mais surtout j'imite la conduite de Madeleine, son étonnante ou plutôt son amoureuse audace qui charme

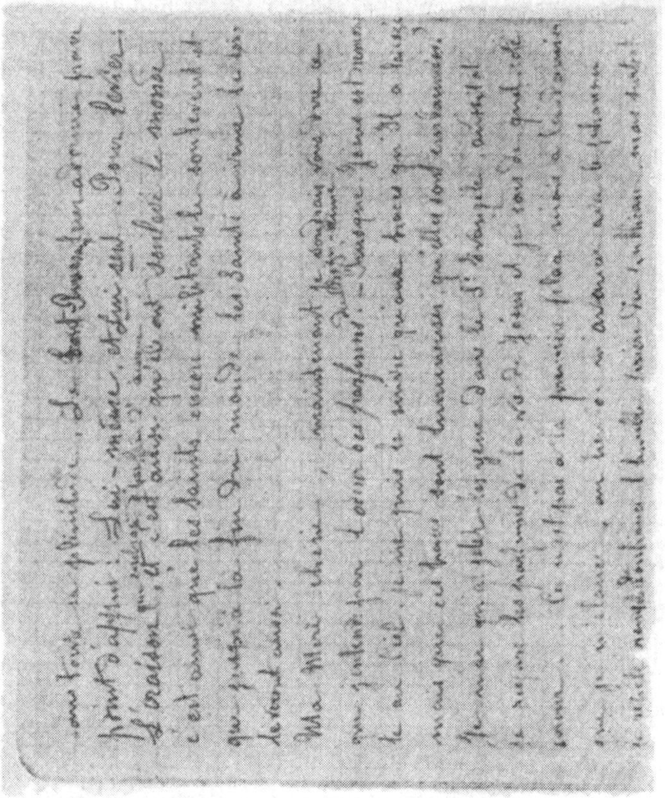

Fac-similé de la page 300, en regard, dans le manuscrit de sainte Thérèse.

le Cœur de Jésus, séduit le mien. Oui je le sens, quand même j'aurais sur la conscience tous les péchés qui se peuvent commettre, j'irais le cœur brisé de repentir me jeter dans les bras de Jésus, car je sais combien Il chérit l'enfant prodigue qui revient à Lui[16]. Ce n'est pas parce que Le bon Dieu, dans sa *prévenante* miséricorde a préservé mon âme du péché mortel que je m'élève à Lui [37 r°] par la confiance et l'amour.

ÉPILOGUE

« … par la confiance et l'amour. »

Ici le crayon qui a succédé au porte-plume incommode est tombé des mains de Thérèse. Le manuscrit montre les lignes tremblées et prouve la force de volonté de celle qui ne peut pourtant achever le petit cahier noir. Épuisée, elle abandonne… Il lui reste un peu moins de trois mois à vivre.

À la seule lecture de ces pages pleines de sagesse et de paix, qui pourrait croire que leur rédactrice est gravement malade depuis plusieurs semaines ? À peine trouve-t-on quelques allusions aux soins qui lui sont prodigués et, sans les notes que Mère Agnès de Jésus prend quotidiennement au chevet de sa sœur, nous aurions ignoré les détails de la maladie, de l'agonie et de la mort de sœur Thérèse de l'Enfant-Jésus et de la Sainte-Face. Mais grâce aux récits des témoins[1]*, nous pouvons la suivre pas à pas et constater qu'elle vit ce qu'elle vient d'écrire.*

1. Nous renvoyons aux *Derniers Entretiens* et à la *Correspondance générale* (Cerf-DDB, 1971/1992). Toutes les citations sont entre guillemets, mais nous ne donnons pas les références pour ne pas alourdir le texte.

Lorsque sœur Thérèse abandonne la rédaction de son manuscrit, elle se trouve depuis quelques jours à l'infirmerie, au rez-de-chaussée. Sérieusement atteinte depuis plusieurs mois, elle n'est « officiellement » malade que depuis la fin du Carême : fiévreuse, toussant, se traînant au chœur, elle a été déchargée peu à peu de tous ses emplois, exemptée de l'office en commun et des récréations. En ce mois de juin 1897, sa seule tâche consiste à se reposer dans sa cellule, à prendre l'air et le soleil de l'été dans le jardin, à compléter ses souvenirs comme la prieure lui en a donné l'ordre le 3 juin sur la suggestion de Mère Agnès. Ultime « petit devoir » *qu'elle accomplit mais qu'elle ne pourra achever.* « Pour écrire ma "petite" vie, je ne me casse pas la tête ; c'est comme si je pêchais à la ligne ; j'écris ce qui vient au bout. »

Le 6 juillet, une brusque aggravation inaugure une série d'hémoptysies qui va durer jusqu'au 5 août. Étouffant, vomissant le sang « comme du foie », brûlante de fièvre, sœur Thérèse est considérée comme « mourante » par le Dr de Cornière qui déclare que, dans son cas, « 2 % seulement en réchappent ».

« Débordante de joie », elle se confesse à l'aumônier et demande l'extrême-onction qu'elle désire beaucoup. Le soir du jeudi 8 juillet, on la descend à l'infirmerie.

Désormais, la voici dans l'espace restreint qu'elle ne quittera plus. Dans un angle, le lit de fer entouré de rideaux bruns sur lesquels elle fait épingler ses images préférées (la Sainte Face du Christ, la Vierge, son « cher petit » Théophane Vénard, etc.). À sa gauche, la statue de la Vierge du sourire installée ici le même jour qu'elle ; un fauteuil, dans lequel elle se reposera les jours où on la lève. Par la fenêtre, elle peut voir le jardin en pleine floraison.

Le 9 juillet, le supérieur du Carmel, ne trouvant pas Thérèse « assez malade », diffère l'extrême-onction. Il est vrai qu'elle manifeste encore une vie étonnante et stupéfie ses sœurs par sa gaieté communicative. Elle vit dans l'attente de la venue imminente du « Voleur », *celui qui va « rompre la toile de cette douce rencontre » :* « mourir d'amour », *selon la description de saint Jean de la Croix, a toujours été son espérance. Mère Agnès enregistre ce dialogue : « Avez-vous peur de la mort maintenant que vous la voyez de si près ? –* Ah ! de moins en moins ! – *Avez-vous peur du Voleur ? Cette fois il est à la porte ! –* Non, il n'est pas à la porte, il est entré. Mais qu'est-ce que vous dites, ma petite Mère ! Si j'ai peur du Voleur ! Comment voulez-vous que j'aie peur de quelqu'un que j'aime tant ?! »

Elle ne cesse de cracher le sang, de souffrir de la tête, du côté, de vomir le lait que le médecin lui a ordonné. Sa faiblesse s'accroît encore.

Au cours de ce mois de juillet, Thérèse a encore assez de forces pour répondre aux nombreuses questions de Mère Agnès et de ses sœurs : on lui fait préciser tel détail de son passé, on sollicite des conseils. La malade se rallie à l'idée d'une utilisation posthume de toutes ces notes pour composer la circulaire nécrologique qui sera, selon l'usage, envoyée à tous les carmels. Peu à peu surgit même l'éventualité d'une publication plus large de ses souvenirs. Thérèse en confie le soin à Mère Agnès en insistant fortement pour qu'elle complète le cahier inachevé par l'histoire de la pécheresse morte d'amour. « Les âmes comprendront tout de suite, car c'est un exemple si frappant de ce que je voudrais dire. » *Parlant de ses manuscrits, elle ajoute* : « Il y en aura pour tous les goûts, excepté pour les voies extraordinaires. »

Elle pressent que son action posthume s'étendra bien au-delà du rayonnement d'un livre mais qu'elle agira dans le monde entier. « Que je serai malheureuse au Ciel, si je ne puis faire de petits plaisirs sur la terre à ceux que j'aime ! » *Elle multiplie de mystérieuses promesses* : « Je reviendrai… je descendrai… » *Et puis, le 17 juillet, cette parole devenue fameuse* : « Je sens surtout que ma mission va commencer, ma mission de faire aimer le bon Dieu comme je l'aime, de donner ma petite voie aux âmes. Si le bon Dieu exauce mes désirs, mon Ciel se passera sur la terre jusqu'à la fin du monde. Oui, je veux passer mon Ciel à faire du bien sur la terre. »

Le 28 juillet, très nette aggravation : selon l'aveu de la malade, c'est le début des « grandes souffrances ». *Le médecin estime qu'elle ne passera pas la nuit. Dans la cellule voisine de l'infirmerie (où couche sœur Geneviève, son infirmière), on prépare le nécessaire pour son ensevelissement et, à 18 heures, le vendredi 30 juillet, M. Maupas lui administre enfin l'extrême-onction et la communion en viatique.*

Contrairement à toute attente (et d'abord à la sienne : « Je ne comprends plus rien à ma maladie »), *elle passe encore ce cap. Ces alternatives la déroutent, mais elle s'abandonne totalement* : « Ce soir, quand vous m'avez dit que M. de Cornière croyait que j'en avais encore pour un mois et plus, je n'en revenais pas ; c'est une si grande différence avec hier où il disait qu'il fallait m'administrer le jour même ! Mais cela m'a laissée dans un calme profond. » « Je ne désire pas plus mourir que vivre, c'est ce qu'Il fait que j'aime. »

En fait, les hémoptysies cessent définitivement le 5 août et la malade connaît un répit relatif. Le Dr de Cornière part en vacances ; après avoir constaté l'envahissement du poumon gauche, il ordonne quelques remèdes. Mais l'accalmie ne durera que quinze jours et Thérèse va se trouver sans médecin au moment d'une nouvelle offensive de la souffrance qui commence en la fête de l'Assomption.

Toux, oppression, douleurs intercostales, jambes enflées, fièvre intense... Un maximum de souffrance est atteint entre le 22 et le 27 août. La tuberculose (le premier à prononcer le mot est le Dr Francis La Néele, cousin de Thérèse par alliance, accouru de Caen à l'appel du Carmel) atteint les intestins : très amaigrie, comme « assise sur des fers pointus », *Thérèse souffre violemment à chaque respiration. On craint la gangrène.* « Eh bien, ça vaut mieux, tant qu'à faire de souffrir beaucoup et de partout, d'avoir plusieurs maladies ensemble », *commente Thérèse. Plus tard, épuisée, elle confie* : « Qu'est-ce que je deviendrais si le bon Dieu ne me donnait pas la force ? On ne sait pas ce que c'est que de souffrir comme cela. Non, il faut le sentir. » *Tout en s'excusant, elle pousse de petits cris.* « Quelle grâce d'avoir la foi ! Si je n'avais pas eu la foi, je me serais donné la mort sans hésiter un seul instant... »

Nouvelle rémission inattendue dans les derniers jours d'août ; elle va durer jusqu'au 13 septembre. Le Dr La Néele constate que sa cousine n'a plus qu'un demi-poumon pour respirer. Il lui reste un mois à vivre.

*
**

Le seul rappel des brusques alternatives de la maladie et des réactions de sœur Thérèse ne peut rendre compte de tous les aspects de sa personnalité tels qu'ils se révèlent à travers ses derniers entretiens et sa correspondance (qui cesse définitivement le 10 août). Aucune rupture n'apparaît entre ce qu'elle vient d'écrire dans son dernier manuscrit et ce qu'elle vit maintenant à l'infirmerie.

Elle reste avant tout une malade comme les autres « qui ne pense pas à grand-chose » : « Mes petites sœurs, priez pour les pauvres malades à la mort. Si vous saviez ce qui se passe ! Comme il faudrait peu de chose pour perdre patience !... Je n'aurais pas cru cela autrefois. » *On lui demande : « Comment arrangez-vous votre petite vie maintenant ?* – Ma petite vie, c'est de souffrir et puis ça y est ! »

Pourtant, par une gaieté non feinte (elle a « horreur de la feintise »), *elle s'efforce d'atténuer ce qu'il peut y avoir de dramatique dans son état et qui accable ses sœurs. On ne respire pas une atmosphère triste dans cette infirmerie : « Pour le moral, c'est toujours la même chose, la gaieté même, faisant rire tous ceux qui l'approchent. Il y a des moments où l'on payerait sa place pour être auprès d'elle. (...) Je crois qu'elle mourra en riant tellement elle est gaie », écrit sœur Marie de l'Eucharistie à ses parents dans un de ses bulletins de santé très précieux.*

Jeux de mots, « joueries » *diverses, imitations, humour sur elle-même ou sur l'impuissance de ses médecins, Thérèse possède un répertoire varié qui exprime le fond de sa nature et sa charité fraternelle. La source de sa joie vient de son acceptation totale de la volonté de* « Papa le bon Dieu » *qu'elle va bientôt voir face à face.* « Ne soyez pas triste de me voir malade, ma petite Mère, car vous voyez comme le bon Dieu me rend heureuse. Je suis toujours gaie et contente. »

Exquise tendresse d'un « cœur sensible et aimant » *qui donne à chacun selon ses besoins, accepte et même sollicite un baiser,* « un baiser qui fasse du bruit ; enfin, que les lèvres fassent *pit !* » *Charité fraternelle dont elle écrivait si bien en juin et qui donne maintenant la mesure de son héroïsme caché : on vient à l'infirmerie quémander un conseil ou un sourire. Jusqu'au bout la maîtresse des novices se soucie des larmes de sœur Marie de la Trinité, des découragements de sa* « Bobonne » *(sœur Geneviève) ou excuse les bévues de la bonne vieille sœur Saint-Stanislas, son infirmière.*

Qui pourrait dès lors se douter – hormis quelques rares confidentes – qu'elle reste habituellement plongée dans la « nuit », *dans le* « souterrain », *comme devant* « un mur » *?*

Car la terrible épreuve confiée à Mère Marie de Gonzague ne cessera qu'au dernier jour. Face à la mort, torturée par les souffrances physiques, Thérèse aspire au Ciel de toutes ses forces : il lui paraît « fermé ». « C'est sur le Ciel que tout porte. Comme c'est étrange et incohérent ! » *Quelques brèves confidences à Mère Agnès surgissent, tels des éclairs :* « Faut-il tant aimer le bon Dieu et la Sainte Vierge et avoir ces pensées-là !... Mais je ne m'y arrête pas. » *Voyant par la fenêtre un* « trou noir » *dans le jardin :* « C'est dans un trou comme cela que je suis pour l'âme et pour le corps. Ah ! oui, quelles ténèbres ! Mais j'y suis dans la paix. »

Assise, solitaire, à la « table des pécheurs », *elle ne peut espérer aucune aide extérieure. L'aumônier s'est effrayé des tentations de sa pénitente : « Ne vous arrêtez pas à cela, c'est très dangereux ! » Elle reste très réservée avec ses sœurs par crainte de leur faire partager ses tourments. Elle ne peut même plus compter sur les sacrements. Le 19 août, elle communie pour la dernière fois. « Lorsqu'on lui apporte la Sainte Eucharistie, nous entrons toutes en psalmodiant le Miserere ; la dernière fois elle était si faible que de nous entendre a manqué de lui prendre sur les nerfs ; elle souffrait le martyre. »*

L'impossibilité de communier à partir de cette date n'accable pourtant pas Thérèse : « Sans doute, c'est une grande grâce de recevoir les sacrements ; mais quand le bon Dieu ne le permet pas, c'est bien quand même, tout est grâce. »

C'est à l'intention de l'ex-Père carme Hyacinthe Loyson qu'elle a offert cette dernière communion, car « rien ne lui tient aux mains ». « Tout ce que j'ai, tout ce que je gagne, c'est pour l'Église et pour les âmes. » *Cette obsession des pécheurs et du salut universel ne fait que s'aviver : elle est entretenue par la correspondance avec ses frères spirituels à qui elle promet une aide efficace :* « Quand je serai au port, je vous enseignerai, cher petit Frère de mon âme, comment vous devez naviguer sur la mer orageuse du monde : avec l'abandon et l'amour d'un enfant qui sait que son Père le chérit et ne saurait le laisser seul à l'heure du danger… la voie de la confiance simple et amoureuse est bien faite pour vous », *écrit-elle à l'abbé Bellière.*

La vie apparaît si quotidienne et si monotone à l'infirmerie que nul ne peut se douter qu'une sainte est en train d'y mourir. Parfois, cependant, de mystérieuses paroles jettent une lueur sur un avenir bien proche : « Mes petites sœurs, vous savez bien que vous soignez une petite sainte ! » « … Ramassez bien ces pétales (de rose), mes petites sœurs, ils vous serviront à faire des plaisirs plus tard… N'en perdez aucun… » *Mais elle proteste en même temps de sa totale pauvreté, alors qu'on lui suggère diverses dates pour sa mort :* « Ah ! ma Mère, des intuitions ! Si vous saviez dans quelle pauvreté je suis ! Je ne sais rien que ce que vous savez ! Je ne devine rien que par ce que je vois et je sens. »

Toutes les paroles prononcées à l'infirmerie tissent comme un immense Magnificat dans la ligne des manuscrits qui chantaient la Miséricorde du Seigneur. C'est par pure grâce que sœur Thérèse en est arrivée à cet abandon : « Cette parole de Job : "Quand même Dieu me tuerait j'espérerais encore en lui", m'a ravie dès mon enfance. Mais j'ai été longtemps avant de m'établir à ce degré d'abandon. Maintenant j'y suis ; le bon Dieu m'y a mise, il m'a prise dans ses bras et m'a posée là... »

Lucidement, elle reconnaît ses limites et accepte toutes les humiliations dues à son état de grande malade : faiblesses, pleurs, impatience devant quelque sœur importune : « Oh ! que je suis heureuse de me voir imparfaite et d'avoir tant besoin de la miséricorde du bon Dieu au moment de la mort ! »

Il semble qu'elle soit devenue une pure transparence : « Mais comme on verra bien que tout vient du bon Dieu ; et ce que j'en aurai de gloire, ce sera un don gratuit qui ne m'appartiendra pas ; tout le monde le verra bien... »

⁂

En attendant, après le paroxysme des souffrances de la fin août, on a tiré le lit au centre de l'infirmerie. Par la fenêtre ouverte, Thérèse peut contempler la splendeur du jardin (elle aime tant les fleurs et les fruits), le ciel matériel (l'autre reste fermé), entendre la psalmodie du chœur ou quelque musique lointaine. La vie semble revenir : voilà qu'elle a faim maintenant. La tante Guérin s'ingénie à satisfaire ses « envies de toutes sortes de bonnes choses », *y compris celle d'un éclair au chocolat !*

Le 30 août, placée sur un lit roulant, Thérèse est poussée sous le cloître jusqu'à la porte du chœur qu'elle voit pour la dernière fois. Sœur Geneviève en profite pour prendre l'ultime cliché de sa sœur : très amaigrie, essayant de sourire, Thérèse effeuille des roses sur le crucifix qui ne la quitte pas.

Le 8 septembre, elle fête le septième anniversaire de sa profession, comblée de fleurs. Elle pleure de reconnaissance : « C'est à cause des délicatesses du bon Dieu à mon égard ; à l'extérieur j'en suis comblée, et pourtant, à l'intérieur je suis toujours dans l'épreuve… mais aussi dans la paix. » *Elle tresse deux couronnes de bleuets pour la statue de la Vierge du sourire.*

À son retour, le Dr de Cornière se déclare consterné par l'état de sa malade. Une nouvelle et dernière aggravation se déclare après dix-neuf jours d'accalmie relative : le poumon gauche est entièrement envahi par la tuberculose. Thérèse étouffe, ne peut plus parler qu'en hachant ses phrases : « Maman !… l'air de la terre me manque, quand est-ce que le bon Dieu me donnera l'air du ciel… Ah ! ça n'a jamais été si court ! *(sa respiration).* »

Comme un voyageur harassé qui titube à la fin de son voyage, elle arrive au bout de son chemin de croix : « Oui, mais c'est dans les bras du bon Dieu que je tombe ! » *Face à la mort, elle connaît des moments d'incertitude :* « J'ai peur d'avoir eu peur de la mort… Mais je n'ai pas peur d'après, bien sûr ! Et je ne regrette pas la vie, oh ! non. C'est seulement de me dire : Qu'est-ce que c'est que cette séparation mystérieuse de l'âme et du corps ? C'est la première fois que j'ai éprouvé cela, mais je me suis tout de suite abandonnée au bon Dieu. »

L'agonie proprement dite va durer deux jours, mais, dès le 21 septembre, Thérèse gémit : « Ah ! qu'est-ce que l'agonie ? Il me semble que j'y suis tout le temps. »

Le matin du mercredi 29, la malade râle péniblement. Mère Marie de Gonzague convoque la communauté qui, serrée autour du lit, récite pendant une heure les prières des agonisants. À midi, Thérèse demande à sa prieure : « Ma Mère, est-ce l'agonie ?… Comment vais-je faire pour mourir ? Jamais je ne vais savoir mourir !… » *Après la visite du docteur, elle questionne encore :* « Est-ce pour aujourd'hui ma Mère ? – *Oui ma petite fille.* – Si je mourais tout de suite quel bonheur ! » *Un peu plus tard :* « … Quand est-ce que je vais être tout à fait étouffée !… Je n'en puis plus ! Ah ! qu'on prie pour moi !… Jésus ! Marie !… Oui ! Je veux, je veux bien… »

Le soir, l'abbé Faucon vient la confesser. Au sortir de l'infirmerie, très ému, il confie : « Quelle belle âme ! Elle semble confirmée en grâce. »

Cette nuit-là, sœur Geneviève et sœur Marie du Sacré-Cœur la veillent malgré ses protestations. Nuit très douloureuse. Au matin, ses trois sœurs restent près d'elle pendant la messe. Thérèse halète, regarde la statue de la Vierge : « Oh ! je l'ai priée avec une ferveur !… Mais c'est l'agonie toute pure, sans aucun mélange de consolation… »

Dans l'après-midi de ce jeudi 30 septembre, Thérèse se soulève dans son lit, s'assied, ce qu'elle ne pouvait plus faire depuis plusieurs semaines. « Voyez ce que j'ai de force aujourd'hui ! Non, je ne vais pas mourir ! J'en ai encore pour des mois, peut-être des années ! » *Au dire des témoins, elle soutient alors « les dernières luttes de l'agonie la plus terrible ».*

Vers 15 heures, assise dans son lit, elle étend les bras, se reposant sur Mère Agnès et sœur Geneviève qui l'entourent. Comment ne pas évoquer alors les paroles prononcées en juin à propos de cette « mort d'amour » *qu'elle espérait :* « Ne vous faites pas de peine mes petites sœurs, si je souffre beaucoup et si vous ne voyez en moi, comme je vous l'ai déjà dit, aucun signe de bonheur au moment de ma mort. Notre-Seigneur est bien mort Victime d'Amour, et voyez quelle a été son agonie !... » *Et en juillet :* « Notre-Seigneur est mort sur la Croix, dans les angoisses, et voilà pourtant la plus belle mort d'amour. (...) Mourir d'amour, ce n'est pas mourir dans les transports. Je vous l'avoue franchement, il me semble que c'est ce que j'éprouve. »

Mère Agnès a recueilli les paroles de Thérèse :

« Je ne crois plus à la mort pour moi... Je ne crois plus qu'à la souffrance... Eh bien, tant mieux !

« Ô mon Dieu !...

« Je l'aime le bon Dieu !

« Ô ma bonne Sainte Vierge, venez à mon secours !

« Si c'est ça l'agonie, qu'est-ce que c'est que la mort ?!...

« Ah ! mon *bon* Dieu !... Oui, il est bien bon, je le trouve bien bon...

« Si vous saviez ce que c'est que d'étouffer !

« Mon Dieu, ayez pitié de votre pauvre petite fille ! Ayez-en pitié ! »

À Mère Marie de Gonzague :

« Ô ma Mère, je vous assure que le calice est plein jusqu'au bord !...

« … Mais le bon Dieu ne va pas m'abandonner, bien sûr…

« … Il ne m'a jamais abandonnée.

« … Oui, mon Dieu, tout ce que vous voudrez, mais ayez pitié de moi !

« … Mes petites sœurs ! mes petites sœurs, priez pour moi !

« … Mon Dieu ! mon Dieu ! Vous qui êtes si bon !!!

« … Oh ! oui, vous êtes bon ! je le sais…

« Oui, il me semble que je n'ai jamais cherché que la vérité ; oui, j'ai compris l'humilité du cœur… Il me semble que je suis humble.

« Tout ce que j'ai écrit sur mes désirs de la souffrance. Oh ! c'est quand même bien vrai !

« … Et je ne me repens pas de m'être livrée à l'Amour. »

Avec insistance :

« Oh ! non, je ne m'en repens pas, au contraire ! »

Mère Agnès raconte : « J'étais seule près d'elle, quand vers quatre heures et demie, je devinai à sa pâleur subite que le dernier moment approchait. Notre Mère revint et toute la communauté fut bientôt rassemblée. Elle lui sourit mais ne parla plus jusqu'à l'instant de sa mort. Pendant plus de deux heures, un râle terrible déchira sa poitrine. Son visage était congestionné, ses mains violacées, elle avait les pieds glacés et tremblait de tous ses membres. Une sueur abondante perlait en gouttes énormes sur son front et ruisselait sur ses joues. Elle était dans une oppression toujours croissante et jetait parfois pour respirer de petits cris involontaires. »

Thérèse sourit à sœur Geneviève qui lui essuie le front et passe un petit morceau de glace sur ses lèvres desséchées.

À l'heure où sonne l'angelus (18 heures), l'agonisante regarde longuement la Vierge du sourire ; elle tient fermement son crucifix. La communauté qui se tient dans l'infirmerie depuis près de deux heures est congédiée par la prieure. Thérèse soupire :

« Ma Mère ! N'est-ce pas encore l'agonie ?… Ne vais-je pas mourir ?…

– *Oui, ma pauvre petite, c'est l'agonie, mais le bon Dieu veut peut-être la prolonger de quelques heures.*

– Eh bien !… allons !… Allons !…

Oh ! je ne voudrais pas moins longtemps souffrir… »

Sa tête retombe sur l'oreiller, penchée à droite. La prieure fait sonner la cloche de l'infirmerie, les sœurs reviennent en hâte. « Ouvrez toutes les portes ! » ordonne Mère Marie de Gonzague. À peine la communauté est-elle agenouillée à nouveau autour du lit que Thérèse prononce distinctement en regardant son crucifix : « Oh ! je l'aime… » *Et un instant après :* « Mon Dieu… je… vous aime !… »

Soudain ses yeux reprennent vie et fixent un point un peu au-dessus de la statue de la Vierge. Son visage reprend l'apparence qu'il avait en pleine santé, elle semble en extase. Ce regard dure l'espace d'un Credo. Puis elle ferme les yeux et expire. Il est 19 heures 20 environ.

La tête penchée à droite, un mystérieux sourire sur les lèvres, elle apparaît très belle, comme la montre la photographie prise par sa sœur.

Selon la coutume, elle fut exposée au chœur près de la grille, du vendredi après-midi au dimanche soir, et inhumée en pleine terre le lundi 4 octobre 1897 au cimetière de Lisieux.

Elle avait écrit le 9 juin à l'abbé Bellière: « Je ne meurs pas, j'entre dans la vie. »

La prodigieuse vie posthume de cette carmélite inconnue allait commencer…

APPENDICES

Billet de profession

Acte d'offrande
Dialogue par lettres entre sœur Marie du Sacré-Cœur
(LC 170) et Thérèse (LT 197)

Histoire de la pécheresse convertie
et morte d'amour

BILLET QUE SŒUR THÉRÈSE
DE L'ENFANT-JÉSUS PORTAIT SUR SON CŒUR
LE JOUR DE SA PROFESSION

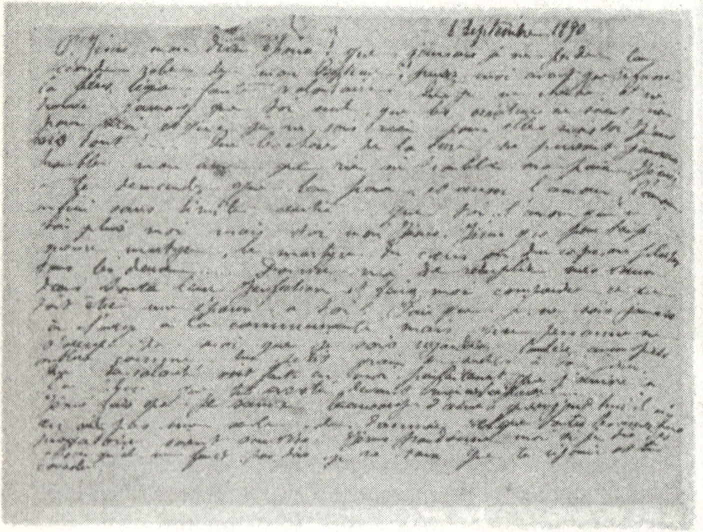
8 septembre 1890

8 septembre 1890

Ô Jésus, mon divin époux ! que jamais je ne perde la seconde robe de mon Baptême, prends-moi avant que je fasse la plus légère faute volontaire. Que je ne cherche et ne trouve jamais que toi seul, que les créatures ne soient rien pour moi et que je ne sois rien pour elles mais toi Jésus sois *tout* !… Que les choses de la terre ne puissent jamais troubler mon âme que rien ne trouble ma paix, Jésus je ne te demande que la paix, et aussi l'amour, l'amour infini sans limite autre que toi, l'amour qui ne soit plus moi mais toi mon Jésus. Jésus que pour toi je meure martyre, le martyre du cœur ou du corps, ou plutôt tous les deux… Donne-moi de remplir mes vœux dans toute leur perfection et fais-moi comprendre ce que doit être une épouse à toi. Fais que je ne sois jamais à charge à la communauté mais que personne ne s'occupe de moi, que je sois regardée foulée aux pieds oubliée comme un petit grain de sable à toi, Jésus.

Que ta volonté soit faite en moi parfaitement, que j'arrive à la place que tu as été devant me préparer…

Jésus fais que je sauve beaucoup d'âmes, qu'aujourd'hui il n'y en ait pas une seule de damnée et que toutes les âmes du purgatoire soient sauvées… Jésus pardonne-moi si je dis des choses qu'il ne faut pas dire, je ne veux que te réjouir et te consoler.

ACTE D'OFFRANDE À L'AMOUR MISÉRICORDIEUX

J.M.J.T.
Offrande de moi-même
comme Victime d'Holocauste
à l'Amour Miséricordieux du bon Dieu

Ô mon Dieu ! Trinité Bienheureuse, je désire vous Aimer et vous faire Aimer, travailler à la glorification de la Sainte Église en sauvant les âmes qui sont sur la terre et en délivrant celles qui souffrent dans le purgatoire. Je désire accomplir parfaitement votre volonté et arriver au degré de gloire que vous m'avez préparé dans votre royaume, en un mot, je désire être Sainte, mais je sens mon impuissance et je vous demande, ô mon Dieu ! d'être vous-même ma Sainteté.

Puisque vous m'avez aimée jusqu'à me donner votre Fils unique pour être mon Sauveur et mon Époux, les trésors infinis de ses mérites sont à moi, je vous les offre avec bonheur, vous suppliant de ne me regarder qu'à travers la Face de Jésus et dans son Cœur brûlant d'Amour.

Je vous offre encore tous les mérites des Saints (qui sont au Ciel et sur la terre) leurs actes d'Amour et ceux des Saints Anges ; enfin je vous offre, ô Bienheureuse Trinité ! L'Amour et les mérites de la Sainte Vierge, ma Mère chérie, c'est à elle que j'abandonne mon offrande la priant de vous la présenter. Son Divin Fils, mon

Époux Bien-Aimé, aux jours de sa vie mortelle, nous a dit : « Tout ce que vous demanderez à mon Père, en mon nom, il vous le donnera ! » Je suis donc certaine que vous exaucerez mes désirs ; je le sais, ô mon Dieu ! plus vous voulez donner, plus vous faites désirer. Je sens en mon cœur des désirs immenses et c'est avec confiance que je vous demande de venir prendre possession de mon âme. Ah ! je ne puis recevoir la Sainte Communion aussi souvent que je le désire, mais, Seigneur, n'êtes-vous pas Tout-Puissant ?... Restez en moi, comme au tabernacle, ne vous éloignez jamais de votre petite hostie...

Je voudrais vous consoler de l'ingratitude des méchants et je vous supplie de m'ôter la liberté de vous déplaire, si par faiblesse je tombe quelquefois qu'aussitôt votre Divin Regard purifie mon âme consumant toutes mes imperfections, comme le feu qui transforme toute chose en lui-même...

Je vous remercie, ô mon Dieu ! de toutes les grâces que vous m'avez accordées, en particulier de m'avoir fait passer par le creuset de la souffrance. C'est avec joie que je vous contemplerai au dernier jour portant le sceptre de la Croix ; puisque vous avez daigné me donner en partage cette Croix si précieuse, j'espère au Ciel vous ressembler et voir briller sur mon corps glorifié les sacrés stigmates de votre Passion...

Après l'exil de la terre, j'espère aller jouir de vous dans la Patrie, mais je ne veux pas amasser de mérites pour le Ciel, je veux travailler pour votre seul Amour, dans l'unique but de vous faire plaisir, de consoler votre Cœur Sacré et de sauver des âmes qui vous aimeront éternellement.

Au soir de cette vie, je paraîtrai devant vous les mains vides, car je ne vous demande pas, Seigneur, de compter mes œuvres. Toutes nos justices ont des taches à vos yeux. Je veux donc me revêtir de votre propre Justice et recevoir de votre Amour la possession éternelle de Vous-même. Je ne veux point d'autre Trône et d'autre Couronne que Vous, ô mon Bien-Aimé !...

À vos yeux le temps n'est rien, un seul jour est comme mille ans, vous pouvez donc en un instant me préparer à paraître devant vous...

Afin de vivre dans un acte de parfait Amour, je m'offre comme victime d'holocauste à votre Amour miséricordieux, vous suppliant de me consumer sans cesse, laissant déborder en mon âme les flots de tendresse infinie qui sont renfermés en vous et qu'ainsi je devienne Martyre de votre Amour, ô mon Dieu !...

Que ce martyre après m'avoir préparée à paraître devant vous me fasse enfin mourir et que mon âme s'élance sans retard dans l'éternel embrassement de Votre Miséricordieux Amour...

Je veux, ô mon Bien-Aimé, à chaque battement de mon cœur vous renouveler cette offrande un nombre infini de fois jusqu'à ce que les ombres s'étant évanouies je puisse vous redire mon Amour dans un Face à Face Éternel !

Marie, Françoise, Thérèse de l'Enfant Jésus et de la Sainte Face, rel. carm. ind.

Fête de la Très Sainte Trinité.
Le 9 juin de l'an de grâce 1895.

LETTRE DE SŒUR MARIE DU SACRÉ-CŒUR

LC 170

Le 17 septembre 1896

Petite sœur chérie, j'ai lu vos pages brûlantes d'amour pour Jésus, votre petite marraine est *bien heureuse* de posséder ce trésor et bien reconnaissante envers sa petite fille chérie qui lui a dévoilé ainsi les secrets de son âme. Oh ! que j'aurais à vous dire sur ces lignes marquées au sceau de l'amour. – Un mot seulement qui me regarde. Comme le jeune homme de l'Évangile, un certain sentiment de tristesse m'a saisie[1] devant vos désirs extraordinaires du martyre[2]. Voilà bien la preuve de votre amour, oui, vous le possédez l'amour[3], mais moi ! non jamais vous ne me ferez croire que je puis atteindre à ce but désiré. Car je redoute tout ce que vous aimez.

Voilà bien une preuve que je n'aime pas Jésus comme vous. Ah ! vous dites que vous ne faites rien, que vous êtes un pauvre petit oiseau chétif[4], mais vos désirs pour quoi les comptez-vous ? Le bon Dieu, Lui, les regarde comme des œuvres.

Je ne puis vous en dire plus long, j'ai commencé ce petit mot ce matin et je n'ai pas eu une minute pour le finir, il est cinq heures[5]. Je voudrais bien que vous disiez par écrit à votre petite marraine si elle peut aimer Jésus comme vous. Mais deux mots seulement, car ce que j'ai suffit à mon bonheur et à ma peine. À mon bonheur en voyant à quel point vous êtes aimée et privilégiée, à ma peine en pressentant le désir qu'a Jésus de cueillir sa petite fleur chérie ! Oh ! j'avais bien envie de pleurer en lisant ces lignes qui ne sont pas de la terre, mais un écho du Cœur de Dieu… Voulez-vous que je vous dise ? Eh bien, vous êtes possédée par le bon Dieu, mais possédée ce qui s'appelle… absolument comme les méchants le sont du vilain.

Je voudrais bien être possédée aussi, moi, par le bon Jésus. Mais je vous aime tant que je me réjouis après tout de vous voir plus privilégiée que moi.

Un petit mot pour petite marraine.

À SŒUR MARIE DU SACRÉ-CŒUR

LT 197

J.M.J.T.

Jésus † 17 septembre 1896

Ma Sœur chérie, je ne suis pas embarrassée pour vous répondre[1]... Comment pouvez-vous me demander s'il vous est possible d'aimer le bon Dieu comme je l'aime ?...

Si vous aviez compris l'histoire de mon petit oiseau, vous ne me feriez pas cette question. Mes désirs du martyre *ne sont rien*, ce ne sont pas eux qui me donnent la confiance illimitée que je sens en mon cœur. Ce sont, à vrai dire, les richesses spirituelles qui *rendent injuste*[2], lorsqu'on s'y repose avec complaisance et que l'on croit qu'ils sont *quelque chose de grand*[3]... Ces désirs sont une *consolation*, que Jésus accorde parfois aux âmes faibles comme la mienne (et ces âmes sont nombreuses) mais lorsqu'il ne donne pas cette *consolation* c'est une grâce de *privilège*, rappelez-vous ces paroles du Père[4] : « Les martyrs ont souffert avec joie et le Roi des martyrs a souffert avec tristesse. » Oui Jésus a dit : « Mon Père, éloignez de moi ce calice[5]. » Sr Chérie, comment pouvez-vous dire après cela que mes désirs sont la marque de mon amour ?... Ah ! je sens bien que ce n'est pas cela du tout qui plaît au bon Dieu dans ma petite âme, ce qui lui plaît *c'est de me voir aimer ma petitesse* et ma *pauvreté, c'est l'espérance aveugle* que *j'ai en sa miséricorde...* Voilà mon seul trésor. Marraine chérie, pourquoi ce trésor ne serait-il pas le vôtre ?...

N'êtes-vous pas prête à souffrir tout ce que le bon Dieu voudra ? Je sais bien que oui, alors, si vous désirez sentir de la joie, avoir de l'attrait pour la souffrance, c'est votre consolation que vous cherchez, puisque lorsqu'on aime une chose, la peine disparaît[6]. Je vous assure que si nous allions ensemble au martyre dans les dispositions où nous sommes, vous auriez un grand mérite et moi je n'en aurais aucun, à moins qu'il ne plaise à Jésus de changer mes dispositions.

Ô ma Sœur chérie, je vous en prie, comprenez votre petite fille, comprenez que pour aimer Jésus, être sa *victime* d'*amour*[7], plus on est faible, sans désirs, ni vertus, plus on est propre aux opérations de cet Amour consumant et transformant[8]... Le seul *désir* d'être victime suffit, mais il faut consentir à rester toujours pauvre et sans force et voilà le difficile car « Le véritable pauvre d'esprit, où le trouver ? il faut le chercher bien loin » a dit le psalmiste[9]... Il ne dit pas qu'il faut le chercher parmi les grandes âmes, mais « bien loin », c'est-à-dire dans la *bassesse*, dans le *néant...* Ah ! restons donc *bien loin* de tout ce qui brille, aimons notre petitesse, aimons à ne rien sentir, alors nous serons pauvres d'esprit[10] et Jésus viendra nous chercher, *si loin* que nous soyons il nous transformera en flammes d'amour... Oh ! que je voudrais pouvoir vous faire comprendre ce que je sens !... C'est la confiance et rien que la confiance qui doit nous conduire à l'Amour... La crainte ne conduit-elle pas à la Justice (1) ?... Puisque nous voyons la *voie*, courons ensemble. Oui, je le sens, Jésus veut nous faire les mêmes grâces, il veut nous donner *gratuitement*[11] son Ciel.

Ô ma petite Sœur chérie, si vous ne me comprenez pas c'est que vous êtes une trop grande âme… ou plutôt c'est que je m'explique mal, car je suis sûre que le bon Dieu ne vous donnerait pas le désir d'être POSSÉDÉE *de Lui*, de son *Amour Miséricordieux* s'il ne vous réservait cette faveur… ou plutôt il vous l'a déjà faite, puisque vous vous êtes livrée à *Lui*, puisque vous *désirez* être consumée par *Lui* et que jamais le bon Dieu ne donne de désirs qu'il ne puisse réaliser…

9 heures sonnent, je suis obligée de vous quitter[12], ah ! que je voudrais vous dire de choses, mais Jésus va vous faire sentir tout ce que je ne puis écrire…

Je vous aime avec toute la tendresse de mon *petit cœur d'enfant* RECONNAISSANT.

Thérèse de l'Enfant Jésus
rel. carm. ind.

(1) À la *justice sévère* telle qu'on la représente aux pécheurs mais pas de cette *Justice* que Jésus aura pour ceux qui l'aiment[13]

HISTOIRE DE LA PÉCHERESSE CONVERTIE ET MORTE D'AMOUR

Vies des Pères des Déserts d'Orient, par le R. P. Michel-Ange Marin (Paris, Lyon, 1824), tome III, livre IV, ch. XVII : Le Vénérable Jean le Nain.

La conversion d'une fille qui avait eu le malheur de se livrer au péché, fut un des fruits de sa charité. L'histoire en est édifiante et très propre à inspirer aux plus grands pécheurs de la confiance en la miséricorde du Seigneur, lorsqu'ils reviennent sincèrement à lui. Cette fille s'appelait Paésie. Elle avait perdu, étant jeune, son père et sa mère ; et voulant employer son bien en de bonnes œuvres, elle avait fait de sa maison un hospice pour les solitaires de Sceté, qui venaient en ces quartiers, apparemment pour y vendre les ouvrages des frères. Mais comme elle crut que cette charité lui était trop dispendieuse, ne faisant pas attention au trésor qu'elle se préparait par là dans le ciel, elle s'en dégoûta, et il ne manqua pas de gens qui la confirmèrent dans ce changement. Ils allèrent bientôt plus loin par leurs mauvais conseils ; ils la dégoûtèrent entièrement de la vertu et enfin elle s'abandonna tout à fait au crime.

Ce ne fut qu'avec une grande douleur que les solitaires de Sceté apprirent sa chute ; et ils employèrent tous les moyens que leur charité leur inspira pour la tirer de l'abîme où elle avait précipité son âme. Enfin ils s'adressèrent à Jean le Nain, et le prièrent de l'aller voir pour tâcher, par le don de sagesse que Dieu avait mis en lui, de la ramener à Jésus-Christ. Il s'y rendit : mais comme il se fut présenté à sa porte, on lui en refusa l'entrée, en lui reprochant avec insulte que les solitaires avaient ruiné leur maîtresse. Il ne se rebuta pourtant pas ; mais il persista à prier qu'on lui permît de lui parler, et qu'elle n'aurait aucun sujet de s'en repentir. Là-dessus on le conduisit dans sa chambre. Il s'assit auprès d'elle et lui demanda si elle avait à se plaindre de Jésus-Christ, pour l'avoir ainsi abandonné, en se réduisant à l'état déplorable où il savait qu'elle était. Ces premières paroles la frappèrent, et firent une vive impression sur son cœur. Le Saint, laissant agir la grâce, se tut pour quelques moments et répandit beaucoup de larmes. Elle lui demanda pourquoi il pleurait. Eh ! lui répondit-il, comment ne pleurerais-je pas, voyant combien le démon vous a trompée et s'est joué de vous ? À ces mots, la fille, saisie de frayeur et d'horreur de son péché, lui dit : mon Père, y a-t-il encore une pénitence pour moi ? – Oui, dit le Saint, je vous en assure. – Menez-moi donc où vous trouverez bon pour cela, lui dit-elle. Aussitôt il se leva et elle le suivit sans donner aucun ordre dans sa maison, sans même dire un mot à personne. Ce que le Saint remarqua avec grande consolation, reconnaissant par là qu'elle était tout occupée des sentiments de sa conversion et qu'elle abandonnait tout pour se livrer entièrement aux pratiques de la pénitence.

On ne sait pas où il avait dessein de la conduire. C'était apparemment dans quelque monastère de filles. Mais comme ils étaient entrés dans le désert, et que la nuit approchait, Jean fit un monceau de sable comme un oreiller, qu'il marqua du signe de la Croix, et dit à Paésie de s'y coucher. Il se mit ensuite plus loin pour dormir aussi, après avoir prié. Mais s'étant éveillé à minuit, il vit un rayon de lumière qui descendait du ciel sur Paésie, et qui servait de chemin à plusieurs anges qui portaient son âme au ciel. Dans la surprise où il fut de sa vision, il se leva aussitôt, fut à la fille qu'il poussa du pied pour voir si elle était morte, et trouva effectivement qu'elle avait rendu son âme à Dieu. En même temps il entendit une voix miraculeuse qui lui dit : sa pénitence d'une heure a été plus agréable à Dieu que celle que d'autres font pendant longtemps parce qu'ils ne la font pas avec autant de ferveur qu'elle.

CHRONOLOGIE ET NOTES

CHRONOLOGIE

ALENÇON

1873 **2 janvier: naissance de Marie-Françoise-Thérèse Martin, 36, rue Saint-Blaise.**
4 janvier: baptême en l'église Notre-Dame; marraine: sa sœur Marie.
15 ou 16 mars: départ en nourrice chez Rose Taillé, à Semallé (Orne).

1874 2 avril: retour définitif de Thérèse en famille.

1875 Dès cet âge, pense: « Je serai religieuse. »
29 mars: voyage au Mans.
23 mai: première communion de Léonie.

1876 « Dès l'âge de trois ans, j'ai commencé à ne rien refuser de ce que le bon Dieu me demandait. »
Peu avant le 16 juillet: première photo; Thérèse fait la lippe.

1877 4 avril: première « lettre » de Thérèse.
Mai: elle explique à Céline le sens de « Tout-Puissant ».
18-23 juin: pèlerinage de Mme Martin, Marie, Pauline et Léonie à Lourdes.
28 août: mort de Mme Martin.
29 août: inhumation de Mme Martin. Thérèse choisit Pauline pour seconde maman.

1877 **15 novembre : arrivée de Thérèse et ses sœurs à Lisieux, sous la conduite de l'oncle Guérin.**
16 novembre : installation aux Buissonnets.

1878 Avril : comprend un sermon sur la Passion.
8 août : voit la mer pour la première fois à Trouville.

1879 Été (ou 1880) : vision prophétique de l'épreuve de son père.
Fin de l'année (ou début 1880) : première confession.

1880 13 mai : première communion de Céline, « un des plus beaux jours de ma vie ».

1881 3 octobre : entrée à l'Abbaye des bénédictines comme demi-pensionnaire.

1882 2 octobre : entrée de Pauline au Carmel de Lisieux. Thérèse rentre à l'Abbaye.
Décembre : maux de tête continuels, insomnies, éruption de boutons.

1883 25 mars (Pâques) : pendant que M. Martin, Marie et Léonie sont à Paris, Thérèse tombe malade chez les Guérin ; tremblement nerveux, hallucinations.
6 avril : prise d'habit de Pauline (sœur Agnès de Jésus). Thérèse peut embrasser sa sœur au parloir.
7 avril : rechute aux Buissonnets.
13 mai (Pentecôte) : sourire de la Vierge, guérison de Thérèse.
Mai : début de peines d'âme au sujet de sa maladie et de sa vision de la Vierge.
Seconde quinzaine d'août : vacances à Alençon, « première entrée dans le monde ».
22 août : première rencontre du P. Pichon, à Alençon.

1884 Février-mai : lettres de sœur Agnès pour préparer Thérèse à sa première communion.
5-8 mai : retraite préparatoire.
8 mai : première communion de Thérèse à l'Abbaye.
Profession de sœur Agnès de Jésus au Carmel. – Accalmie des peines intérieures pendant un an.
22 mai (Ascension) : seconde communion, grande grâce.

14 juin : confirmation, par Mgr Hugonin, évêque de Bayeux.
Août : vacances à Saint-Ouen-le-Pin (Calvados) chez sa tante Guérin.

1885 3-10 mai : vacances à Deauville (Chalet des Roses) ; « l'âne et le petit chien ».
17-21 mai : retraite préparatoire à la rénovation. Commencement de la crise de scrupules qui durera « *un an* et *demi* ».
21 mai : seconde communion solennelle.
Juillet : vacances à Saint-Ouen-le-Pin.
22 août-début octobre : voyage de M. Martin à Constantinople.
Fin septembre : vacances à Trouville avec Céline (Villa Rose).
Octobre : Thérèse rentre seule à l'Abbaye, sans Céline.

1886 Février-mars : maux de tête ; Thérèse quitte l'Abbaye. Leçons chez Mme Papinau.
Début juillet : trois jours à Trouville (Chalet des Lilas).
Vers le 5 octobre : voyage de quelques jours à Alençon, avec son père et ses sœurs.
7 octobre : entrée de Léonie chez les clarisses d'Alençon.
15 octobre : entrée de Marie au Carmel de Lisieux.
Fin octobre : Thérèse est libérée de ses scrupules.
1er décembre : retour de Léonie en famille.
25 décembre : après la messe de minuit, GRÂCE DE « CONVERSION », aux Buissonnets.

1887 19 mars : prise d'habit de Marie (sœur Marie du Sacré-Cœur).
1er mai : M. Martin a une attaque de paralysie.
Mai : lecture des conférences d'Arminjon.
29 mai (Pentecôte) : Thérèse reçoit de son père la permission d'entrer au Carmel à quinze ans.
31 mai : réception parmi les Enfants de Marie à l'Abbaye.
20-26 juin : vacances à Trouville (Chalet des Lilas).
Printemps-été : entretiens spirituels avec Céline au Belvédère des Buissonnets.
Juillet : une image du Crucifié lui révèle sa vocation apostolique.
13 juillet : condamnation à mort de l'assassin Pranzini. Thérèse prie et se sacrifie pour sa conversion.

16 juillet : entrée de Léonie à la Visitation de Caen.
1er septembre : Thérèse lit dans *La Croix* le récit de l'exécution de Pranzini (la veille) et de sa conversion.
22 octobre : M. Guérin autorise Thérèse à entrer au Carmel pour Noël.
31 octobre : visite à Mgr Hugonin à Bayeux pour solliciter la même autorisation.
4 novembre : départ pour Paris avec M. Martin et Céline ; puis Rome par Milan, Venise, Lorette.
20 novembre : audience de Léon XIII. Thérèse présente sa supplique au pape.
2 décembre : retour à Lisieux (après visite de Naples, Pompéi, Assise, Florence, Pise, Gênes, Marseille, Lyon).
28 décembre : réponse favorable de Mgr Hugonin à la prieure du Carmel pour l'admission de Thérèse.

1888 1er janvier : la réponse de Mgr Hugonin est transmise à Thérèse.
Mars : « un des plus beaux mois de ma vie ».
9 avril : entrée de Thérèse au Carmel de Lisieux.

AU CARMEL

Postulat : 9 avril 1888 – 10 janvier 1889
Emploi : lingerie

1888 22 mai : profession de sœur Marie du Sacré-Cœur.
28 mai : confession générale au P. Pichon, libération de peines d'âme.
23 juin : fugue de M. Martin au Havre.
12 août : nouvelle attaque de M. Martin, aux Buissonnets.
Fin octobre : Thérèse est admise à la prise d'habit par le chapitre conventuel.
31 octobre : grave rechute de M. Martin au Havre.

1889 5-10 janvier : retraite de prise d'habit.
10 janvier : prise d'habit. Neige. Dernière fête de M. Martin.

12 février : hospitalisation de M. Martin au Bon Sauveur de Caen.
Juillet : grâce mariale dans l'ermitage Sainte-Madeleine et semaine de « quiétude ».
25 décembre : résiliation du bail des Buissonnets.

1890 Dans l'année, découverte des textes sur le Serviteur souffrant (Isaïe) et lecture des œuvres de saint Jean de la Croix.
Janvier : profession retardée.
28 août-8 septembre : retraite de profession ; aridité.
2 septembre : examen canonique et bénédiction de Léon XIII.
8 septembre : profession.
24 septembre : prise de voile, sans la présence de M. Martin.

1891 Vers le 10 février : nommée aide-sacristine.
Avril-juillet : prière pour Hyacinthe Loyson.
8-15 octobre : retraite prêchée par le P. Alexis Prou, franciscain.
5 décembre : mort de Mère Geneviève, fondatrice du Carmel de Lisieux.
Fin du mois : épidémie d'influenza.

1892 10 mai : retour de M. Martin à Lisieux.
12 mai : dernière visite de M. Martin au parloir du Carmel.

1893 2 février : composition de sa première poésie.
20 février : élection de Mère Agnès de Jésus au priorat.
Thérèse est associée à la formation spirituelle de ses compagnes de noviciat.
Juin : peint une fresque à l'oratoire.
24 juin : Léonie entre une seconde fois à la Visitation de Caen.
Septembre : Thérèse reste au noviciat ; nommée seconde portière.

1894 2 janvier : atteint sa majorité.
21 janvier : première « récréation pieuse » : *Jeanne d'Arc*, dont elle tient le rôle.
Au printemps, commence à souffrir de la gorge ; cautérisations.

16 juin : entrée de sœur Marie de la Trinité, confiée à Thérèse.
29 juillet : mort de M. Martin au château de La Musse (Eure).
Août : Thérèse change de cellule.
14 septembre : entrée de Céline au Carmel, confiée à Thérèse.
Fin décembre : reçoit de Mère Agnès de Jésus l'ordre d'écrire ses souvenirs d'enfance.

1895 **Année de la rédaction du Manuscrit A.**
5 février : prise d'habit de Céline (sœur Geneviève).
26 février : Thérèse compose spontanément la poésie *Vivre d'Amour.*
9 juin (Sainte Trinité) : pendant la messe, reçoit l'inspiration de s'offrir à l'Amour miséricordieux.
11 juin : fait cette offrande à l'Amour, avec Céline.
Peu après : en commençant son chemin de croix, expérience intense de l'amour de Dieu (« blessure d'amour »).
20 juillet : Léonie sort de la Visitation.
15 août : entrée de sa cousine Marie Guérin au Carmel.
17 octobre : Thérèse est désignée par Mère Agnès comme sœur spirituelle de l'abbé Bellière, séminariste et aspirant missionnaire.

1896 20 janvier : Thérèse remet à Mère Agnès son cahier de souvenirs (Manuscrit A).
24 février : profession de sœur Geneviève.
17 mars : prise de voile de sœur Geneviève ; prise d'habit de Marie Guérin (sœur Marie de l'Eucharistie).
21 mars : élection difficile de Mère Marie de Gonzague au priorat. Thérèse est confirmée dans son rôle de maîtresse auxiliaire au noviciat.
2-3 avril (nuit du Jeudi au Vendredi Saint) : première hémoptysie, dans sa cellule.
3 avril au soir : deuxième hémoptysie.
5 avril (Pâques) ou peu après : entrée soudaine dans la nuit de la foi, épreuve qui durera jusqu'à sa mort.
10 mai : songe relatif à la Vénérable Anne de Jésus.
30 mai : Mère Marie de Gonzague donne un second frère spirituel à Thérèse : le P. Roulland, des Missions étrangères.
3 juillet : première messe du P. Roulland au Carmel et entretien au parloir avec Thérèse.
7-18 septembre : retraite personnelle.

8 septembre : rédaction du Manuscrit B (à Jésus).
13-16 septembre : lettre à sœur Marie du Sacré-Cœur (Manuscrit B, 1re partie) pour lui dédier ce texte.
Novembre : lecture de la vie de Théophane Vénard ; neuvaine à ce martyr pour obtenir de partir en mission en Indochine. Rechute pulmonaire.

1897 25 mars : profession de sœur Marie de l'Eucharistie.
Début avril (fin du Carême) : tombe gravement malade.
6 avril : début des derniers entretiens.
3 juin : Mère Marie de Gonzague ordonne à Thérèse de poursuivre son autobiographie. **Thérèse rédige le Manuscrit C.**
8 juillet : est descendue à l'infirmerie. Hémoptysies jusqu'au 5 août.
30 juillet : extrême-onction.
19 août : dernière communion.
Jeudi 30 septembre, le soir vers 7 h 20 : mort de Thérèse après une agonie de deux jours.
4 octobre : inhumation au cimetière de Lisieux.

CHRONOLOGIE POSTHUME

1898 7 mars : Mgr Hugonin, évêque de Bayeux, donne la permission d'imprimer l'*Histoire d'une Âme*.
2 mai : mort de Mgr Hugonin.
30 septembre : 2000 exemplaires de l'*Histoire d'une Âme* sortent des presses de l'Imprimerie Saint-Paul à Bar-le-Duc.

1899 28 janvier : Léonie rentre définitivement à la Visitation de Caen.
Pâques : la première édition de l'*Histoire d'une Âme* est épuisée ; on en prépare une seconde.
Octobre : la moitié de la seconde édition (tirée à 4000 exemplaires) est déjà écoulée.

1899-1902
Premières faveurs et guérisons. Des pèlerins viennent prier sur la tombe de sœur Thérèse au cimetière de Lisieux.

1902 19 avril : Mère Agnès est réélue prieure ; elle restera en fonction, en dehors d'une interruption de dix-huit mois (1908-1909), jusqu'à sa mort par la volonté de Pie XI (1923).

1904 17 décembre : mort de Mère Marie de Gonzague.

1905 14 avril : mort de sœur Marie de l'Eucharistie, de tuberculose.

1906 9 juillet : François Veuillot, dans *l'Univers*, révèle que le Carmel s'occupe d'introduire la Cause de sœur Thérèse en cour de Rome.

1907 15 octobre : Mgr Lemonnier, nouvel évêque de Bayeux, demande aux carmélites de consigner leurs souvenirs sur sœur Thérèse.

1909 Janvier : le P. Rodrigue, o.c.d. (Rome) et Mgr de Teil (Paris) sont nommés respectivement Postulateur et Vice-Postulateur de la Cause.

1910 5 mars : rescrit de Rome pour le Procès des Écrits.
Juillet : depuis une année, le Carmel a reçu 9 741 lettres de France et de l'étranger.
3 août : institution du Tribunal diocésain pour le Procès de l'Ordinaire.
12 août : au Carmel, première session du Procès.
6 septembre : au cimetière de Lisieux, exhumation des restes de sœur Thérèse, transfert dans un nouveau caveau.

1912 Cette année, Céline dessine « Thérèse aux roses » (fusain).

1914 10 juin : Pie X signe le Décret d'Introduction de la Cause. – Il avait déclaré en privé à un évêque missionnaire que sœur Thérèse était « la plus grande sainte des temps modernes ».
Juillet : moyenne de 200 lettres par jour.
10 décembre : à Rome, décret d'approbation des Écrits de sœur Thérèse.

1915 17 mars : à Bayeux, ouverture du Procès Apostolique.

1917 9-10 août : deuxième exhumation et reconnaissance officielle des restes de sœur Thérèse au cimetière de Lisieux.

1918 9 février : au courrier de ce jour, 512 lettres.

1921 14 août : Benoît XV promulgue le Décret sur l'héroïcité des vertus de la Vénérable Servante de Dieu et prononce un discours sur l'enfance spirituelle.

1923 **29 avril : Béatification de sœur Thérèse de l'Enfant-Jésus par Pie XI.** Le pape fait d'elle « l'étoile de son pontificat ». Le Carmel reçoit entre 800 et 1 000 lettres par jour.

1925 **17 mai : Canonisation solennelle à Saint-Pierre de Rome.** Homélie de Pie XI en présence de 60 000 personnes. Le soir, sur la place Saint-Pierre, 500 000 pèlerins.

1927 Janvier : parution des *Novissima Verba* (Derniers Entretiens).
13 juillet : la fête liturgique de sainte Thérèse de l'Enfant-Jésus est étendue à l'Église universelle.
14 décembre : Pie XI proclame sainte Thérèse de l'Enfant-Jésus patronne principale, à l'égal de saint François-Xavier, de tous les missionnaires, hommes et femmes, et des missions existant dans tout l'univers.

1929 30 septembre : pose de la première pierre de la basilique de Lisieux.

1937 11 juillet : inauguration et bénédiction de la basilique de Lisieux par le légat du pape, le cardinal Pacelli, futur Pie XII. Message de Pie XI retransmis par radio.

1941 24 juillet : fondation de la Mission de France. Son séminaire s'installe à Lisieux.

1944 3 mai : Pie XII nomme sainte Thérèse patronne secondaire de la France, à l'égal de sainte Jeanne d'Arc.
Juin : Lisieux est partiellement détruit par les bombardements des alliés. L'Abbaye (école de Thérèse) disp™araît.

1947 50e anniversaire de la mort de sainte Thérèse. Sa châsse est transportée dans presque tous les diocèses de France.

1948 Septembre : première édition des *Lettres*.

1954 11 juillet : consécration solennelle de la basilique de Lisieux.

1956 Parution de l'édition en fac-similé des *Manuscrits autobiographiques* (restitution de l'*Histoire d'une Âme* selon les originaux), par le P. François de Sainte-Marie.

1961 Juin : publication du *Visage de Thérèse de Lisieux.*

1971 Juillet : parution des *Derniers Entretiens* (premier volume de l'Édition du Centenaire), suivis par la *Correspondance* *générale* (1972-1974), les *Poésies* (1979), les *Récréations pieuses* (1985) et les *Prières* (1988).

1973 Célébration du Centenaire de la naissance de Thérèse Martin.

1980 2 juin : le pape Jean-Paul II pèlerin à Lisieux.

1989 L'Édition du Centenaire couronnée par l'Académie française (grand prix Cardinal-Grente).

1991 Publication de *Thérèse et Lisieux*, album de 600 illustrations.

1992 Publication des *Œuvres complètes* en un volume de Thérèse de Lisieux (« Totum ») et de la « Nouvelle Édition du Centenaire » (intégrale en 8 volumes).

1994 26 mars : les parents Martin proclamés « Vénérables ».

1997 **19 octobre : Thérèse de Lisieux est proclamée « Docteur de l'Église » par le pape Jean-Paul II, sur la place Saint-Pierre, le « Jour des Missions ».**

NOTES
DE L'*HISTOIRE D'UNE ÂME*

N.B. Les textes cités ici en *italiques* sans références figuraient dans les précédentes éditions de l'*Histoire d'une âme*. Ils sont de Mère Agnès de Jésus et forment des compléments utiles, mais n'appartiennent pas aux manuscrits authentiques de sainte Thérèse (cf. p. 374).

CHAPITRE I

ALENÇON

1. Cf. Ps LXXXVIII,2. Toutes les références bibliques sont rassemblées dans la table, pp. 365-368.
2. La « Vierge du Sourire » qui surmonte aujourd'hui la châsse de la sainte. M. et Mme Martin avaient cette statue en particulière vénération (cf. ch. III, note 10). En janvier 1895, elle se trouve dans l'antichambre de la cellule de Thérèse.
3. Ps XXII,1-4 : Thérèse remplace parfois les guillemets de citations par des parenthèses.
4. Les mots oubliés par Thérèse et qui n'ont pas été ajoutés sur le manuscrit par une main étrangère figurent entre crochets dans ce texte.
5. Dans ce langage allégorique, Thérèse évoque toute sa famille. Au moment où elle écrit, « trois Lys » se trouvent au Carmel auprès d'elle : Marie, Pauline et Céline ; un autre s'épanouit à la Visitation de Caen : Léonie. Par « les deux tiges maintenant réunies pour l'éternité », Thérèse désigne ses parents ; cf. Généalogie, p. 17.

6. Lettre de Mme Martin à Pauline, 5 décembre 1875.
7. Lettre de Mme Martin à Marie et Pauline, 25 juin 1874. Dans l'*Histoire d'une âme*, Mère Agnès de Jésus ajoute ce passage: *De même, elle ne monterait pas l'escalier toute seule, à moins de m'appeler à chaque marche:* Maman! maman! *Autant de marches, autant de* maman! *et, si par malheur j'oublie de répondre une seule fois: «Oui, ma petite fille!» elle reste là, sans avancer ni reculer.* (Lettre de Mme Martin à Pauline, novembre 1875.)
8. Lettre de Mme Martin à Pauline, 29 octobre 1876.
9. Lettre de Mme Martin à Pauline, 21 mai 1876. – L'*Histoire d'une âme* ajoute: *En trouvant ici le nom de notre cher petit père, je suis amenée naturellement à certains souvenirs bien joyeux. Quand il rentrait, je courais invariablement au-devant de lui et m'asseyais sur une de ses bottes; alors il me promenait ainsi, tant que je voulais, dans les appartements et dans le jardin. Maman disait en riant qu'il faisait toutes mes volontés: «Que veux-tu, répondait-il, c'est* la reine*!» Puis il me prenait dans ses bras, m'élevait bien haut, m'asseyait sur son épaule, m'embrassait et me caressait de toutes manières.*

   Cependant je ne puis dire qu'il me gâtait. Je me rappelle très bien qu'un jour où je me balançais en folâtrant, il vint à passer et m'appela, disant: «Viens m'embrasser, ma petite reine!» Contre mon habitude, je ne voulus point bouger et répondis d'un air mutin: «Dérange-toi papa!» Il ne m'écouta pas et fit bien. Marie était là. «Petite mal élevée, me dit-elle, que c'est vilain de répondre ainsi à son père!» Aussitôt je sortis de ma fatale balançoire; la leçon n'avait que trop bien porté! Toute la maison retentit de mes cris de contrition; je montai vite l'escalier, et cette fois je n'appelai point maman *à chaque marche; je ne pensais qu'à trouver papa, à me réconcilier avec lui, ce qui fut bien vite fait.*

   Je ne pouvais supporter la pensée d'avoir affligé mes bien-aimés parents; reconnaître mes torts était l'affaire d'un instant, comme le prouve encore ce trait d'enfance raconté par ma mère elle-même: «Un matin, je voulus embrasser la petite Thérèse avant de descendre; elle paraissait profondément endormie; je n'osais donc la réveiller, quand Marie me dit: "Maman, elle fait semblant de dormir, j'en suis sûre." Alors je me penchai sur son front pour l'embrasser; mais elle se cacha aussitôt sous sa couverture en me disant d'un air d'enfant gâté : "Je ne veux pas qu'on me voie." – *Je n'étais rien moins que contente, et le lui fis sentir. Deux minutes après je l'entendais pleurer, et voilà que bientôt, à ma grande surprise, je l'aperçois à mes côtés ! Elle était sortie toute seule de son petit lit, avait descendu l'escalier pieds nus, embarrassée dans sa chemise de nuit plus longue qu'elle. Son petit visage était couvert de larmes.* – "Maman, *me dit-elle en se jetant à mes genoux*, maman, j'ai été méchante, pardonne-moi !" *Le pardon fut vite accordé. Je pris mon chérubin dans mes bras, le pressant sur mon cœur et le couvrant de baisers.* » (Lettre de Mme Martin à Pauline, 13 février 1877.)

10. Sa sœur aînée, Marie.
11. Le 23 mai 1875. Thérèse était donc âgée de deux ans et demi.
12. Armandine Dagorau. L'*Histoire d'une âme* complète : *Je me rappelle aussi la petite fille pauvre, sa compagne, que notre chère maman avait habillée, suivant l'usage touchant des familles aisées d'Alençon. Cette enfant ne quitta pas Léonie un seul instant de ce beau jour ; et le soir, au grand dîner, on la mit à la place d'honneur.*
13. Le 1er juillet 1873 et non le 10 comme l'écrit Thérèse.
14. Rose Taillé (1836-1908) qui habitait Semallé, village situé à environ deux heures de marche d'Alençon. La petite Thérèse lui fut confiée du 15 (ou 16) mars 1873 au 2 avril 1874.
15. Lettre de Mme Martin à Pauline, 14 mai 1876.
16. Le 29 mars 1875.
17. Sœur Marie-Dosithée (Marie-Louise Guérin), sœur aînée de Mme Martin et religieuse à la Visitation du Mans.
18. Lettre de Mme Martin à Pauline, 5 décembre 1875.
19. Louise Marais (1849-1923), servante de la famille Martin de 1865 jusqu'à la mort de Mme Martin.
20. *Mais le plus curieux encore, c'est de voir Thérèse mettre la main cent fois par jour dans sa petite poche pour tirer une perle à son chapelet, toutes les fois qu'elle fait un sacrifice.*
21. Lettre de Mme Martin à Pauline, 8 novembre 1876.
22. Lettre de Mme Martin à Pauline, 4 mars 1877.
23. « Expression dont se servait mon père en riant. » (Note de Mère Agnès de Jésus.)
24. Lettre de Mme Martin à Pauline, 10 mai 1877.
25. Le mal, de nature cancéreuse, que Mme Martin avait ressenti pour la première fois en 1865, se déclara ouvertement en octobre 1876.

26. Lettre de Mme Martin à Pauline, 22 mars 1877.
27. Lettre de Mme Martin à Pauline, 4 mars 1877.
28. Le *pavillon*, petite propriété acquise par M. Martin avant son mariage, se trouvait rue des Lavoirs (actuellement, rue du Pavillon-Sainte-Thérèse).
29. La mère de M. Martin, qui venait souvent en visite le dimanche soir chez ses enfants.

CHAPITRE II

AUX BUISSONNETS

1. « Notre cousine par son mariage avec M. Leriche, neveu de mon père, qui lui avait cédé sa bijouterie, rue du Pont-Neuf (1870). » (Note de Mère Agnès de Jésus.)
2. Mme Martin mourut à la première heure du 28 août 1877, dans sa quarante-sixième année.
3. Mère Geneviève de Sainte-Thérèse, une des fondatrices du Carmel de Lisieux.
4. Le 15 novembre 1877. M. Martin avait résolu d'habiter Lisieux pour rapprocher ses filles de leur famille maternelle. M. et Mme Guérin avaient deux enfants : Jeanne, alors âgée de neuf ans, et Marie, de sept ans ; cf. Généalogie, p. 17. M. Guérin tenait une pharmacie, place Saint-Pierre.
5. L'*Histoire d'une âme* précise : *Le lendemain* (donc le 16 novembre), *on nous conduisit dans notre nouvelle demeure, je veux dire aux Buissonnets, quartier solitaire situé tout près de la belle promenade nommée « Jardin de l'étoile ».*

   La maison me parut charmante : un belvédère d'où la vue s'étendait au loin, le jardin anglais devant la façade, un autre grand jardin potager derrière la maison ; tout cela pour ma jeune imagination fut du nouveau heureux. En effet, cette riante habitation devint le théâtre de bien douces joies, de scènes de famille inoubliables. Ailleurs, comme je l'ai dit plus haut, j'étais exilée, je pleurais, je sentais que je n'avais plus de mère ! Là, mon petit cœur s'épanouissait et je souriais encore à la vie.

6. Victoire Pasquer, servante de la famille Martin à Lisieux.
7. Vicaire à la cathédrale Saint-Pierre de Lisieux.
8. *Enfin, je passai mon petit chapelet pour le faire bénir* (...). *C'était le soir. Arrivée sous un réverbère je m'arrêtai, et tirant de ma poche le chapelet nouvellement bénit, je le tournai et retournai dans tous les sens.* « Que regardes-tu, ma petite Thérèse ? » *me dîtes-vous.* « Mais, je regarde comment c'est fait, un chapelet bénit ! » *Cette naïve réponse vous amusa beaucoup. Pour moi, je restai bien longtemps pénétrée de la grâce que j'avais reçue.*
9. *Marie ou Pauline lisait* l'Année liturgique (de Dom Guéranger) ; *puis quelques pages d'un livre intéressant et instructif à la fois.*
10. « Les rhumes tournaient en bronchite, mais plus tard cela se passa complètement. Au Carmel, elle s'enrhumait difficilement. » (Note de Mère Agnès de Jésus.)
11. Cette vision – survenue en plein jour et non en songe – eut lieu durant l'été 1879 ou 1880. M. Martin était en voyage d'affaires à Alençon.
12. Selon un usage alors en vigueur au Carmel, les sœurs avaient « licence », à certains jours de fêtes, de s'entretenir en particulier.
13. La paralysie qui obscurcira les facultés de M. Martin pendant les cinq dernières années de sa vie et nécessitera un séjour dans un hôpital psychiatrique. Cf. le chapitre VII.
14. Le 8 août 1878 ; Thérèse avait en réalité cinq ans et huit mois.
15. Cette histoire figure dans un recueil de lectures : *La Tirelire aux histoires*, de Mme Louise S.W. BELLOC. – Toutefois, cette méditation n'a pas eu lieu le 8 août 1978, mais à l'occasion d'une autre promenade (1879-1881).

CHAPITRE III

ANNÉES DOULOUREUSES

1. Pensionnat tenu par les Bénédictines et établi depuis le début du XVIe siècle auprès de l'Abbaye de Notre-Dame-du-Pré, à Lisieux.

2. Cousines germaines de Jeanne et Marie Guérin. Mme Maudelonde (1843-1926), sœur de Mme Guérin, avait deux fils et trois filles : Marguerite-Marie, Céline et Hélène.
3. Marie Guérin. Elle entra au Carmel le 15 août 1895 et y prit le nom de sœur Marie de l'Eucharistie.
4. Aimée Roger, cuisinière chez la famille Guérin.
5. Elle devait avoir lieu le 6 avril 1883.
6. Allusion aux prises d'habit de ses quatre sœurs et à la sienne propre.
7. Thérèse n'assista pas à la cérémonie. Au retour du Carmel, elle fut reconduite aux Buissonnets et non plus chez M. Guérin où elle était tombée malade.
8. Le Père Almire Pichon, s.j. (1843-1919).
9. *J'avais peur absolument de tout : mon lit me semblait entouré de précipices affreux ; certains clous, fixés au mur de la chambre, prenaient à mes yeux l'image terrifiante de gros doigts noirs carbonisés, et me faisaient jeter des cris d'épouvante. Un jour, tandis que papa me regardait en silence, son chapeau qu'il tenait à la main se transforma tout à coup en je ne sais quelle forme horrible, et je manifestai une si grande frayeur que ce pauvre père partit en sanglotant.*
10. « Elle s'est trompée, ce n'est qu'une fois. Après la mort de notre petite sœur Hélène, Maman s'inquiétait à la pensée d'un léger mensonge que l'enfant avait fait. Elle était donc en prières auprès de cette statue de la Ste Vierge, regrettant de ne l'avoir menée à confesse et craignant qu'elle soit en purgatoire, quand elle entendit ces paroles : *Elle est là à côté de moi…* » (Note de Mère Agnès de Jésus.)
11. Le jour de la Pentecôte, 13 mai 1883.
12. *Elle* (Marie) *se tourna vers Léonie, lui dit un mot tout bas, et disparut pâle et tremblante. Ma petite Léonie me porta bientôt près de la fenêtre ; alors je vis dans le jardin, sans la reconnaître encore, Marie, qui marchait doucement, me tendant les bras, me souriant, et m'appelant de sa voix la plus tendre :* « Thérèse, ma petite Thérèse ! » *Cette dernière tentative n'ayant pas réussi davantage* (…)
13. Le 4 novembre 1887, à la veille de son voyage à Rome.

CHAPITRE IV

PREMIÈRE COMMUNION – EN PENSION

1. C'est-à-dire profondément recueillie.
2. Sœur Agnès de Jésus se préparait à faire profession au Carmel le jour même de la première Communion de Thérèse, 8 mai 1884.
3. *Imitation de Jésus-Christ*, III, 26,3.
4. Thérèse fut confirmée par Mgr Hugonin, évêque de Bayeux, le 14 juin 1884.
5. «Petite colline en arrière du jardin des Bénédictines, et leur propriété.» (Note de Mère Agnès de Jésus.)
6. *Imitation de Jésus-Christ*, III, 26,3.
7. Cf. Ex III,2 et saint JEAN DE LA CROIX, *Vive Flamme d'Amour* (Commentaire de la strophe II).
8. Cette retraite eut lieu du dimanche soir 17 au jeudi 21 mai 1885.
9. Thérèse quitta l'Abbaye au cours du second trimestre de l'année scolaire 1885-1886.
10. Vers tiré d'un poème de Lamartine: *Réflexion*. Thérèse le cite de mémoire. Mère Agnès rectifie: «Elle se trompait, c'est: "Le *temps* et non la *vie*".»
11. Marie entra au Carmel de Lisieux le 15 octobre 1886. Thérèse fut reçue parmi les Enfants de Marie le 31 mai 1887 (et non 1886).
12. M. Martin partit pour Constantinople fin août 1885. Le séjour à Trouville se situe dans la seconde quinzaine de septembre.
13. Ces maux de tête se manifestent surtout en mai 1885. Thérèse est en vacances (sans Céline) au Chalet des Roses, quai de la Touques, à Deauville.
14. LA FONTAINE, *Fables*, Livre IV, 5.
15. Ce bref séjour eut lieu en juillet 1886.
16. L'une des deux mansardes du second étage.
17. En réalité quelques jours avant le départ de Marie; voir note 19.
18. *Imitation de Jésus-Christ*, III, 38,1.
19. Le 7 octobre 1886. «Elle était allée exposer ses désirs à la Mère Abbesse qui l'avait pressée d'entrer de suite et l'avait revêtue du "petit habit" de postulante qui ressemble dans cet Ordre à celui des novices.» (Note de Mère Agnès de Jésus.)

CHAPITRE V

APRÈS LA GRÂCE DE NOËL

1. Henri Pranzini. Son procès s'ouvrit le 9 juillet 1887 et se termina le 13 par sa condamnation à mort. C'est alors que Thérèse se passionna pour sa conversion. Pranzini fut exécuté le 31 août 1887.
2. *Imitation de Jésus-Christ*, III, 43.
3. Conférences prêchées à la cathédrale de Chambéry, et éditées en 1881 sous le titre: *Fin du monde présent et mystères de la vie future.*
4. Saint Jean de la Croix, *Cantique spirituel*, strophe XXV.
5. Réminiscence d'une poésie d'Alfred Besse de Larze (1848-1904), intitulée: *L'Envers du Ciel.*
6. *Imitation de Jésus-Christ*, III, 43,4.
7. Saint Jean de la Croix, *La Nuit obscure de l'âme*, strophes III et IV.
8. La maladie de M. Martin.
9. Le 29 mai 1887.
10. *Imitation de Jésus-Christ*, II, 7.
11. Le 8 octobre 1887.
12. Quinze jours en réalité.
13. Du mercredi 19 au samedi 22 octobre.
14. En fait, dès le lendemain, dimanche 23 octobre.
15. M. Delatroëtte, supérieur ecclésiastique du Carmel de Lisieux. Les carmélites l'appelaient couramment « notre Père ».
16. En réalité, le délai fut court: sept ou huit jours au plus, puisque le voyage à Bayeux eut lieu le 31 octobre.
17. Céline avait donné à sa sœur des leçons de dessin durant *le premier semestre* 1887, comme le prouve une série d'études datées de la main de Thérèse (février-mai).
18. Mgr Hugonin (1823-1898), évêque de Bayeux et Lisieux depuis 1867.
19. *Imitation de Jésus-Christ*, III, 5,4.
20. Vicaire général de Mgr Hugonin depuis 1879. Il mourut en 1891.

CHAPITRE VI

LE VOYAGE À ROME

1. Le pèlerinage à Rome avait été organisé par le diocèse de Coutances, à l'occasion des noces d'or sacerdotales de Léon XIII. Le diocèse de Bayeux s'y était associé.
2. *Imitation de Jésus-Christ*, III, 24, 2.
3. Le vendredi 4 novembre 1887.
4. *Comme il s'agissait de mettre chaque compartiment de wagon sous le vocable d'un saint, il était convenu de décerner cet honneur à l'un des prêtres qui habitaient ce compartiment : soit en adoptant son patron ou celui de sa paroisse.*

   Et voici qu'en présence de tous les pèlerins, nous entendîmes appeler le nôtre : Saint Martin. Papa, très sensible à cette délicatesse, alla remercier immédiatement Mgr Legoux, grand Vicaire de Coutances et directeur du pèlerinage. Depuis, plusieurs personnes ne l'appelaient pas autrement que monsieur Saint Martin.
5. « Il me le dit au retour, ajoutant avec un bon sourire : "C'étaient les mieux de toutes, à beaucoup près". » (Note de Mère Agnès de Jésus.)
6. « En descendant du train, – raconte Céline – chacun cherchait sa voiture sur le quai. Papa s'était un peu éloigné pour prendre sa valise ; c'est à ce moment que l'un des étudiants qui encombraient les abords de la gare se saisit de Thérèse, et l'emportait bien loin déjà. "Mais je lui lançai un tel regard – me confia à son tour Thérèse – qu'il me lâcha bientôt. D'ailleurs Céline s'était aperçue de tout et s'élançait pour me secourir". » (Note de Mère Agnès de Jésus.)
7. Le 13 novembre.
8. Citation de la poésie à *Sainte Cécile*, PN 3, v. 56.
9. Thérèse fait erreur. Les messieurs défilèrent devant le Saint-Père après les dames et les prêtres.
10. *Cependant, papa me proposait encore un voyage à Jérusalem ; mais, malgré l'attrait naturel qui me portait à visiter les lieux sanctifiés par le passage de Notre-Seigneur, j'étais lasse des pèlerinages de la terre.*
11. Les pèlerins arrivèrent à Lisieux le 2 décembre dans l'après-midi.

CHAPITRE VII

PREMIÈRES ANNÉES AU CARMEL

1. Léonie, entrée à la Visitation de Caen le 16 juillet 1887, en était ressortie le 6 janvier 1888.
2. Selon l'usage d'alors, le chœur était plongé dans une semi-obscurité pour éviter que les carmélites ne soient vues de la chapelle, leurs volets de grille étant ouverts.
3. Mère Geneviève de Sainte-Thérèse (1805-1891), professe du Carmel de Poitiers, avait été envoyée comme fondatrice et sous-prieure du Carmel de Lisieux en 1838. Elle y occupera plusieurs années la charge de prieure.
4. Entrée au Carmel de Lisieux en 1860, Mère Marie de Gonzague (1834-1904) fut élue prieure pour la première fois en 1874. Thérèse l'aura pour supérieure toute sa vie religieuse, excepté en 1893-1896.
5. Le 22 mai 1888.
6. *Chemin de la perfection*, VI.
7. … parce qu'elle lui adressait quelque reproche. *Une fois, je me rappelle qu'ayant laissé dans le cloître une toile d'araignée, elle me dit devant toute la communauté : « On voit bien que nos cloîtres sont balayés par une enfant de quinze ans ! Allez donc ôter cette toile d'araignée, et devenez plus soigneuse à l'avenir. » (...) et ce qui me faisait le plus de peine, c'était de ne pas comprendre la manière de me corriger de mes défauts : par exemple, de ma lenteur, de mon peu de dévouement dans les offices.*

   Un jour, je me dis que, sans doute, notre Mère désirait me voir employer au travail les heures de temps libre, ordinairement consacrées à la prière, et je fis marcher ma petite aiguille sans lever les yeux ; mais, comme je voulais être fidèle et n'agir que sous le regard de Jésus, personne n'en eut jamais connaissance.

   Pendant ce temps de mon postulat, notre Maîtresse m'envoyait le soir, à quatre heures et demie, arracher de l'herbe dans le jardin : cela me coûtait beaucoup ; d'autant plus, que j'étais presque sûre de rencontrer en chemin Mère Marie de Gonzague. Elle dit en l'une de ces circonstances : « Mais enfin, cette enfant ne fait absolument rien ! Qu'est-ce donc qu'une novice qu'il faut envoyer tous les jours à la promenade ? » Et, pour toutes choses, elle agissait ainsi à mon égard.

Ô ma Mère bien-aimée, que je remercie le bon Dieu de m'avoir fait donner une éducation si forte et si précieuse !

8. Sœur Marie des Anges (1845-1924). Elle avait été chargée du noviciat en 1886.
9. « Sr Fébronie, alors sous-prieure, et qu'elle assista à ses derniers moments. » (Note de Mère Agnès de Jésus.)
10. Le P. Pichon fut renvoyé comme prédicateur au Canada. Il s'embarqua au Havre le 3 novembre 1888.
11. La dévotion à la Sainte Face s'était développée au XIXe siècle à la suite des révélations faites par Notre-Seigneur à Sœur Marie de Saint-Pierre du Carmel de Tours. Dès le début de sa vie religieuse, Thérèse fut initiée à cette dévotion par sœur Agnès de Jésus. Elle l'approfondit ensuite de manière très personnelle, à l'aide des textes du prophète Isaïe, principalement au moment de la maladie de son père. Le 10 janvier 1889, jour de sa prise d'habit, elle signa pour la première fois une image : « Sœur Thérèse de l'Enfant Jésus de la Sainte Face ».
12. *Imitation de Jésus-Christ*, 1, 2, 3.
13. *Ibid.*, III, 49, 7.
14. *Permettez-moi, ma Mère, de vous citer à ce propos un exemple de sa vertu : Pendant le pèlerinage, les jours et les nuits en wagon paraissaient longs aux voyageurs, et nous les voyions entreprendre des parties de cartes qui parfois devenaient orageuses. Un jour, les joueurs nous demandèrent notre concours : nous refusâmes, alléguant notre peu de science en cette matière ; nous ne trouvions pas comme eux le temps long, mais trop court pour contempler à loisir les magnifiques panoramas qui s'offraient à nos yeux. Le mécontentement perça bientôt ; notre cher petit père prenant la parole avec calme nous défendit, laissant à entendre qu'étant en pèlerinage la prière ne tenait pas une assez large place.*

    Un des joueurs, oubliant alors le respect dû aux cheveux blancs, s'écria sans réflexion : « Heureusement, les pharisiens sont rares ! » Papa ne répondit pas un mot, il parut même saintement joyeux et trouva le moyen, un peu plus tard, de serrer la main de ce monsieur, accompagnant cette belle action d'une parole aimable, qui pouvait faire croire que l'invective n'avait pas été entendue, ou du moins qu'elle était oubliée.

D'ailleurs, vous le savez, ma Mère, cette habitude de pardonner ne datait pas de ce jour. Au témoignage de maman et de tous ceux qui l'ont connu, jamais il ne prononça une parole contre la charité.

15. Le maître-autel de l'église Saint-Pierre de Lisieux.
16. *Ô ma Mère, vous souvient-il de ce jour, de ce parloir, où il nous dit : « Mes enfants, je reviens d'Alençon, où j'ai reçu dans l'église Notre-Dame de si grandes grâces, de telles consolations, que j'ai fait cette prière : "Mon Dieu, c'en est trop ! oui, je suis trop heureux, il n'est pas possible d'aller au Ciel comme cela, je veux souffrir quelque chose pour vous ! Et je me suis offert…" » Le mot* victime *expira sur ses lèvres, il n'osa pas le prononcer devant nous, mais nous avions compris !*
17. Le samedi 23 juin 1888, M. Martin avait disparu sans prévenir personne. Céline et M. Guérin le retrouvèrent au Havre le 27 juin.
18. Le jour de sa prise d'habit, la postulante sortait alors de la clôture en toilette de mariée. Elle assistait au milieu de sa famille à la cérémonie extérieure.
19. *Je laissai donc là mon désir d'enfant, irréalisable, et je sortis du monastère. Papa m'attendait à la porte de clôture. S'avançant vers moi, les yeux pleins de larmes, et me pressant sur son cœur :* « Ah ! *s'écria-t-il*, la voilà donc ma petite reine ! » *Puis, m'offrant son bras, nous fîmes solennellement notre entrée à la chapelle.*
20. *« Viens* (dit-il), *allons ensemble devant le Saint Sacrement remercier le Seigneur des grâces qu'il accorde à notre famille, et de l'honneur qu'il me fait de se choisir des épouses dans ma maison. Oui (…) si je possédais quelque chose de mieux, je m'empresserais de le lui offrir. » Ce mieux*, c'était lui-même*! Et le Seigneur le reçut comme une hostie d'holocauste, il l'éprouva comme l'or dans la fournaise et le trouva digne de lui (Sg III,6).*
21. *Il me rappela, devant tous les prêtres qui l'entouraient, ma visite à Bayeux, mon voyage à Rome, sans oublier* les cheveux relevés.
22. Le 12 février 1889, M. Martin dut quitter Lisieux pour entrer à la maison de santé du Bon Sauveur de Caen.
23. Léonie et Céline avaient voulu prendre pension à proximité du Bon Sauveur de Caen, à l'orphelinat de Saint-Vincent-de-Paul.

24. Allusion à la parole de saint Jean de la Croix : « souffrir et être méprisé ».
25. Le « Directeur » de Thérèse, c'est Jésus (cf. plus haut, 70 r°).
26. *Imitation de Jésus-Christ*, III, 5, 4.

CHAPITRE VIII

DE LA PROFESSION À L'ACTE D'OFFRANDE À L'AMOUR

1. Cette retraite commença le 28 août 1890.
2. Le lundi 8 septembre 1890.
3. Entre les folios 76 et 77 est encarté le billet que Thérèse avait sur son cœur le jour de sa profession (cf. texte en Appendice, pp. 320-321).
4. Jeanne Guérin, cousine de Thérèse, épousa le Dr Francis La Néele, le 1er octobre 1890.
5. « C'est un usage du monastère pour la visite des infirmes. » (Note de Mère Agnès de Jésus.)
6. Le 5 décembre 1891.
7. Le 2 janvier 1892 mourut sœur Saint-Joseph de Jésus, doyenne de la Communauté.
8. Sœur Saint-Stanislas (1824-1914).
9. Sœur Fébronie († 4/1/1892).
10. Is LII,11. Office liturgique de l'ordination des diacres.
11. Cette retraite fut donnée du 8 au 15 octobre 1891 par le P. Alexis Prou (1844-1914), franciscain-récollet de Caen, alors supérieur de la maison de Saint-Nazaire.
12. Sœur Agnès de Jésus fut élue prieure le 20 février 1893.
13. Cet épisode eut lieu le 20 avril 1892, au mariage de Henry Maudelonde, neveu de M. et Mme Guérin.
14. *Pendant les deux ans qui précédèrent sa mort, mon oncle le gardait près de lui, comblant sa douloureuse vieillesse de toutes sortes d'égards. Mais à cause de son état d'infirmité et d'impuissance, nous ne le vîmes qu'une seule fois au parloir pendant tout le cours de sa maladie. Ah ! quelle entrevue ! Vous vous en souvenez, ma Mère ! Au moment de nous séparer, comme nous lui disions au revoir, il leva les yeux et, nous montrant du doigt le ciel, il resta ainsi bien longtemps, n'ayant pour*

traduire sa pensée que cette seule parole prononcée d'une voix pleine de larmes : « Au ciel !!! » – M. Martin mourut au château de La Musse (Eure).

15. Thérèse fait allusion à un projet d'apostolat missionnaire au Canada suggéré à Céline par le P. Pichon.
16. Sœur Aimée de Jésus du Cœur de Marie (1851-1930).
17. Saint JEAN DE LA CROIX, *Cantique spirituel*, strophes XXVI et XXVIII.
18. *Id., Poésies : Glose sur le divin.*
19. Cf. *Imitation de Jésus-Christ*, III, 43,3.
20. Cf. en Appendice le texte de l'Acte d'offrande, pp. 240 ss.
21. Allusion à la possibilité d'un départ en mission. Le Carmel de Saïgon, fondé lui-même par celui de Lisieux, demandait des sujets pour une fondation à Hanoï.

EXPLICATION DES ARMOIRIES

22. L'un des surnoms affectueux donnés par M. Martin à sa « petite Reine ».
23. Saint JEAN DE LA CROIX, *Cantique spirituel*, explication de la strophe IX.

CHAPITRE IX

MA VOCATION : L'AMOUR

1. Thérèse répond à une demande écrite de sœur Marie du Sacré-Cœur, le 13 septembre 1896. Cette première partie du Ms B a été rédigée, en réalité, *après* la seconde partie (2 r° à la fin), qui, elle, est du 8 septembre.
2. Le vendredi saint de cette année 1896, Thérèse avait eu sa première hémoptysie.
3. Mère Marie de Gonzague, à nouveau prieure depuis le 21 mars 1896.
4. Ces paroles de Notre-Seigneur à sainte Marguerite-Marie se trouvent dans un livre de l'époque, conservé au Carmel de Lisieux : *Petit bréviaire du Sacré-Cœur de Jésus*.

5. Sixième anniversaire de la profession de Thérèse et date de la rédaction de cette partie du Manuscrit.
6. Le 9 mai 1896.
7. C'est bien, en effet, un deuxième dimanche de mai que la Vierge a souri à Thérèse en 1883. Mais, cette année-là, le deuxième dimanche de mai était le 13 et non le 10.
8. Anne de Lobera (1545-1621) naquit en Espagne. Entrée en 1570 à Saint-Joseph d'Avila, premier monastère du Carmel réformé, elle devint la conseillère et la compagne de Thérèse d'Avila. Elle obtint de saint Jean de la Croix le *Cantique spirituel* et implanta la Réforme thérésienne en France et aux Pays-Bas.
9. Cf. ARMINJON, *Fin du Monde présent et Mystères de la vie future*, 2e conférence, en particulier pp. 73-74 (édition 1970).
10. Saint JEAN DE LA CROIX, *Poésies : Deuxième cantique sur une extase.*
11. Saint JEAN DE LA CROIX, *Cantique spirituel*, explication de la strophe IX. Thérèse avait inscrit cette devise dans ses armoiries en janvier 1896.
12. Saint JEAN DE LA CROIX, *Cantique spirituel*, explication de la strophe XXIX.
13. Après lecture de ce « Manuscrit B », sœur Marie du Sacré-Cœur remercie Thérèse le 17(?) septembre, lui expose ses objections, et demande un complément d'explications. Thérèse lui répond le soir même par une mise au point doctrinale très importante, véritable « charte des petites âmes ». Voir ces deux textes pp. 325 sq.

CHAPITRE X

L'ÉPREUVE DE LA FOI

1. Mère Marie de Gonzague avait été réélue prieure le 21 mars 1896, succédant à Mère Agnès de Jésus.
2. Le 3 juin 1897, à la suite d'une démarche de Mère Agnès de Jésus, Mère Marie de Gonzague ordonna à Thérèse de continuer la rédaction de ses souvenirs.
3. Le jour de sa profession, 8 septembre 1890.
4. Thérèse seconde officiellement Mère Marie de Gonzague auprès des novices depuis l'élection du 21 mars 1896.

5. Mère Marie de Gonzague cumule les fonctions de prieure et de maîtresse des novices. Les «petits agneaux» désignent les novices, et les «brebis» les religieuses professes.
6. Sa tentation contre la foi, qui dure depuis Pâques 1896.
7. Reposoir du jeudi saint. Les carmélites passaient la nuit en prière devant le Saint-Sacrement.
8. *Imitation de Jésus-Christ*, III, 47, *Réflexions*.
9. Le vendredi saint, la prieure faisait une allocution sur la charité et les sœurs se demandaient pardon les unes aux autres en s'embrassant.
10. Cette date est inscrite au crayon au bas de la page du manuscrit. Elle commémore le deuxième anniversaire de l'Acte d'offrande à l'Amour miséricordieux (9 juin 1895).
11. La neuvaine avait commencé le 5 juin 1897.
12. Le 2 août 1896, le P. Roulland, frère spirituel de la sainte, s'embarquait à Marseille pour la Chine avec d'autres missionnaires.
13. Religieuse qui accompagnait la sœur économe quand des ouvriers devaient travailler à l'intérieur du monastère.
14. *Imitation de Jésus-Christ*, III, 44,1.
15. *Ibid.*, III, 5,3.
16. «Elle écrivait au jardin dans la voiture.» (Note de Mère Agnès de Jésus.)
17. On fêtait Mère Marie de Gonzague le 21 juin: saint Louis de Gonzague.

CHAPITRE XI

CEUX QUE VOUS M'AVEZ DONNÉS

1. LA FONTAINE, *Fables*, Livre V, 14.
2. Sœur Marthe de Jésus, entrée le 23 décembre 1887, comme religieuse converse.
3. Bureau de la Mère prieure. Il occupait la première cellule à l'entrée du dortoir. La cellule de Thérèse était trois portes plus loin.
4. De 1893 à 1896, Thérèse veilla sur ses compagnes de noviciat, comme «doyenne» ou comme «ange» (ce terme désigne la religieuse chargée d'aider une postulante à s'adapter à la vie conventuelle), surtout après l'entrée de sœur Marie de la Trinité

(16/6/1894) et de sœur Geneviève (14/9/1894). À partir de mars 1896, elle devint maîtresse des novices sans en porter le titre.

5. « Sœur Marie de la Trinité qui avait pris l'habit deux mois avant sœur Geneviève. À cette époque, il y avait en réalité quatre novices au noviciat dont Mère Marie de Gonzague était la Maîtresse, bien que notre petite sainte s'en occupât aussi, mais pas de la même manière. C'est-à-dire pas aussi ouvertement que de sœur Marie de la Trinité qui lui était plus spécialement confiée, afin de l'étudier de plus près, pour la raison qu'elle sortait d'un autre Carmel. » (Note de Mère Agnès de Jésus.) Cet épisode se situe probablement au carême 1895. La poésie *Vivre d'amour* dont il est question venait d'être composée par Thérèse le mardi des Quarante-Heures, 26 février 1895.
6. Sœur Marthe de Jésus, qui a témoigné elle-même du fait.
7. Sœur Geneviève (Céline).
8. Sentence qui figure sur la représentation symbolique du Mont de Perfection, dessiné par saint Jean de la Croix.
9. L'abbé Maurice Barthélemy-Bellière (1874-1907), orphelin de mère, était séminariste du diocèse de Bayeux et aspirant missionnaire. Le 29 septembre 1897, veille de la mort de Thérèse, il s'embarquait pour Alger où il devait entrer au noviciat des Pères Blancs.
10. Le samedi 30 mai 1896.
11. Le Père Adolphe Roulland (1870-1934) était séminariste de la Société des Missions étrangères de Paris. Ordonné prêtre le 28 juin 1896, il s'embarquait pour la Chine le 2 août suivant.
12. Sainte Thérèse d'Avila, *Fragment du livre sur le Cantique des cantiques*, chap. II, fin ; dans *Œuvres de sainte Thérèse*, trad. M. Bouix, t. 3, pp. 317 sq. (Victor Lecoffre, Paris, 1884.)
13. « Je suis fille de l'Église », répétait Thérèse d'Avila sur son lit de mort.
14. Jn XVII, 4 sq. Thérèse rassemble et cite librement ces versets.
15. À partir de ce mot, le texte est écrit au crayon. Le 8 juillet, Thérèse est descendue de sa cellule à l'infirmerie. Elle trace encore quelques lignes, mais sa faiblesse l'empêche d'achever son manuscrit.
16. *Non, personne ne pourrait m'effrayer ; car je sais à quoi m'en tenir sur Son amour et sa miséricorde. Je sais que toute cette multitude d'offenses s'abîmerait en un clin d'œil, comme une goutte d'eau jetée dans un brasier ardent.*

Il est rapporté dans la Vie des Pères du désert, que l'un d'eux convertit une pécheresse publique dont les désordres scandalisaient une contrée entière. Cette pécheresse, touchée de la grâce, suivait le Saint dans le désert pour y accomplir une rigoureuse pénitence, quand, la première nuit du voyage, avant même d'être rendue au lieu de sa retraite, ses liens mortels furent brisés par l'impétuosité de son repentir plein d'amour ; et le solitaire vit, au même instant, son âme portée par les Anges dans le sein de Dieu.

Voilà un exemple bien frappant de ce que je voudrais dire, mais ces choses ne peuvent s'exprimer...

Dans les *Derniers Entretiens*, Thérèse avait dit à Mère Agnès : « On pourrait croire que c'est parce que je n'ai pas péché que j'ai une confiance si grande dans le bon Dieu. Dites bien, ma Mère, que, si j'avais commis tous les crimes possibles, j'aurais toujours la même confiance, je sens que toute cette multitude d'offenses serait comme une goutte d'eau jetée dans un brasier ardent. Vous raconterez ensuite l'histoire de la pécheresse convertie qui est morte d'amour ; les âmes comprendront tout de suite, c'est un exemple si frappant de ce que je voudrais dire, mais ces choses ne peuvent s'exprimer. » (CJ 11.7.6.) Cette histoire est reproduite pp. 247-248.

LETTRE DE SŒUR MARIE DU SACRÉ-CŒUR (LC 170)

1. Cf. Mt XIX,22.
2. Cf. Ms B, 3 r°.
3. Cf. Ms B, 4 v° : « Le *pur amour* est-il bien dans mon cœur ?... »
4. *Ibid.* : « Je me considère comme un faible petit oiseau couvert seulement d'un léger duvet. »
5. L'heure de l'oraison du soir, qui sera suivie immédiatement de la collation. Sœur Marie du Sacré-Cœur souhaite que Thérèse ouvre ce billet avant ses dernières heures de temps libre. Ainsi pourra-t-elle encore répondre « par écrit », selon la demande de Marie, avant de sortir de retraite le vendredi matin 18. (Cf. CG II, note e, p. 894.)

LETTRE DE THÉRÈSE (LT 197)

1. Réponse à la lettre précédente, LC 170.
2. Cf. Lc XVI,9 et Ms B, 4 r°.
3. Cf. Im II, 11,5.
4. Le Pichon, retraite d'octobre 1887 au Carmel de Lisieux, conférence du 7e jour.
5. Lc XXII,42.
6. Cf. SAINT AUGUSTIN, *De Bono viduitatis.*
7. La troisième après Thérèse et Céline, sœur Marie du Sacré-Cœur a fait son offrande à l'Amour miséricordieux durant l'été 1895.
8. Affirmation à replacer dans le contexte de LT 196 et 197, et spécialement du Ms B : « C'est ma faiblesse même qui me donne l'audace de m'offrir » (3 v°). On est au cœur de la « petite voie ».
9. En réalité, Im II, 11,4, citant Pr 31,10.
10. Mt V,3.
11. Cf. Rm III,24.
12. Pour aller à l'Office de matines.
13. Note ajoutée par Thérèse. Dans le texte (1), elle a biffé « à la Justice ».

TABLE DES RÉFÉRENCES BIBLIQUES

La première colonne indique la référence biblique (chapitre et verset) ; la seconde renvoie à la page de Thérèse qui fait une citation directe ou une allusion à ce texte biblique.

NOTE SUR CETTE ÉDITION

À l'occasion du centenaire de Thérèse de Lisieux, on souhaitait de tous côtés une édition nouvelle des *Manuscrits autobiographiques* qui, en gardant sa rigueur scientifique, répondît aux vœux du grand public et se présentât sous la forme d'une biographie de Thérèse, ce qu'était jadis l'*Histoire d'une Âme*. En associant délibérément les deux titres, les éditeurs répondent à cette double exigence :

– fidélité au texte authentique sorti de la plume de Thérèse et patiemment restitué dans sa teneur originale grâce aux travaux critiques du P. François de Sainte-Marie, premier éditeur des *Manuscrits autobiographiques* (1956), puis de la « Nouvelle Édition du Centenaire » (1992) ;

– fidélité au projet de la première édition de l'*Histoire d'une Âme* (1898), que Mère Agnès de Jésus avait conçue comme une biographie complète de Thérèse, mise à la portée de tout lecteur.

LE TEXTE

Source

Le texte reproduit très exactement celui des *Manuscrits autobiographiques*, c'est-à-dire des trois cahiers où la sainte a consigné, en trois années différentes, ses souvenirs et ses réflexions :

– *Manuscrit A*, rédigé par Thérèse entre le début de janvier 1895 et le 20 janvier 1896, à la demande de sa sœur Pauline, alors prieure du Carmel de Lisieux. Il s'agit de souvenirs d'enfance, intitulés : « *Histoire printanière d'une petite fleur blanche écrite par elle-même et dédiée à la Révérende Mère Agnès de Jésus.* »

– *Manuscrit B*, lui-même composé de deux parties : une « élévation » à Jésus, écrite le 8 septembre 1896, et une lettre à sœur Marie du Sacré-Cœur (sa sœur Marie), préfaçant cet écrit, et rédigée entre le 13 et le 16 septembre 1896.

– *Manuscrit C*, cahier dédié à Mère Marie de Gonzague – redevenue prieure en 1896 –, rédigé en juin 1897. Il complète les souvenirs de Thérèse sur sa vie religieuse, évoquée trop rapidement dans le Manuscrit A, et s'étend sur les exigences de la charité fraternelle, redécouverte en profondeur par la sainte cette année même.

Établissement du texte

Conformément au vœu du P. François de Sainte-Marie (*Manuscrits autobiographiques*, édition typographique 1957, pp. XX-XXI), la Nouvelle Édition du Centenaire a transcrit le texte de Thérèse en serrant au plus près ses particularités graphiques. Par ailleurs, elle a établi parfois une nouvelle lecture pour certains passages difficiles. On trouvera la justification de ces différences dans l'édition critique (cf. *Manuscrits autobiographiques*, « Note sur l'établissement du texte », Nouvelle Édition du Centenaire, Cerf/DDB 1992, pp. 31-32 et 421-435).

PRÉSENTATION

À partir des trois cahiers de sa petite sœur, Mère Agnès de Jésus avait su élaborer une biographie ordonnée, l'*Histoire d'une Âme*, avec un réel talent d'éditeur. À cet effet, elle avait eu recours à divers procédés :

– refonte du texte lui-même, par addition, retranchement, classement, sans parler de très nombreuses retouches de forme ;

– distribution du texte thérésien en onze chapitres ;

– adjonction d'une Préface évoquant les origines familiales et d'un chapitre XII retraçant la maladie et la mort ;

– addition enfin de Prières, fragments de Lettres et choix de Poésies.

La première de ces opérations : refonte du texte, relevait d'un mandat exprès de Thérèse[1]. De profondes affinités spirituelles avec sa sœur avaient permis à Mère Agnès de s'acquitter de cette tâche sans trahir la substance du message thérésien. Quelques mois avant sa

1. « Ma Mère, tout ce que vous trouverez bon de retrancher ou d'ajouter au cahier de ma vie, c'est *moi qui le retranche et qui l'ajoute. Rappelez-vous cela plus tard* et n'ayez aucun scrupule, aucun doute à ce sujet. » (Cahiers verts, 11 juillet 1897 ; cf. *Dernières Paroles*, p. 164.)

mort, cependant, elle-même acceptait le principe d'un retour aux manuscrits originaux[1].

Pour le reste, ses initiatives gardent leur valeur. Il était donc possible de s'en inspirer pour présenter ce volume sans altérer aucunement le texte de l'autobiographie.

Division en chapitres

Les trois manuscrits ont été redistribués en onze chapitres : le Manuscrit A fournit la matière des huit premiers ; le Manuscrit B, celle du neuvième ; le Manuscrit C, des chapitres X et XI.

L'ordre des matières suit celui qu'avait adopté Mère Agnès de Jésus. Toutefois, le Manuscrit B, reporté en fin de volume par les éditions antérieures, retrouve ici sa place chronologique.

Des *titres* sont proposés pour chaque chapitre. Descriptifs le plus souvent, ils tendent à en dégager la dominante, sans prétendre en épuiser le contenu. C'est par simple artifice littéraire – d'ailleurs emprunté à Mère Agnès – que la mort de Mme Martin, survenue à Alençon, est évoquée au début du chapitre II.

Compléments biographiques

Le principe d'une « biographie complète » appelait la rédaction nouvelle d'un *Prologue* et d'un *Épilogue*. Tout en tenant compte des plus récentes acquisitions de

1. Elle mandatait à cet effet sœur Geneviève de la Sainte-Face (Céline) : « C'était le 2 novembre 1950, précise cette dernière. Je parlais à notre vénérée "Petite Mère" du manuscrit à éditer intégralement. Elle me dit : "Après ma mort, je vous charge de le faire en mon nom". »

l'histoire thérésienne, notamment de l'édition critique des *Derniers Entretiens*, ils sont conçus dans une formulation très simple, aussi homogène que possible au style de l'autobiographie[1].

D'autre part, certains passages absents des manuscrits originaux et interpolés naguère par Mère Agnès dans l'*Histoire d'une Âme*, méritaient d'être récupérés comme partie intégrante du patrimoine thérésien (cf. la réédition, comme document, de *La première « Histoire d'une Âme » de 1898*, dans la « Nouvelle Édition du Centenaire », Cerf/DDB, 1992). Nombre d'entre eux faisaient écho à des conversations entre les deux sœurs, à l'infirmerie du Carmel[2], alors que le futur « historien[3] » se préparait à sa tâche en complétant son information. Dans le cadre de cette édition courante, on s'est limité aux éléments biographiques les plus saillants. Signalés en leur lieu chronologique par un appel de note, ces « propres » sont reportés en note.

---

1. Ces textes sont de Mgr Guy Gaucher, o.c.d.

2. Cf. *Novissima Verba* : « Si vous trouvez bon (...) d'ajouter ce que je vous aurais dit de vive voix, c'est comme si je le faisais moi-même. » (NV 16.7.2, parallèle du texte cité à la note 1 ci-dessus.) – Sur cette collaboration amorcée du vivant de Thérèse, cf. le P. François de Sainte-Marie, dans son *Introduction* de 1956 : ch. IV, « La pensée de Thérèse sur la publication » ; ch. V, « La mission confiée à Mère Agnès de Jésus » (Mss I, pp. 64-74). – Devant quelques témoins, Mère Agnès ira jusqu'à qualifier de « dictés » par Thérèse les passages interpolés dans l'*Histoire d'une Âme* ; cf. par exemple, A. COMBES, *De doctrina spirituali sanctae Theresiae a lesu Infante*, Latran, 1967, p. 89, n. 26.

3. « Pour être mon historien, il faut vous ménager. » (Carnet jaune, 29.7.7, *Derniers Entretiens*, p. 286.)

Notes

Toutes les références bibliques sont regroupées aux pages 365 à 368, excepté celles des Appendices.

Signalées par des appels en numérotation continue pour chaque chapitre, les notes sont reportées en fin de volume. Elles rassemblent :

– les références autres que scripturaires (Thérèse d'Avila, Jean de la Croix, etc.) ;

– les passages propres de l'*Histoire d'une Âme* (édition de 1953), considérés comme compléments biographiques ;

– des notes rédigées par Mère Agnès dans les deux carnets où elle avait recopié pour elle-même le texte des cahiers autobiographiques de sa sœur[1] ;

– les explications indispensables à l'intelligence du texte.

Le registre des notes critiques n'a pas été conservé dans cette édition courante.

***

Deux mois avant sa mort, Thérèse relisait, à la demande de Mère Agnès de Jésus, quelques pages de ses souvenirs d'enfance. Les larmes aux yeux, elle s'interrompt soudain : « Ce que je relis dans ce cahier, c'est si bien mon âme !... Ma Mère, ces pages feront beaucoup de bien. On connaîtra mieux ensuite la douceur du bon Dieu[2]... » C'est à cette expérience de la tendresse divine qu'est convié chacun des lecteurs de l'*Histoire d'une Âme.*

---

1. Deux carnets reliés, cuir jaune, format 17 × 12 cm. Le premier compte 285 pages manuscrites. Le second contient la fin de l'autobiographie (pp. 286 à 537) et divers autres textes. Mère Agnès a achevé cette copie le 28 mars 1936.

2. *Novissima Verba*, 1er août ; *Dernières Paroles*, p. 229.

LÉGENDES DES ILLUSTRATIONS

Page 213 : *Armoiries de sainte Thérèse.*

Page 301 : *Fac-similé de l'avant-dernière page du « Manuscrit C » (36°).*

Page 320 : *Fac-similé du billet que sainte Thérèse portait sur son cœur le jour de sa profession.*

(Les photos VTL proviennent de « Visage de Thérèse de Lisieux », éditions de l'Office central de Lisieux.)

TABLE DES MATIÈRES

Manuscrit B

Manuscrit C

Appendices

Photocomposition PCA/C*MB* Graphic
44400 Rezé

Imprimé en France par

CPI
BRODARD & TAUPIN

à La Flèche (Sarthe)
en mars 2015

POCKET – 12, avenue d'Italie – 75627 Paris Cedex 13

N° d'impression : 3009069
Date initiale de dépôt légal : décembre 1998
Dépôt légal de la nouvelle édition : novembre 2013
Suite du premier tirage : mars 2015
S24972/02